Affen

Affen

Unsere haarigen Vettern

Robin Dunbar und Louise Barrett

Aus dem Englischen von Anna Cavelius und Christoph Neuschäffer

Wissenschaftliche Beratung für die deutsche Ausgabe: Dr. Dietmar Zinner, Abteilung Verhaltensforschung & Ökologie des Deutschen Primatenzentrums

Die Deutsche Bibliothek – CIP-Einheitsaufnahme
Affen : unsere haarigen Vettern / Robin Dunbar und Louise Barrett. BBC. – Köln :
vgs, 2001
Einheitssacht.: Cousins <dt.>
ISBN 3-8025-1460-2

© Text of the original English Version: Cousins – Our Primate Relatives
Louise Barrett and Robin Dunbar, 2000
Titel der englischen Originalausgabe: Cousins – Our Primate Relatives

First published by BBC Worldwide Ltd,
80 Wood Lane, London W12 0TT
Copyright © Louise Barrett and Robin Dunbar, 2000

© der deutschsprachigen Ausgabe: Egmont vgs verlagsgesellschaft mbH,
Köln 2001
Alle Rechte vorbehalten

Commissioning editors: Sheila Ableman and Shirley Patton
Art Direction: Pene Parker and Lisa Pettibone
Redaktion: Michael Büsgen
Lektorat: Alexandra Panz
Produktion: Susanne Beeh
Satz: Greiner & Reichel, Köln
Printed and bound in the UK by Butler & Tanner Ltd, Frome
ISBN: 3-8025-1460-2

Besuchen Sie unsere Homepage im Internet:
www.vgs.de

Inhalt

Vorwort von Dr. Charlotte Uhlenbroek 8

1 DIE WELT DER PRIMATEN 10

Primaten sind eine der ältesten Säugetierordnungen mit einem Stammbaum, der bis in das Zeitalter der Dinosaurier zurückreicht. Erst als die riesigen Reptilien vor 65 Millionen Jahren ausstarben, konnten sie aus deren Schatten treten und ihren Aufstieg beginnen. Sie entwickelten sich in zahlreiche verschiedene Arten und Lebensformen, von denen die heute lebenden Primaten nur einen Bruchteil repräsentieren. Viele von ihnen sind vom Aussterben bedroht.

1.1 Was ist ein Primat?
1.2 Ursprünge der Primaten
1.3 Primaten heute

2 DIE HALBAFFEN 48

Die Halbaffen sind die für uns ungewöhnlichsten der heute lebenden Primaten. Die meisten von ihnen sind augenscheinlich Einzelgänger und nachtaktiv. Trotzdem nehmen sie an einem aktiven sozialen Leben teil, in dem Düfte und Laute eine wesentliche Rolle spielen. Madagaskar ist das Reich der Lemuren, von denen manche eine ungewöhnliche Sozialstruktur haben: Die Weibchen haben hier das Sagen und dominieren die Männchen.

2.1 Geschöpfe der Nacht
2.2 Düfte und Laute
2.3 Weibchen an der Macht
2.4 Die letzte Zuflucht der Lemuren
2.5 Familienporträts: Halbaffen

3 DIE AFFEN — 102

Geselligkeit ist das Hauptmerkmal des Affenlebens. Alle Arten leben in Gruppen, was den größtmöglichen Schutz vor Raubfeinden bietet, aber gleichzeitig das Problem der erhöhten Nahrungskonkurrenz schafft. Affen sind Spezialisten darin, die sozialen Beziehungen und Veränderungen in den hierarchischen Strukturen der Gruppe im Auge zu behalten. Nur so können sie erfolgreich ihren Weg innerhalb des komplexen sozialen Netzwerks finden.

3.1 Lebensweisen der Affen
3.2 Leben in der Gruppe
3.3 Das Paarungsspiel
3.4 Eine einzigartige Intelligenz
3.5 Familienporträts: Affen

4 DIE MENSCHENAFFEN — 174

Gorillas, Schimpansen und Menschen gehören zur selben Primatengruppe: den Menschenaffen. Wie die Affen sind auch Menschenaffen höchst gesellige Lebewesen mit unterschiedlichen Sozialsystemen. Doch verfügen sie über verfeinerte soziale und intellektuelle Fähigkeiten sowie größere Gehirne. In nur wenigen Millionen Jahren entwickelten sich die Menschen zur beherrschenden Menschenaffenart. Was sind die Unterschiede und Gemeinsamkeiten zwischen uns und den anderen Menschenaffen? Sind wir so anders, wie wir gerne glauben?

4.1 Planet der Affen
4.2 Leben in einer offenen Gemeinschaft
4.3 Menschenaffen mit Intellekt
4.4 Ein Affe auf zwei Beinen
4.5 Familienporträts: Menschenaffen

Nachwort	233
Auswahlbibliographie	234
Bildnachweis	237
Register	238

Vorwort

In den Trockenwäldern von Madagaskar lebt ein entzückendes kleines Wesen, das leicht in Ihre Hand passen würde: ein Mausmaki. Der Zwergmausmaki wiegt gerade mal 30 Gramm und ist der kleinste Primat der Welt. Dieser Halbaffe lebt allein und ist nur nachts aktiv. Deshalb stellte ich mich auf eine schwierige Suche ein, als ich im Westen Madagaskars einen Film über ihn drehen wollte. Doch er entpuppte sich als erstaunlich kühn, denn als ich mich an einen Mausmaki heranpirschte, der über mir auf einem Ast saß, reckte er sich mir plötzlich mit seinem leicht rotbraunen Leib entgegen und starrte mich aus seinen riesigen glänzenden Augen eine Weile eindringlich an, bevor er in der Dunkelheit verschwand.

Mit seinem etwas spitzen Gesicht, den großen runden Ohren und dem dünnen Schwanz sieht der Mausmaki wie ein Nagetier aus, doch besitzt er zwei wichtige Merkmale eines Primaten: nach vorne gerichtete Augen, mit denen er Entfernungen genau einschätzen kann, sowie Greifhände, die ihn für ein Leben in den Baumkronen prädestinieren. Diese Mischung von Merkmalen macht ihn für uns so bedeutsam, weist er doch noch viele Gemeinsamkeiten mit den Urahnen der Primaten auf, von denen auch wir abstammen.

Das vorliegende Buch führt Sie zurück zu den Wurzeln unserer Evolution und zeigt, wie aus den bescheidenen Anfängen eines genetischen Entwurfs die unglaublich weit verzweigte, bunte und mannigfaltige Ordnung der Primaten entstand, zu der auch wir gehören. Es widmet sich – angefangen bei den ersten Halbaffen über die durchsetzungsfähigen Affen und Menschenaffen bis hin zum Menschen – allen Aspekten des Primatenlebens.

Wenn man Affen dabei zusieht, wie sie sich begrüßen, sich streiten, zusammensitzen, miteinander schmusen, strategisch vorgehen, Probleme lösen und ihre Umgebung erkunden, so wird eines klar: unsere nahe Verwandtschaft zu ihnen. Um so mehr überrascht es, dass bis vor kurzem nur so wenig über ihr Verhalten bekannt war. Vor dreißig Jahren waren nicht einmal ein Dutzend Arten in der freien Wildbahn gründlich erforscht, obwohl seit mehr als hundert Jahren Affen aus exotischen Ländern bei uns zur Schau gestellt werden und wir sie in einer Art unbestimmter Ehrfurcht beäugen.

Die Erforschung wilder Tiere ist nie einfach, doch bei den Primaten gesellen sich besondere Schwierigkeiten hinzu: So leben sie z. B. oft an abgelegenen und unzugänglichen Plätzen, etwa hoch oben in dichten Tropenwäldern. Doch dank der unermüdlichen Hingabe von Primatologen wie Robin Dunbar und Louise Barrett, die die Tiere allmählich an sich gewöhnen, ihre Bewegungen und Gewohnheiten entschlüsseln, einzelne Tiere unterscheiden lernen und so mühsam Einblick in ihr soziales Leben erhalten, hat sich die Erforschung der Primaten in kurzer Zeit zu einem der aufstrebendsten und vor allem aufregendsten Forschungsgebiete entwickelt.

Auge in Auge: Eine Begegnung mit einem jungen Orang-Utan auf Borneo.

Von besonderem Interesse ist dabei immer die Erforschung ihrer sozialen Beziehungen und ihrer Intelligenz. Die Fähigkeit der Menschenaffen zur Selbstwahrnehmung, zu Mitgefühl, zu Täuschung, zur Werkzeugherstellung, zum Lernen und sogar Artikulieren gibt uns Aufschluss darüber, wie unser Verstand heranreifte, wie wir eine außergewöhnliche Intelligenz und lebhafte Neugier für unsere Umwelt entwickelten. Ein Blick in die Gesichter unserer nächsten Verwandten zeigt, dass in ihren Augen etwas Ähnliches leuchtet.

Zwar ist die Erforschung der Primaten in den vergangenen Jahrzehnten enorm vorangekommen, doch gibt es noch viel dazuzulernen. Unser größtes Ziel muss es jedoch sein, sie zu schützen, denn fast die Hälfte aller Primaten wird vom gefährlichsten Mitglied ihrer Ordnung bedroht, dem Menschen. Die Zerstörung ihrer Lebensräume und die Jagd auf sie haben die Populationen dramatisch verringert. Für viele von ihnen läuft die Zeit ab. Wenn wir diese beängstigende Entwicklung stoppen oder gar umkehren wollen, dann müssen wir die Affen besser verstehen und schätzen lernen. Dieses außergewöhnliche Buch leistet dazu einen großen Beitrag.

Charlotte Uhlenbroek.

Dr. Charlotte Uhlenbroek, Moderatorin von *Unsere haarigen Vettern*

1

DIE WELT DER PRIMATEN

1.1 WAS IST EIN PRIMAT? 12
Nach vorne gerichtete Augen, ein großes Gehirn und eine lange Kindheit sind nur einige der Merkmale, die Primaten von anderen Säugetieren unterscheiden.

EXTRA: Die Arten definieren

1.2 URSPRÜNGE DER PRIMATEN 24
Die ersten Primaten lebten zur Zeit der Dinosaurier. Erst deren Aussterben erlaubte den Urahnen der heutigen Primaten, sich weiterzuentwickeln und neue Arten zu bilden.

1.3 PRIMATEN HEUTE 36
Die meisten Primaten sind Waldbewohner. Ihre Existenz wird von der unersättlichen Gier nach Land und Holz der immer größer werdenden menschlichen Bevölkerung bedroht.

EXTRA: Der Handel mit Affenfleisch

1.1 WAS IST EIN PRIMAT?

Ein Orang-Utan hangelt sich lässig durch den Dschungel und schwingt dabei seinen massigen, 75 Kilogramm schweren Körper gekonnt von Ast zu Ast. Versteckt unter ihm im Laub döst ein winziger Koboldmaki in seinem Nest, nachdem er die ganze Nacht auf Insektenjagd war. Ganz in der Nähe beobachtet eine Gruppe von Schlankaffen den Orang-Utan. In einiger Entfernung bricht ein Trupp von Schweinsaffen auf dem Weg zu einem neuen Futterplatz lautstark durch das Unterholz. Unten am Boden kauert ein Mensch an einem Baumstumpf, verfolgt durch ein Fernglas die Bewegungen des Orang-Utans und spricht in ein Aufnahmegerät. Sie alle gehören zur selben zoologischen Ordnung: den Primaten. Die Ursprünge der Primaten reichen weit bis in die Zeit der Dinosaurier zurück; ihr Körperbau ist ursprünglich und wenig auffällig, um so bemerkenswerter ist jedoch ihre außergewöhnliche Vielfalt an Formen und Lebensweisen sowie die Größe ihres Gehirns.

Vorhergehende Seite: Das Gorillamännchen ist der größte Vertreter aller lebenden Primaten.

WAS MACHT PRIMATEN SO BESONDERS?

Es gibt heute etwa 230 Arten von Primaten (Herrentiere) – ein Bruchteil all der Arten, die seit dem ersten Auftreten dieser außergewöhnlichen Säugetiere die Erde bevölkerten. Warum werden gerade diese 230 Arten zu einer Ordnung zusammengefasst? Wie unterscheiden sie sich von den anderen rund 4000 Säugerarten?

Primaten sind eine der „Ordnungen" (Hauptuntergruppen) der Säugetiere – der Tiergruppe, die ihre Jungen säugt. Einige dieser Ordnungen – wie Nagetiere, Huf- und Raubtiere – umfassen viele Arten. Andere, wie die Riesengleiter, bestehen aus einigen wenigen. Mit rund 230 Arten gehören die Primaten zu den größten Säugetier-Ordnungen.

In der Regel teilt man diese 230 Arten in drei Hauptgruppen: Menschenaffen (die Gruppe, zu der auch wir Menschen gehören), Affen und Halbaffen. Menschenaffen und Affen werden auch oft als „Anthropoide" zusammengefasst. Sie alle haben gemeinsame Merkmale, die auf die gleichen Vorfahren hinweisen. Merkmale, die sich als Reaktion auf die über Millionen Jahre währende Lebensweise herausbildeten – dem Leben auf Bäumen. Denn die meisten Primaten sind Waldbewohner, angepasst an ein Leben, das aus Hangeln, Schwingklettern, Springen oder Laufen besteht. Sogar Gorillas und Mandrills, die sich normalerweise am Boden fortbewegen, beschränken sich weitestgehend auf

1. Ein indischer Goldlangur bringt sich mühelos auf einem Baum in Sicherheit. Primaten sind wie geschaffen für das Leben auf Bäumen.

1.1 WAS IST EIN PRIMAT?

Waldgebiete. Nur Menschen, Dscheladas und Husarenaffen bilden eine echte Ausnahme: Sie leben in offenem Gelände, wo sie sich nur auf dem Boden fortbewegen. Doch auch Dscheladas und Husarenaffen sind gekonnte Kletterer, wenn auch nicht so begabt wie die Affen, die ihr ganzes Leben auf Bäumen verbringen. Nur wir Menschen sind schlecht im Klettern. Unsere Füße haben ihre Greiffähigkeit verloren, um einen festen Stand für den aufrechten Gang zu gewährleisten – das Merkmal schlechthin, das unsere Art ausmacht.

Ein ganz gewöhnliches Säugetier

Anatomisch gesehen entpuppen sich Primaten als überraschend durchschnittliche Säugetiere. Sie sind mittelgroß und von der Körperform her wenig spezialisiert. Sie ähneln ihren fossilen Urahnen sehr und haben sich seit dem Anbruch des Zeitalters der Säugetiere vor rund 65 Millionen Jahren kaum verändert.

Trotzdem können wir eine Reihe von Schlüsselmerkmalen festlegen, die den meisten (aber nicht allen) Primaten gemein sind: nach vorne gerichtete Augen, meist Nägel statt Krallen, fünfstrahlige Hände und Füße, ein den übrigen Fingern entgegenstellbarer Daumen für den Pinzettengriff, ein relativ großes Gehirn und eine Kindheit, die bis lange nach der Entwöhnung währt. Neben diesen Merkmalen gibt es nur wenig, was Primaten von anderen ebenso alten Säugetierformen, wie den Insektenfressern (Igel und Spitzmäuse) sowie Nagetieren, unterscheidet. Die Ohren der Primaten sind nicht spezialisiert (im Gegensatz zu denen der Fledermäuse), ebenso wenig ihre Zähne (im Gegensatz zu den Reißzähnen der Fleischfresser), und ihre Hände und Füße unterscheiden sich kaum von denen der ältesten Säugetiere (im Gegensatz zu den Hufen von Antilopen und Hirschen).

Diese Kriterien treffen weitgehend auf alle Primaten – auch uns Menschen – zu, doch es gibt Ausnahmen: Einige, wie der afrikanische Stummelaffe, haben gar keinen Daumen, die Gibbons in Südostasien weisen an der entsprechenden Stelle der Hand nur mehr ein Rudiment in Form eines Höckers auf.

Diese Abweichungen sind wahrscheinlich Anpassungen an die Fortbewegungsweise

1. Der Sifaka aus Madagaskar hat die für Primaten typische Greifhand, angepasst an ein Leben auf Bäumen.

2. Die Hand des Schimpansen eignet sich zum Klettern ebenso gut wie für feinmotorische Bewegungen.

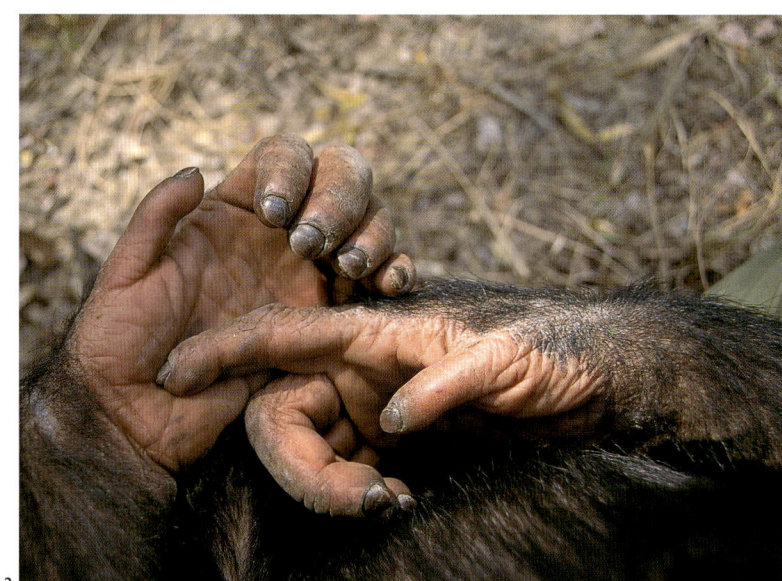

dieser Tiere: Gibbons schwingen mit hoher Geschwindigkeit von einem Ast zum nächsten und benutzen dabei ihre Hand wie einen Haken. Stummelaffen hingegen hüpfen durch die Baumwipfel. Daumen würden bei diesen Fortbewegungstechniken nur stören. Eine weitere Besonderheit haben Halbaffen aufzuweisen: Statt eines Nagels an der zweiten Zehe haben sie eher eine Kralle. Diese so genannte „Putzkralle" benutzen sie, um sich zu kämmen.

Auch in Sachen Körpergröße gibt es enorme Unterschiede: Der Kleinste, der Zwergmausmaki aus Madagaskar, wiegt nur 30 Gramm, während der Größte – das Gorillamännchen – mit 120 Kilogramm 4000 mal schwerer ist. Einige ausgestorbene Lemuren waren mit einem Gewicht von etwa 200 Kilogramm sogar noch mächtiger. Doch trotz aller Variationen sehen sich Primaten recht ähnlich: Sie alle haben den gleichen ursprünglichen Körperbauplan der Säugetiere, die gleichen ursprünglichen, fünfstrahligen Extremitäten.

★ Klammeraffen haben einen Greifschwanz, der ihnen als fünfte Extremität dient. Sie können am Schwanz an einem Ast hängen und dabei mit beiden Händen Früchte vom Baum pflücken.

Die Kurznasen-Flughunde aus Südindien wurden einst zu den möglichen Mitgliedern der Primaten gezählt. Dank der Molekulargenetik wissen wir heute, dass sie, wie die kleinen insektenfressenden Fledermäuse, zur Ordnung der Fledertiere gehören.

▶ PRIMAT ODER NICHT-PRIMAT?

Doch wo soll man die Grenze zwischen Primaten und anderen Säugern ziehen? Wer genau darf sich zu den Herrentieren zählen? Im 20. Jahrhundert wurden im Namen vieler – auf den ersten Blick ungeeigneter – Kandidaten begründete Ansprüche geltend gemacht.

So teilen Primaten beispielsweise mit den Flughunden bestimmte körperliche Merkmale (besonders bezüglich ihrer Zähne), was einige Wissenschaftler zu der Vermutung verleitete, man solle diese Fledertiere mit einer Flügelspannweite von bis zu 1,5 Metern zu den Primaten zählen. Doch die Molekulargenetik hat das jetzt widerlegt und bestätigt, dass sowohl die Flughunde als auch die kleinen insektenfressenden Fledermäuse einen gemeinsamen Vorfahren haben und damit nicht zu den Primaten zählen.

Andere Anwärter auf die Zugehörigkeit zu den Primaten waren die beiden Arten der Großgleitflieger oder Flattermakis aus Indochina und Indonesien. Diese etwa katzengroßen Säugetiere haben eine Flughaut, die sich vom Nacken über die Finger- und Zehenspitzen bis zur äußersten Schwanzspitze erstreckt. Damit können sie bis zu 150 Meter weit zwischen Bäumen gleiten. Obwohl ihre Zähne in mancher Hinsicht denen der Primaten ähneln, sind beide Artnamen irreführend, da es sich weder um Halbaffen handelt, noch können sie richtig fliegen.

Die erfolgreichsten Anwärter auf die Primatenzugehörigkeit waren – dank ihrer Anatomie – zweifelsohne die Spitzhörnchen, weit verbreitete, spitzmausähnliche Tiere, die im südostasiatischen Dschungel leben. Erst in den späten siebziger Jahre schloss man schließlich aus ihrer Fortpflanzungsbiologie, dass sie den Insektenfressern angehören – ebenso wie die anderen Spitzmausarten.

1 DIE WELT DER PRIMATEN

1.1

DIE ARTEN DEFINIEREN

Das heute übliche zoologische Klassifizierungssystem geht auf den schwedischen Biologen Carl von Linné (1707-78) zurück. Linné versuchte, die Tiere und Pflanzen, die der abendländischen Wissenschaft damals bekannt waren, auf der Grundlage körperlicher Ähnlichkeiten in ein zusammenhängendes System einzuordnen. Er führte eine Hierarchie ein, innerhalb derer er die Arten zunächst in Gattungen zusammenfasste, dann Gattungen in Familien, Familien in Ordnungen und immer weiter. Gemäß dem Linné'schen System hat jede Art einen zweiteiligen lateinischen Namen, bestehend aus dem Gattungs- und Artnamen. Als Linné schließlich beim Menschen angelangt war, verlieh er ihm den Namen *Homo sapiens*, wissender Mensch. Wir sind die wissende Art (*sapiens*) der menschenähnlichen Gattung (*Homo*).

1. Maultiere sind eine Kreuzung zwischen Pferdehengst und Eselstute. Da es sich dabei um verschiedene Arten handelt, sind Maultiere unfruchtbar.

2. Der schwedische Biologe Carl von Linné ist der Vater der heute üblichen biologischen Systematik.

Klassifizierung durch Unterschiede

Im frühen 19. Jahrhundert sah man das Linné'sche System als Spiegel einer gemeinsamen Ahnenreihe an. Man ging davon aus, dass sich Arten mit dem gleichen, mittlerweile ausgestorbenen Vorfahren ähnlich sahen, weil sie einige seiner Merkmale geerbt hatten, auch wenn jede von ihnen in der Zwischenzeit einige Besonderheiten entwickelt hatte. Doch das ganze System barg einige Probleme. Zum Beispiel, wie verschieden müssen zwei Tierpopulationen sein, um als unterschiedliche Arten zu gelten?

Zudem stellte sich heraus, dass die Taxonomen, die die verschiedenen Tiergruppen einordneten, nicht alle denselben Maßstab anlegten. Je mehr sie sich dem Menschen näherten, desto genauer wurde scheinbar die Einteilung. Weiterhin reichten die Merkmale, anhand derer sie beispielsweise zwei Affenarten klassifizierten, nicht für die Unterscheidung zweier Unterarten von Vögeln aus, geschweige denn für die Unterscheidung von Nackt- und Gehäuseschnecken.

Perfekte Beispiele

Ein Teil des Problems lag darin begründet, dass die ersten Biologen ihren Artbegriff der altgriechischen Philosophie entlehnten: Diese betrachtete eine Art als eine Ansammlung von Dingen und fasste sie aufgrund gemeinsamer Merkmale zusammen. Linné und die Biologen seiner Zeit betrachteten eine Art also als eine Ansammlung von Einzelwesen, die eine Idealform anstrebten. Jede Art wurde nach diesem „Typusexemplar" unterschieden – ein Einzelwesen, das man als perfektes Beispiel seiner Art ansah. Als Musterexemplar für unsere Art hatte Linné sich tatsächlich selbst eingesetzt, was bis heute so geblieben ist!

3. Angehörige zweier nah verwandter Arten betrachten sich neugierig.

Natürliche Variation

Die Einteilung nach Typen kollidierte jedoch mit der neuen Evolutionstheorie, die die Biologie übernahm, nachdem Charles Darwin 1859 sein bahnbrechendes Werk „Von der Entstehung der Arten" veröffentlicht hatte. Darwins Ansicht nach war die Natur nicht gleichförmig: Ohne Variation konnte keine Evolution stattfinden. Demnach waren Lebewesen weit davon entfernt, ihren Typus zu imitieren. Vielmehr waren sie versucht, das Gegenteil zu tun und so veränderlich wie möglich zu sein, als Auslöser für neue evolutionäre Entwicklungen. Die darwinistische Sichtweise gab schließlich den Anstoß zur heute allgemein akzeptierten Artendefinition: Zwei Tiere gehören zur selben Art, wenn sie fruchtbaren Nachwuchs zeugen und hervorbringen. Diese Definition der Fortpflanzung stellte einen natürlichen Mechanismus bereit, mit dem man die stufenweisen (und bisweilen sehr flachen) Abweichungen deuten konnte, zu denen es zwischen zwei Populationen derselben Art kommt, wenn sie sich zu zwei neuen Arten entwickeln.

Das genetische Kontinuum

Die zoologische Klassifikation trägt jedoch weiterhin an der Last ihrer vordarwinistischen Vergangenheit. Wir teilen in getrennte Kategorien ein, was in Wirklichkeit ein Kontinuum der genetischen Ähnlichkeit ist. Wir ziehen Grenzen, wo wir Verwandtschaftsgrade oder genetische Ähnlichkeit bestimmen müssten. Wir ordnen Menschen weiterhin eine eigene Familie zu, obwohl die tatsächlichen Unterschiede zwischen uns und Schimpansen kaum ausreichen, um Menschen als einzelne Art der Schimpansengattung *Pan* stehen zu lassen.

ZUM THEMA

1.1 Was ist ein Primat?
Primat oder nicht? S. 15

1.3 Primaten heute
Einteilung der Primaten, S. 38
Die molekulare Uhr, S. 40

3.1 Lebensweisen der Affen
Meerkatzen – von Natur aus verschieden, S. 114

4.1 Planet der Affen
Jüngere Geschichte, S. 178

1.1 WAS IST EIN PRIMAT?

EINE TROPISCHE LEBENSWEISE

Neben ihren körperlichen Merkmalen zeichnet Primaten ein weiteres wichtiges Charakteristikum aus: ihr Lebensraum. Nur in den tropischen Wäldern gibt es das ganze Jahr über Früchte und Blätter, die die Primaten zum Überleben brauchen. In den Wäldern der gemäßigten Breiten, wie in Europa und Nordamerika, herrscht entweder Nadelholz vor (was sie gänzlich ungeeignet für Frucht- und Blattfresser macht), oder sie unterliegen starken jahreszeitlichen Schwankungen (kalte Winter verhindern eine Ansiedlung von Primaten). Nur wenige Primatenarten wagen sich in die subtropischen Gebiete Europas und Asiens vor: Berberaffen halten einen Außenposten auf Gibraltar am Südzipfel Europas; Rotgesichtsmakaken stoßen bis in die schneebedeckten Wintergebiete Japans vor.

Wir Menschen sind die große Ausnahme, da wir geographisch gesehen jeden Kontinent und jeden Lebensraum besiedeln. Doch das war nicht immer so. Wie die restlichen Primaten verbrachten wir den größten Teil unserer Evolutionsgeschichte in Afrika, nur mit wenigen Abstechern in die vorwiegend tropischen Regionen Südostasiens. Erst vor 100 000 Jahren ließen wir die Tropen hinter uns und überzogen den gesamten Erdball (▷ S. 210). Neben fossilen Funden wird dies auch durch die Anlage unseres Körpers bezeugt: der hohe, schlanke, langbeinige Körperbau entspricht der einer tropischen Art, nicht einer aus einer kälteren Klimazone, wo ein kompakterer Körperbau hilft, Wärmeverluste zu verhindern. Auch unsere fehlende Behaarung ist eine Anpassung an wärmere Temperaturen. Erst als wir uns in Tierfelle hüllten und das Feuer als Wärmequelle entdeckten, konnten wir die kalten

1. Ein Berberaffenweibchen blickt auf den Felsen von Gibraltar, den letzten europäischen Außenposten der Affen.

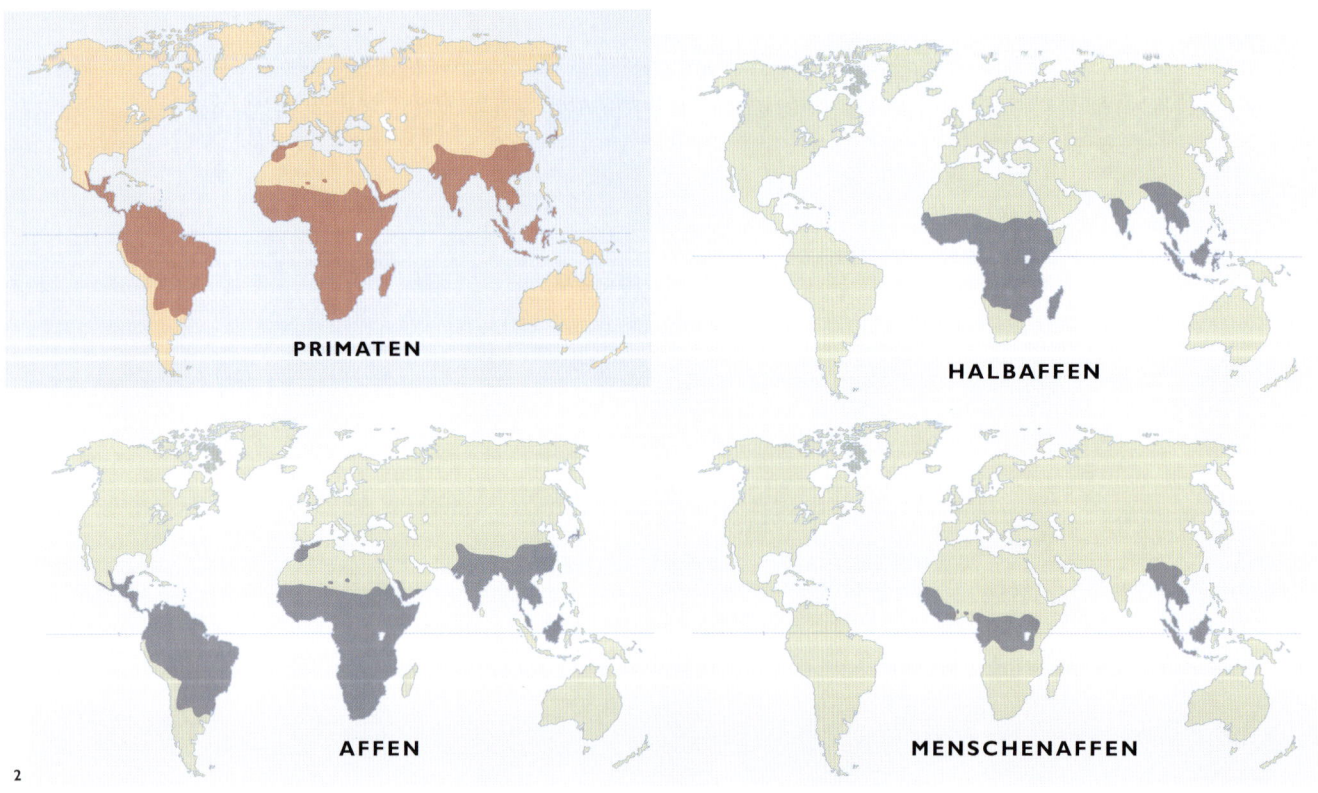

2. Obwohl früher weiter verbreitet, leben Primaten heute (bis auf die Menschen) vor allem in tropischen Wäldern.

Nächte und Winter in Europa und Nordasien überstehen.

Lebensräume der Primaten

Primaten sind größtenteils auf dem Festland und nicht auf Inseln beheimatet. Ausnahmen sind solche Inseln, die bis vor nicht allzu langer Zeit eine Verbindung zum Festland hatten, z. B. in Südostasien. Hier findet man Primaten auf den Inseln des indonesischen Archipels (einschließlich Sumatra, Java, Borneo und Sulawesi), die vor etwa 10 000 Jahren noch mit dem Festland verbunden waren, jedoch nicht auf Inseln wie Neuguinea, die schon länger isoliert sind.

Doch können Primaten Inseln auch besiedeln, wenn sie nicht zu weit vom Festland entfernt liegen. So waren einige der karibischen Inseln Heimat fossiler Arten, von denen die letzten allerdings bald nach der Ankunft des Menschen vor 4500 Jahren ausstarben. Diese Arten waren vermutlich innerhalb der letzten paar Millionen Jahre vom Festland Südamerikas aus auf die karibischen Inseln gelangt. Einmal dort angelangt, passten sich die Inselarten einer Umwelt an, in der es nur wenige natürliche Feinde gab. Ihre Existenz geriet immer dann in Gefahr, wenn sich später aggressive natürliche Feinde (wie der Mensch) ansiedelten.

Nur auf wenigen Inseln, wie den Inselketten von Südostasien (Indonesien, Philippinen) und Japan sowie auf Madagaskar, gediehen die Primaten prächtig.

Dabei ist Madagaskar vermutlich ein außergewöhnlicher Fall, da die sich hier

 Nur eine Primatenart, der Dschelada, ist ein echter Weidegänger wie Pferd und Kuh.

Rotgesichtsmakaken wärmen sich in heißen Quellen gegen die Winterkälte.

▶ EIN WARMES BAD

Im Norden der japanischen Insel Honshu leben die Rotgesichtsmakaken. Sie stellen die nördlichste Population nichtmenschlicher Primaten dar. Die Sommer sind gemäßigt, doch die Winter kalt und schneereich. Die Gegend ist vulkanisch, heiße Quellen sprudeln aus den Tiefen und bringen siedend heißes Wasser an die Oberfläche. Einige Affengruppen in dieser Gegend haben sich im Winter, wenn die Außentemperaturen unter den Gefrierpunkt sinken, darauf verlegt, sich in das warme Wasser der Quellen zu setzen. Vermutlich übernahmen sie dieses Verhalten in den sechziger Jahren von einigen menschlichen Besuchern, die die Gelegenheit zu einem entspannenden Dampfbad nutzten. Die Affen könnten die angenehme Wärme des Wassers aber auch selbst entdeckt haben, als sie auf den warmen Steinen oberhalb der Quelle saßen.

Doch wie die Makaken die frostigen Temperaturen überstehen, sobald sie die heißen Quellen verlassen, bleibt ein Rätsel. Zwar ist ihr Fell einigermaßen wasserabweisend, doch ein längeres Bad im warmen Wasser schränkt die Fähigkeit zur Wärmespeicherung ein und macht die Tiere anfällig für Erkältungen.

1.1 WAS IST EIN PRIMAT?

ansiedelnden Tiere aus Afrika keine natürlichen Feinde vorfanden und so eine erstaunliche Vielfalt verschiedener Arten entwickeln konnten. Doch auch sie bekamen die Nachteile einer Anpassung an das Inselleben zu spüren.

Denn Inselpopulationen sind verwundbar, unter anderem deshalb, weil auf kleinen Flächen weniger Arten leben können als auf großen.

Das nennt man „Arten-Areal-Verhältnis". Diesem Phänomen begegnet man nicht nur auf Inseln, sondern auch in isolierten Waldgebieten und Nationalparks. Da kleine Gebiete auch nur kleine Populationen ernähren können, sind diese bei sich ändernden Umständen besonders gefährdet.

GRÖSSE UND ERNÄHRUNG

Die Abhängigkeit der Primaten von Wäldern zeigt sich auch bei ihrer Ernährung. Die meisten Arten sind entweder Insektenesser, Pflanzenesser oder Fruchtesser oder eine Mischung daraus. Es gibt keine Weidegänger, außer dem Dschelada, und keine reinen Fleischesser, außer vielleicht dem Menschen. Doch selbst Menschen sind keine echten Fleischesser, denn bei einer rein fleischlichen Ernährung würden wir an Proteinvergiftung sterben, wie es tatsächlich mindestens einer Expedition im amerikanischen Westen widerfahren ist. Wir müssen Fleisch mit pflanzlicher Nahrung kombinieren, um uns ausgewogen zu ernähren.

Auch wenn Insekten wahrscheinlich die Nahrung der ersten Primaten waren, hat sich diese Ernährungsweise im Laufe der Entwicklung überholt, denn größere Arten können kaum genügend Insekten pro Tag fangen, um am Leben zu bleiben. Die Schwelle liegt bei einem Kilogramm Körpermasse.

Mittelgroße Arten bis zu zehn Kilogramm Körpergewicht, wie Klammeraffen, sind eher Fruchtesser, größere hingegen, wie die Schlank- und Stummelaffen, Blatt- und Fruchtesser. Der Grund liegt darin, dass kleinere Tiere gemessen an ihrer Größe täglich relativ mehr Nahrung zu sich nehmen müssen, um am Leben zu bleiben. Daher bevorzugen sie sehr nahrhaftes, gut verwertbares Futter. Große Arten kommen mit einer kärglicheren Kost aus Blättern zurecht, die schwerer verdaulich als Früchte sind und weniger Nährstoffe enthalten.

Die bevorzugte Nahrung hat natürlich auch Auswirkungen auf die Ausbildung von Zähnen und Verdauungsorganen, da die verschiedenen Abschnitte des Verdauungstraktes (Magen, Dünndarm und Dickdarm) beim Aufschluss der Nahrung unterschiedliche Funktionen haben. Blattesser haben sehr

 Die Gehirne der Primaten sind im Verhältnis zum Körper weit größer als bei anderen Tierarten.

1. Der Schopfmakake von Sulawesi ist ein Abkömmling der Tiere, die von Indochina abgeschnitten wurden, als die Meeresspiegel nach der letzten Eiszeit stiegen.

2. (gegenüber) Die kenianische Vervetmeerkatze öffnet eine Feige. Mit der Greifhand kann sie sehr geschickt mit der Frucht umgehen.

große Mägen, die wie die von Rindern und Schafen von Bakterien besiedelt sind. Denn nur Bakterien können die Zellulose der Pflanzenzellen aufschließen und Nährstoffe daraus gewinnen (▷ S. 110).

Die Bakterien selbst werden im Dünndarm verdaut, wo sie die aus den Blättern gewonnenen Nährstoffe freisetzen. Im Gegensatz dazu weisen Fruchtfresser einen kleineren Magen und längeren Dünndarm auf, in dem die Nährstoffe aus Früchten besser absorbiert werden können.

Ernährung und Verbreitung

Große Arten, wie etwa Schimpansen, benötigen ein größeres Waldgebiet als kleine Arten, um ihre Ernährung sicherzustellen. Je kleiner das besetzte Gebiet ist, desto kleiner auch die Population. Auch die Art der Ernährung ist entscheidend: So benötigen Fruchtesser größere Gebiete als Blattesser, da Früchte eine ungleichmäßig verteilte und kurzlebige Nahrungsquelle sind, während Blätter gleichmäßiger und über längere Zeiträume vorkommen. Fruchtesser müssen sicherstellen, dass immer mindestens ein Baum in ihrem Revier Früchte trägt. Blattesser hingegen können oft einfach den Baum wechseln, wenn sie alle essbaren Blätter verzehrt haben.

Die Anzahl der Primatenarten in einem Gebiet nimmt ab, je weiter man sich vom Äquator entfernt, und nur große Arten findet man in weiter Entfernung davon. Denn Lebensräume außerhalb der Tropen unterliegen stärkeren jahreszeitlichen Schwankungen, und größere Arten können Hungerperioden eher überstehen. Während mausgroße Tiere jeden Tag ihr eigenes Körpergewicht in Form von Nahrung zu sich nehmen müssen, können Tiere von der Größe eines Menschen 70 Tage ohne Nahrung überleben.

Überraschend ist, dass man selbst in einem Gebiet, das 12 bis 15 verschiedene Primaten-

1. Der seltene Rote Stummelaffe aus Sansibar, eine der gefährdetsten Affenarten überhaupt, ist ein Blattesser.

2. Der Mausmaki auf Madagaskar ist der kleinste Primat. Um den Energieverbrauch bei Nahrungsknappheit zu senken, versteckt er sich in seiner Baumhöhle und verfällt in eine energiesparende Kältestarre, Torpor genannt.

arten bevölkern, selten mehr als eine Art von Blattessern findet. Ein typischer Lebensraum im afrikanischen Regenwald kann bis zu sieben oder acht Arten an Fruchtessern aufweisen, Meerkatzen, Paviane, Schimpansen, und vielleicht ein bis zwei insektenessende Galago-Arten, doch selten mehr als eine Art von blattessenden Stummelaffen. Trotzdem können letztere am zahlreichsten auftreten und bis zur Hälfte der gesamten Primatenpopulation ausmachen. Eine Erklärung dafür könnte sein, dass mehr Blattesser in einem Gebiet leben können, weil Blätter häufiger vorkommen als Früchte. Eine andere könnte darin liegen, dass sich Blattesser gegenseitig die Nahrung nicht streitig machen, Fruchtesser konkurrieren dagegen um eine begrenzte Nahrungsquelle. Das zwingt sie dazu, verschiedene „ökologische Nischen" zu besetzen, z. B. auf verschiedenen Baumhöhen nach Nahrung zu suchen oder sich auf verschiedene Fruchtsorten zu spezialisieren. Es kommt zur Entwicklung unterschiedlicher Überlebensstrategien – und das bedeutet zwangsläufig, sich in verschiedene Arten aufzuspalten.

Schimpansen spielen eine wichtige Rolle bei der Regeneration der Wälder, indem sie die Samen der vertilgten Früchte einige Kilometer weit tragen, bevor sie sie mit dem Kot ausscheiden.

PRIMATEN ALS SAATVERTEILER

Primaten spielen eine wohl unerwartet bedeutende Rolle im Umweltsystem des tropischen Dschungels, denn ohne die Hilfe ihrer Bewohner würden viele tropische Bäume vermutlich aussterben.

Der Mongozmaki z. B. verbringt stolze 84 Prozent seiner Nahrungsaufnahmezeit damit, den Nektar der Wollbaumblüten auszusaugen und stellt dabei die Befruchtung sicher. Der größere Katzenmaki verzehrt den Nektar einer bestimmten Liane und hat gerade das richtige Gewicht, um den Mechanismus auszulösen, der die Pollen freisetzt. Man nimmt an, dass Pflanze und Maki im Laufe der Evolution sogar eine Art Symbiose eingegangen sind.

Auch bei der Verbreitung von Samen spielen Primaten eine wichtige Rolle. Viele Bäume unterdrücken das Wachstum der eigenen Sämlinge, wenn diese zu nah am Mutterbaum sprießen. Deshalb verlassen sie sich auf Vögel und Säugetiere, besonders Affen, die ihre Samen weit genug forttragen, damit diese erfolgreich keimen können.

Einige Affen haben besondere Backentaschen, in denen sie Früchte bis zu einem sicheren Futterplatz transportieren können. Fallen Samen versehentlich während des Fressens auf den Boden, so sind sie weit genug vom Mutterbaum entfernt, um zu keimen. Beim Verzehr der Früchte werden nicht alle Samen zerstört, sondern es bleiben genügend übrig, die nach spätestens einem Tag über den Stuhlgang ausgeschieden werden und so einige Kilometer vom Mutterbaum entfernt landen können. Die Samen einiger Bäume müssen sogar erst durch die Magensäure eines Fruchtfressers reifen – solange sie nicht verdaut wurden, keimen sie nicht.

1.2 URSPRÜNGE DER PRIMATEN

Vor 65 Millionen Jahren endete das Zeitalter der Dinosaurier aufgrund einer erdgeschichtlichen Katastrophe: Ein riesiger Komet schlug nahe der mexikanischen Halbinsel Yucatán auf und wirbelte Staub und Asche auf, die die Sonne verdunkelten und einen „nuklearen Winter" verursachten. Unfähig, sich an das kältere Klima und die veränderte Vegetation anzupassen, starben die Dinosaurier aus. Befreit von der Konkurrenz der riesigen Echsen, die die Erde 250 Millionen Jahre beherrscht hatten, fanden sich die kleinen Säugetiere, die zwischen den Füßen der Dinosaurier im Unterholz oder in den Baumkronen lebten, plötzlich in einem Paradies wieder. Eine dieser Arten waren die Plesiadapidae, eichhörnchenähnliche Tiere, die mit Spitzmäusen und Igeln verwandt sind. Sie waren der Ursprung der ersten Primaten, und es begann ein langer und beschwerlicher Weg, an dessen Ende der Mensch steht.

MORGENRÖTE DER PRIMATEN

Von allen heute noch lebenden Säugetieren besitzen Primaten einen der ältesten Stammbäume. Ihre Ursprünge reichen mehr als 65 Millionen Jahre in das Zeitalter der Dinosaurier zurück, als ihre kleinen, eichhörnchenähnlichen Vorfahren in den Bäumen herumflitzten. In der Regel nachtaktiv, jagten diese Tiere meist allein nach Insekten und nisteten in Baumhöhlen, ganz so wie Halbaffen, etwa Galagos und Mausmakis, es noch heute tun.

Die Plesiadapidae

Die Plesiadapidae sieht man noch nicht als „echte" Primaten an, denn die auf Bäumen lebenden Säuger hatten einige primatenuntypische Merkmale: lange Schneidezähne am Vorderkiefer wie eine Ratte und, gemessen an ihrer Körpergröße, eher kleine Gehirne. Fossile Funde belegen weiterhin Hautlappen zwischen Armen und Beinen, die vielleicht zum Gleiten genutzt wurden. Die Plesiadapidae unterschieden sich stark in ihrer Größe, die kleinsten wogen nur zehn Gramm (kaum das Gewicht einer Zigarette), die größten immerhin drei Kilogramm (so schwer wie eine Katze). Durchschnittlich waren sie so groß wie Eichhörnchen, sahen auch so aus und verhielten sich so, doch waren wahrscheinlich alle Vertreter nachtaktiv. Sie ernährten sich vornehmlich von Insekten, obwohl manche auch schon Früchte oder Blätter gefressen haben.

Plesiadapidae lebten vor 70 bis ungefähr 55 Millionen Jahren, danach verschwanden auch sie von der Bildfläche. Trotz ihres erdgeschichtlich gesehen relativ kurzen Daseins waren sie erfolgreich. Man fand mehr als 100 fossile Arten, viele von ihnen sind nur durch Fragmente der zierlichen Kieferknochen mit den winzigen Zähnen bekannt, die denen der modernen Primaten ähneln. Dies ist das Hauptargument dafür, dass die Plesiadapidae als nahe Verwandte eingeschätzt werden.

Die Plesiadapidae teilten sich in viele verschiedene Arten, die die Wälder der nördli-

1. Der winzige, kaum einen Zentimeter lange Unterkieferknochen eines ausgestorbenen Plesiadapis aus Wyoming, USA. Die meisten Plesiadapis kennt man nur aufgrund der Funde ihrer Zähne, die besser erhalten bleiben als die weicheren Knochen.

2. 250 Millionen Jahre beherrschten die Dinosaurier die Erde. Erst ihr Untergang vor etwa 65 Millionen Jahren ermöglichte den Aufstieg der Säugetiere.

1.2 URSPRÜNGE DER PRIMATEN

1. **Plesiadapidae**, die frühesten Mitglieder der Primaten, lebten zur gleichen Zeit wie die letzten Dinosaurier. Eine typische Plesiadapis-Art dürfte so ausgesehen haben.

2. Die erst vor 1000 Jahren ausgestorbenen Megaladapis waren riesige, 70 Kilogramm schwere, blattessende Lemuren.

chen Erdhalbkugel besetzten, wo das Klima zu der Zeit tropisch war. Während ihrer Blütezeit war es nämlich durchschnittlich rund 10 bis 15 Grad Celsius wärmer als heute. Das Klima von Paris oder New York ähnelte sehr dem des heutigen von Bombay oder Havanna.

Die Adapidae

Ein dramatischer Anstieg der Erdtemperatur vor rund 55 Millionen Jahren führte zum Aussterben zahlreicher Arten, doch war diese Entwicklung nicht annähernd so dramatisch wie das Massensterben der Dinosaurier rund zehn Millionen Jahre zuvor. Die Plesiadapidae verschwanden mit dieser neuen Welle des Artensterbens, eine Gruppe der Vorfahren der Primaten jedoch überlebte – die Adapidae. Das erste Auftreten dieser katzengroßen Tiere vor etwa 55 Millionen Jahren ist durch fossile Funde belegt.

Die Adapidae waren die ersten echten Primaten. Sie waren größer als die Plesiadapidae und wiesen die charakteristischen anatomischen Merkmale der heutigen Primaten auf: Fingernägel statt Krallen, ein relativ großes Gehirn sowie opponierbare Daumen, die ihnen das Umgreifen von Zweigen und Baumstumpfen erlaubten. Und anders als die Plesiadapidae hatten sie nach vorne gerichtete Augen für räumliches Sehen. In vielerlei Hinsicht ähnelten sie den heutigen Halbaffen (Lemuren, Galagos und ähnliche): Sie lebten hauptsächlich in Bäumen, waren teils tag-, teils nachtaktiv und ernährten sich vorwiegend von Insekten und Früchten.

Die Adapidae waren sehr erfolgreich – mehr als 180 Arten sind für die Zeit zwischen 55 und 40 Millionen Jahren durch fossile Funde belegt. Sie gehören zu den am häufigsten vorkommenden Säugetierfossilien dieser Zeit, einige von ihnen überlebten sogar bis vor fünf Millionen Jahren. Wie die Plesiadapidae vor ihnen waren diese frühen Familienmitglieder der Halbaffen nur in der einst tropischen nördlichen Erdhälfte (südliche USA, Südeuropa, Nordafrika, Nordindien und Südchina) beheimatet.

3. Der Schädel eines in Frankreich gefundenen fossilen Adapiden. Adapidae waren vor 55 bis 40 Millionen Jahren in Europa weit verbreitet und die ersten echten Primaten.

★ Primaten sind eine der ältesten, heute noch lebenden Säugetierordnungen. Ihre direkten Vorfahren teilten sich in Urzeiten die Wälder mit den letzten Dinosauriern.

4. Die Erdtemperatur ist heute wesentlich niedriger als beim ersten Auftreten der Primaten. Darauf folgende Perioden mit dramatischen Klimawechseln fallen häufig mit der Entstehung neuer Primatenfamilien zusammen.

NEUE NISCHEN, NEUE ARTEN

Für die Zeit vor 40 Millionen Jahren weist das fossile Gedächtnis der Erde eine Lücke auf, es gibt kaum Funde aus den folgenden 5 Millionen Jahren. Wir wissen nur, dass sich die Welt am Ende dieser geheimnisumwitterten Zeitspanne dramatisch verändert hatte. Die Durchschnittstemperaturen sanken um mehr als 10 Grad Celsius, die Meeresspiegel um ganze 400 Meter und erreichten so den tiefsten Stand innerhalb der vergangenen 65 Millionen Jahre. Im Zuge der Abkühlung des Planeten zogen sich die tropischen Wälder, in denen die Primaten lebten, in Richtung Äquator zurück, wo sie sich noch heute befinden. So wurden die Primaten zu echten äquatorialen Arten.

Und: Gegen Ende der „fossilen Lücke" tauchte eine ganz neue Gruppe von Primaten auf: Die Anthropoiden, zu der man die Affen und Menschenaffen zählt.

Die ersten Anthropoiden

Die ältesten Fossilien von Anthropoiden fand man in den ausgewaschenen Flussläufen des Wadi Fayum, am Rande der Sahara im nördlichen Ägypten. Vor 30 bis 35 Millionen Jahren war das Klima dort fruchtbar und feucht. Träge fließende Flüsse schlängelten sich durch üppige Wälder, Flussschleifen kapselten sich zu stehenden Gewässern ab und entwickelten sich zu Sumpf- und Marschlandschaften.

Krokodile lauerten in den Flussarmen, Wasservögel stelzten vorsichtig durch den Schlamm und merkwürdige, prähistorische

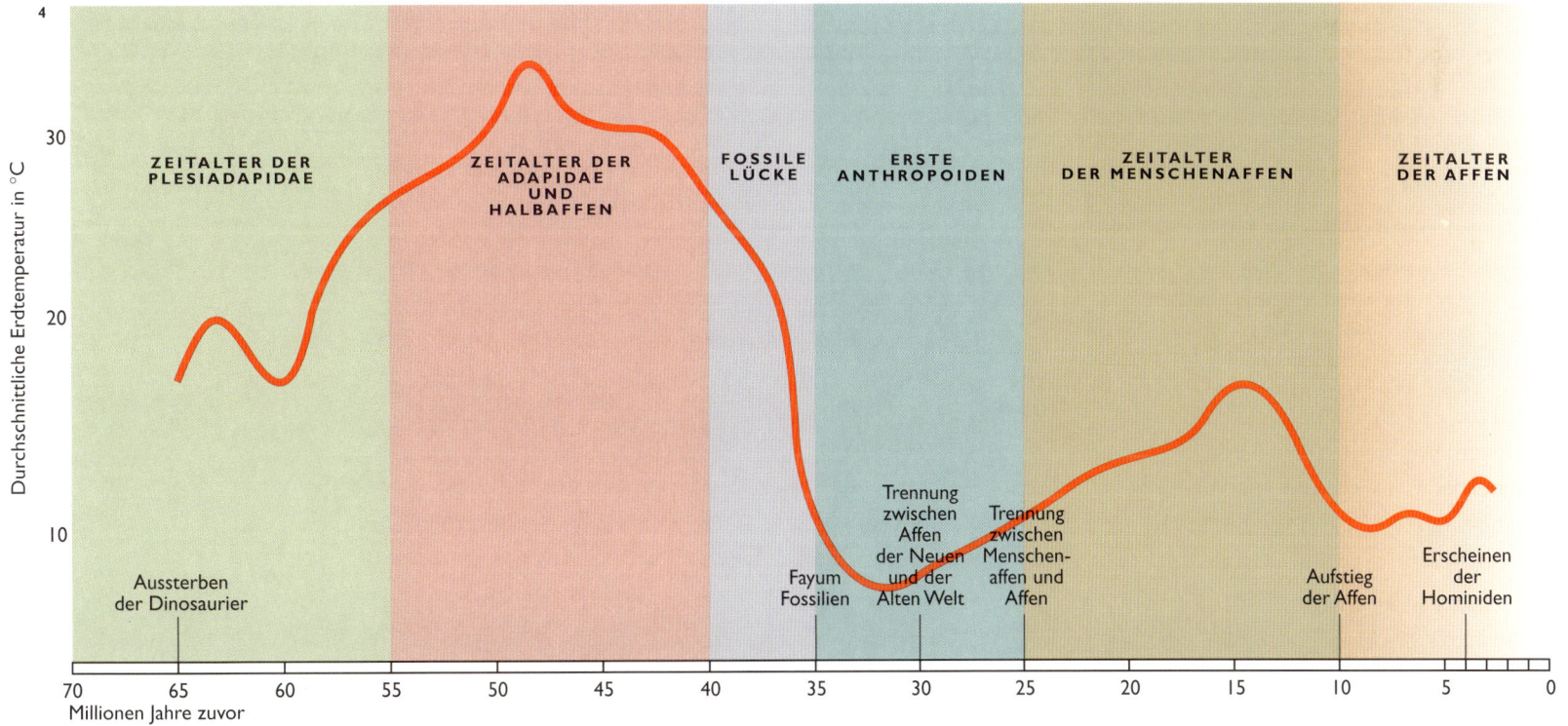

1.2 URSPRÜNGE DER PRIMATEN

Verwandte von Nilpferden und Elefanten grasten am Ufer.

Über ihnen in den Bäumen, sicher vor den Gefahren, die vom Grund der Wälder drohten, beobachtete eine neue Primatenform die Umgebung – die ersten Anthropoiden. Sie unterschieden sich deutlich von den halbaffenartigen Adapiden: So hatten sie an den Hinterfüßen keine Putzkrallen mehr, und ihre Augenhöhlen waren kleiner, ein Zeichen für den Wechsel von Nacht- zu Tagaktivität.

Auch ernährten sich die Tiere nicht länger von Insekten, sondern fraßen Früchte. Insektenesser, wie etwa Halbaffen, finden ihre Beute nachts normalerweise durch Riechen und Hören, daher auch das vergrößerte Geruchszentrum im Gehirn und die großen Ohren. Der Wechsel zu einer aus Früchten bestehenden Nahrung geschah zeitgleich mit einem Wechsel zur Tagesaktivität, einer geringeren Abhängigkeit vom Geruchssinn sowie einer Verstärkung des Sehsinns.

Ein transatlantisches Rätsel

Die Fossilien von Fayum und andere Funde aus dieser Zeit weisen zahlreiche Ähnlichkeiten mit lebenden Affen in Süd- und Mittel-

Zähne verraten einiges über das Verhalten ausgestorbener und lebender Primatenarten. Ein Anubispavianmännchen aus Kenia zeigt seine Furcht erregenden Eckzähne, die es zu nutzen weiß, falls ein Gegner seine Drohung nicht ernst nimmt.

 WAS STECKT IN EINEM ZAHN?

Zähne gehören zu den häufigsten fossilen Überresten. Einige ausgestorbene Primatenarten kennt man sogar nur aufgrund ihrer Zähne. Das liegt daran, dass Zähne aus einer äußerst harten Substanz (Zahnschmelz) bestehen, die nicht vergeht. Durch den Vergleich fossiler Zähne mit denen lebender Primaten können Wissenschaftler überraschend viele Informationen über die Gewohnheiten der ausgestorbenen Tiere zusammentragen.

So lässt die Größe eines Zahns, besonders eines Backenzahns, Rückschlüsse auf die Größe eines Tieres zu, denn je größer der Zahn desto größer das Tier. Über die Ernährungsweise eines Tiers gibt die relative Größe der verschiedenen Zähne in einem Kiefer Auskunft: Fruchtesser besitzen große Schneidezähne und kleine Backenzähne, bei Blattessern ist es genau umgekehrt, sie haben kleine Schneidezähne und große Backenzähne. Das liegt daran, dass von Früchte mehr abgebissen wird, während Blätter eher zermahlen werden. Unter dem Mikroskop betrachtet, verrät die Abnutzung der Zähne ebenfalls einiges: Am Boden lebende Tiere, die viel Sand mit ihrer Nahrung aufnehmen, verfügen über einen dickeren Zahnschmelz, der ihre Zähne vor Verschleiß schützt. Außerdem haben sie mehr Kratzer, aber weniger Löcher in ihren Backenzähnen.

Die relative Größe der Eck- oder Augenzähne verrät etwas über das Paarungsverhalten einer Art. Arten wie Paviane, bei denen die Männchen wesentlich größere Eckzähne haben als Weibchen, leben in polygamen Gruppen, in denen die Männchen um das alleinige Paarungsrecht konkurrieren. Arten wie Gibbons, bei denen beide Geschlechter annähernd gleich große Eckzähne aufweisen oder die Weibchen sogar etwas größere Eckzähne als die Männchen haben, leben monogam.

★ Die drei winzigen Knochen in unseren Ohren, die Geräusche zwischen Trommelfell und Innenohr übertragen, stammen von den Kieferknochen unser Reptil-Vorfahren ab.

amerika auf. Sie sind diesen in vielerlei Hinsicht ähnlicher als den Affen oder Menschenaffen in Afrika und Asien.

Es sieht so aus, als ob diese frühen Anthropoiden den gemeinsamen Ursprung zweier wichtiger Abteilungen bilden: Den der Affen der Neuen Welt und den der Alten Welt, der die Affen und Menschenaffen Afrikas und Asiens hervorgebracht hat (▷ S. 105). Forschungen an der DNA (▷ S. 40) von Primaten legen sogar nahe, dass der gemeinsame Vorfahre der Anthropoiden der Neuen und Alten Welt um diese Zeit, also vor 25 bis 30 Millionen Jahren, gelebt hat. Auch fossile Hinweise stützen die Theorie eines gemeinsamen Ursprungs in Afrika vor rund 30 Millionen Jahren. Es gibt nämlich nur wenige Fossilien südamerikanischer Primaten, die älter als 20 Millionen Jahre sind, und die wenigen anthropoidenähnlichen Fossilien, die vor Fayum datiert werden können, entdeckte man in Afrika.

Das stellt uns vor ein echtes Rätsel: Wie überquerten die Vorfahren der Affen der Neuen Welt den Atlantischen Ozean? Diese

 RÄUMLICHES SEHEN

Die Plesiadapidae hatten wie die meisten Säugetiere Augen an beiden Seiten des Kopfes. Diese Ausrichtung erlaubt einen Rundumblick, mit dem man herannahende Feinde möglichst früh sieht. Damit konnten die Tiere jedoch nur beschränkt räumlich sehen, denn für wirkliches dreidimensionales Sehen, mit dem man Entfernungen einschätzen kann, müssen sich die Sichtfelder beider Augen überschneiden, was bei den seitwärts gerichteten Augen der Plesiadapidae kaum der Fall war.

Bis zur Entwicklung der Adapidae – der ersten echten Primaten – waren die Augenhöhlen an die Vorderseite des Kopfes gewandert und ermöglichten so den nach vorne gerichteten Blick und größere, sich überschneidende Sichtfelder. Diese Tiere konnten räumlich sehen und Entfernungen gut einschätzen – lebenswichtig für Arten, die zwischen den Bäumen umhersprangen und nicht mehr von Zweig zu Zweig rannten. Die Augäpfel der Adapidae benötigten jedoch nun einen stärkeren Halt als durch den Wangenknochen allein. Dieses Problem wurde durch einen Knochenring gelöst, der die beiden Augäpfel an ihrem Platz hielt. Ein Merkmal, das bis heute typisch für Halbaffen ist.

Affen und Menschenaffen entwickelten sich sogar noch einen Schritt weiter, wie ihre Fossilien belegen: Statt eines Knochenrings haben diese Tiere Augenhöhlen, die jeden Augapfel umgeben und tragen. Das verhindert zudem, dass die Wangenmuskulatur während des Kauens die Augen anstößt – ein Problem, das die Halbaffen noch heute haben. Sehr bewegliche Augäpfel gleichen den mangelnden Rundumblick aus.

Eine interessante Ausnahme stellt der an der Grenze zwischen Halbaffen und Affen stehende Koboldmaki dar. Seine nach vorn gerichteten Augen sind kaum beweglich, dafür kann er seinen Kopf wie eine Eule um 180 Grad drehen und nach hinten schauen.

Ein Mantelaffe aus Uganda zeigt im Sprung, wie ihm das räumliche Sehen mit den nach vorne gerichteten Augen eine sichere Landung ermöglicht.

1 DIE WELT DER PRIMATEN

1.2 URSPRÜNGE DER PRIMATEN

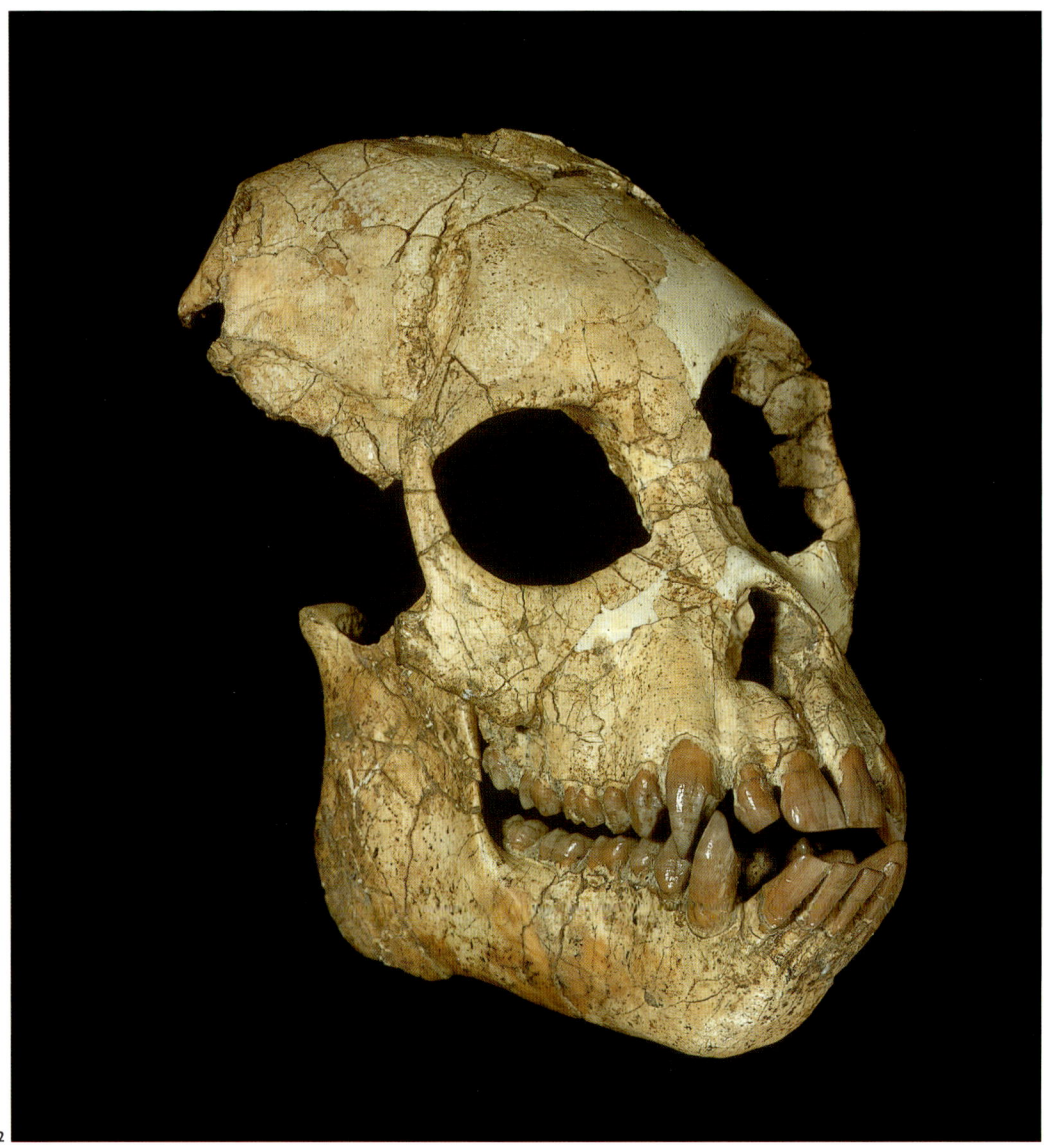

1. Der *Aegyptopithecus zeuxis* war ein typischer Vertreter der neuen Primatenarten, die vor rund 30 Millionen Jahren auftauchten. Diese ersten Anthropoiden waren die Vorfahren der heutigen Menschenaffen und Affen.

2. Vor rund 20 Millionen Jahren lebte der *Proconsul*, einer der erfolgreichsten und weitverbreitetsten frühen afrikanischen Menschenaffen.

Frage hat Wissenschaftler jahrzehntelang in Verwirrung gestürzt.

Denn eines ist sicher: Die südamerikanischen Primaten stammen nicht von den nordamerikanischen Adapiden ab. Zum einen wurde ihre Abstammung von den Affen der Alten Welt molekularbiologisch bewiesen, zum anderen bildeten Nord- und Südamerika bis vor rund 20 Millionen Jahren zwei getrennte Kontinente, wobei Südamerika viel weiter südlich lag als heute.

Am wahrscheinlichsten scheint die Einwanderung von Afrika entweder direkt über den Atlantik oder über die Antarktis. Die Überquerung des Atlantiks ist weniger unwahrscheinlich, als man glauben möchte, denn vor 30 Millionen Jahren war der Atlantik an seiner engsten Stelle nur rund 500 Kilometer breit. Doch seit damals driften Neue und Alte Welt stetig, aber sicher auseinander.

Noch wichtiger ist der Umstand, dass mitten im Südatlantik eine Inselkette lag, die als Sprungbrett gedient haben könnte. Heute sind diese Inseln überflutet und bilden einen Teil des mittelatlantischen Rückens, eine riesige Gebirgslandschaft auf dem Meeresgrund, an der die amerikanische und die afroeuropäische Kontinentalplatte auseinander gedrückt werden. Weiterhin dürften die niedrigen Meeresspiegel zu dieser Zeit große Flächen des Kontinentalschelfs um Afrika und Amerika freigelegt haben, so dass der Ozean noch enger war.

So gesehen war die Entfernung, die die Tiere über offenes Meer zurücklegen mussten, überwindbar. Es könnte z. B. eine Gruppe von Tieren, vielleicht während eines besonders wilden Sturmes, auf Treibholz oder einer Art Floß aufs Meer hinaus getrieben worden sein. Westliche Meeresströmungen würden das Floß dann in die Nähe Brasiliens getragen haben. Auch heute noch folgen Lederschildkröten dieser Route jedes Jahr von ihren Futterplätzen rund um die Insel Ascensión zu ihren Brutplätzen in der Karibik.

Auch ein Weg über die Antarktis ist möglich, denn bis vor 20 Millionen Jahren waren Südamerika und die Antarktis über eine Landbrücke verbunden, die noch heute in Richtung Kap Horn in den Antarktischen Ozean hineinreicht. Obwohl die Antarktis heute eisbedeckt ist, war sie es nicht immer. Es ist das Vermächtnis des jungen Botanikers John Wilson, der mit Captain Scott auf der verhängnisvollen Expedition zum Südpol starb, dass wir von der einstigen Bewaldung der Antarktis wissen. Der Weg über die Antarktis wird noch glaubwürdiger durch den Umstand, dass man viele der ältesten Primatenfossilien in Südamerika im südlichen Argentinien und Chile fand, also der Region, die am nächsten zur Antarktis liegt.

⭐ Bis vor fünf Millionen Jahren traten Menschenaffen wesentlich häufiger als Affen auf.

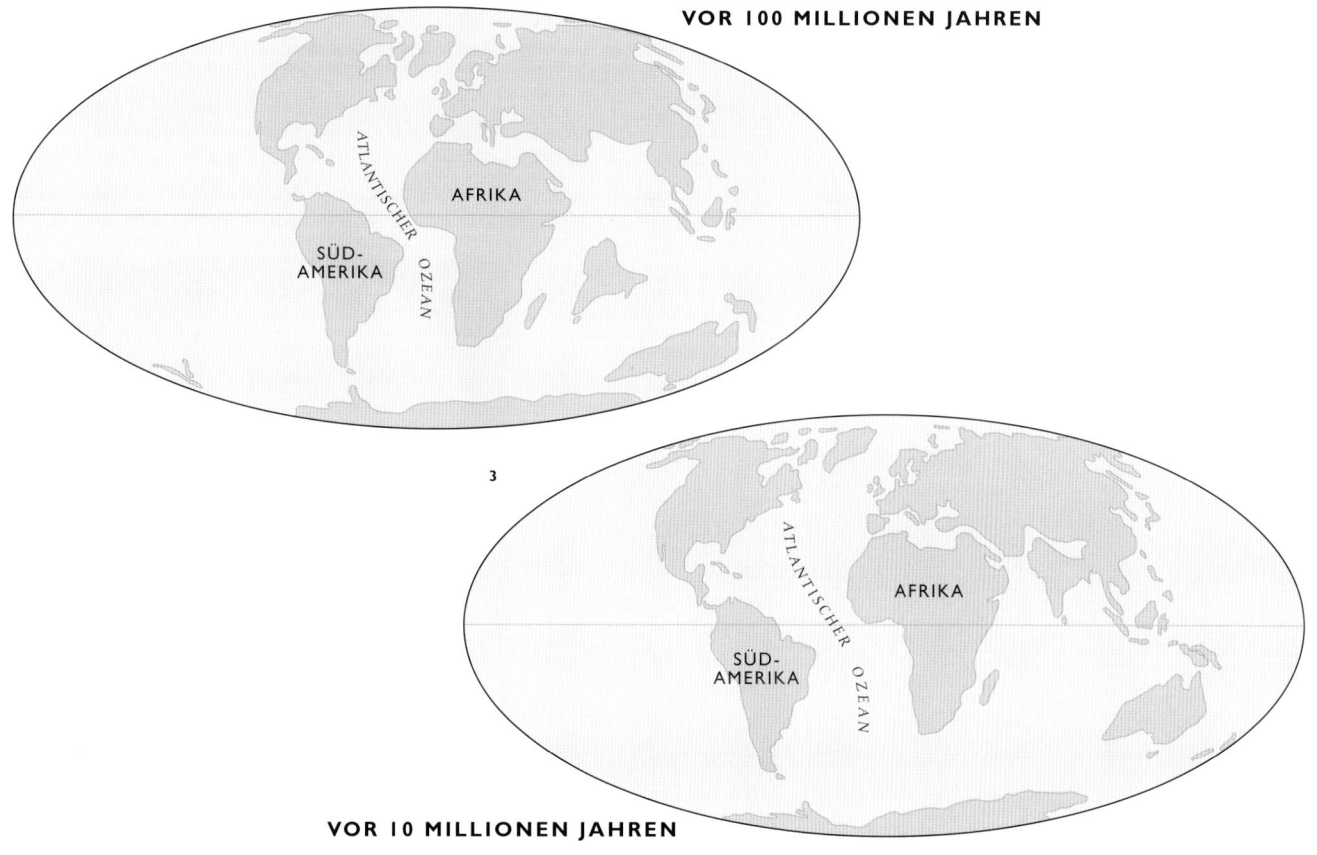

3. Wie die Primaten Afrikas vor rund 30 Millionen Jahren Südamerika erreichten, bleibt ein Rätsel. Allerdings lagen Afrika und Südamerika damals wesentlich näher beieinander als heute.

VON DER FRÜHZEIT BIS HEUTE

Menschen gehören wie Schimpansen, Gorillas, Gibbons und Orang-Utans zu den Menschenaffen. Wir neigen dazu zu glauben, dass Menschenaffen evolutionsgeschichtlich jünger sind als Affen. Aber wenn überhaupt, dann sind es die Menschenaffen, die die längere Abstammungsreihe aufweisen, und es sind die Affen, vor allem Paviane, Makaken und Meerkatzen, bei denen es sich um Neuankömmlinge handelt.

Urzeitliche Menschenaffen

Nach den reichen Fossilfunden in Fayum und andernorts fällt die Evolutionsgeschichte der Herrentiere in der Alten Welt ins Dunkel. Doch mit besser erhaltenen, über 20 Millionen Jahren alten Fundstücken zeigt sich, dass sich die Fayum-Primaten in der Zwischenzeit in zwei Hauptgruppen geteilt hatten: Menschenaffen und Affen. Die Affen spielten in der Geschichte allerdings eine Nebenrolle, denn die dominierenden Primaten der Alten Welt waren ohne Zweifel die Menschenaffen. Mit rund 60 bekannten Arten besiedeln sie ganz Afrika und das südliche Eurasien von Spanien im Westen bis China im Osten. Auch wenn keiner von ihnen ein direkter Ahne heutiger Menschenaffen zu sein scheint, handelt es sich bei ihnen dennoch um Menschenaffen, denn sie besitzen die typischen Backenzähne und sind schwanzlos.

Die Menschenaffen der Frühzeit setzten sich äußerst erfolgreich durch und besetzten viele der Wald- und Bodennischen, in denen heute Affen leben. Einige von ihnen erreichten unglaubliche Körpermaße. So wog *Gigantopithecus*, dessen beide Arten vor fünf bis zehn Millionen Jahren die Waldgebiete Indiens und Chinas durchstreiften, schätzungsweise 200 bis 300 Kilogramm. Diese Giganten sind nur aufgrund ihrer Kiefer und Zähne bekannt, von denen viele in chinesischen Kräuterläden auftauchten, wo man sie pulverisiert als traditionelle Arzneizutat verwendete. Mit dem etwa vierfachen Gewicht des Menschen war der *Gigantopithecus* der größte je lebende Primat und wird aufgrund seiner Größe und seines Gewichts ein am Boden lebender Pflanzenesser gewesen sein.

Vor 20 Millionen Jahren waren 80 Prozent aller Anthropoiden in Afrika Menschenaffen, doch schon zehn Millionen Jahre später fiel ihr Anteil rasant und unerbittlich auf die noch heute lebenden 20 Prozent, und die Affen nahmen ihren Platz ein.

1. Der *Gigantopithecus* wog über 200 Kilogramm und war der größte jemals lebende Primat. Er lebte vor rund fünf bis zehn Millionen Jahren in China, und wir wissen von ihm nur aufgrund seines fossilen Gebisses.

2. Alte chinesische kräuterheilkundliche Schriften verschrieben gemahlene „Drachenzähne" (wie die wuchtigen Zähne des *Gigantopithecus* rechts unten) gegen bestimmte Beschwerden.

Es scheint, als wären die Menschenaffen von der Austrocknung und Abkühlung des Erdklimas vor rund zehn bis 15 Millionen Jahren regelrecht überrumpelt worden.

Als Folge dieser Klimaveränderung verkleinerten sich die Waldflächen, die einst vor allem Afrika überzogen hatten. Der Wechsel des Lebensraumes vom Regenwald zu offeneren Waldlandschaften begünstigte die Affen, denn sie konnten den schrumpfenden Vorrat von Früchten noch unreif vor den Menschenaffen verzehren. Kein Menschenaffe, der Mensch eingeschlossen, kann unreife Früchte verdauen, da ihm dazu ein Enzym zur Entgiftung von Tannin, einem Gerbstoff, fehlt. Affen dagegen entwickelten ein Enzym zum Abbau von Tannin. Tannin schützt die Früchte, bis die Samen keimen können. Tannine trocknen die Mundschleimhaut aus und verursachen Magenschmerzen sowie Schlimmeres. Sind die Samen reif zum Keimen, werden die Gerbstoffe abgebaut und die Früchte süß und genießbar und dann erst für Menschenaffen nutzbar.

Darüber hinaus breiteten sich die Affen in die Savanne und die Waldrandgebiete aus, um die nussähnlichen Samen, die es in der frischen Graslandschaft im Überfluss gab, zu verzehren.

Nur ein Zweig der frühen Menschenaffen überlebte, verließ ebenfalls die ursprüngliche Dschungelheimat und begann, sich die Wald- und Graslandschaften am Waldrand zu erschließen. Es war ein riskantes Unterfangen für ein Tier, das für diesen Lebensraum alles andere als geeignet war, doch es überlebte, und am Ende stehen wir.

3. Vervetmeerkatzen besiedelten von ihrer alten Waldheimat aus erfolgreich die Savannen Afrikas.

1.2 URSPRÜNGE DER PRIMATEN

Der Aufstieg der Affen

Die Affen der Alten Welt blicken wie die Menschenaffen auf eine lange Geschichte zurück: Die DNA-Forschung beweist, dass ihr gemeinsamer Vorfahre bis in die Zeit vor 25 Millionen Jahren zurückreicht. Anfangs unbedeutend drängten sie später mit aller Macht aus den Wäldern, und ihre Zahl nahm drastisch zu.

Die ursprünglichen afrikanischen Affen sahen den blattessenden Stummelaffen ähnlich, die noch heute in den Wäldern der Subsahara leben. Ob sie ebenfalls Blätter fraßen, ist ungewiss, aber eine frühe Anpassung daran ist wahrscheinlich. Als sich das Klima vor rund 12 Millionen Jahren veränderte, tauchte eine neue Abstammungslinie auf. Die Meerkatzenartigen (*Cercopithecinae*), die Paviane, Makaken, Meerkatzen und ihre Verwandten, ernährten sich von Früchten und Samen.

Diese neue Linie wurde bald durch die Makaken in Asien vertreten, die sich rasch von ihrer alten Heimat in Afrika aus verbreiteten – zunächst im südlichen Europa und dann über Asien bis hin zum japanischen Archipel. In Afrika tauchen Fossilien von Pavianen – den größten und weitverbreitetsten Affenarten in Afrika – von vor rund 5 Millionen Jahren auf. Sie teilten sich in die fünf Unterarten, die wir heute kennen.

Einige der alten Paviane waren sehr exotisch. Der riesige, grasessende Pavian *Theropithecus oswaldi* war so groß wie ein kleiner Gorilla. Er durchstreifte vor 50 000 bis 100 000 Jahren die Graslandschaften der Savanne Ostafrikas, doch machten ihn sein massiger Körperbau und seine Schwerfälligkeit zur leichten Beute für die flinken Jäger der neu aufstrebenden Art des Menschen. Knochen des *Theropithecus* finden sich reichlich an fossilen Lagerplätzen in Afrika, an denen unsere menschlichen Vorfahren ihre Beute zerlegten. *Theropithecus brumpti*, ein naher Verwandter aus dem nördlichen Kenia und südlichen Äthiopien, dürfte nur halb so groß gewesen sein, doch hatte er ein auffälliges Gesicht: Harte Ränder an den Wangenknochen wölbten sich in bei keiner anderen Art vergleichbaren Weise seitlich und vorne nach außen. Es ist nicht leicht, diesem Knochenkranz eine Funktion zuzuordnen. Am plausibelsten scheint, dass sie farbige Gesichtsflächen beim Konkurrenzkampf der Männchen um die Weibchen betonen sollten, vergleichbar mit den bunten Gesichtern der Mandrills.

In den Regenwäldern Zentral- und Westafrikas entwickelten die „Waldpaviane" – die Drills und Mandrills – sowie die Mangaben ihr heutiges Aussehen. Während in Eurasien die Eiszeit herrschte, verbreiteten sich schließlich die kleinen Meerkatzen in den Wäldern Zentralafrikas und bildeten neue Arten (▷ S. 114).

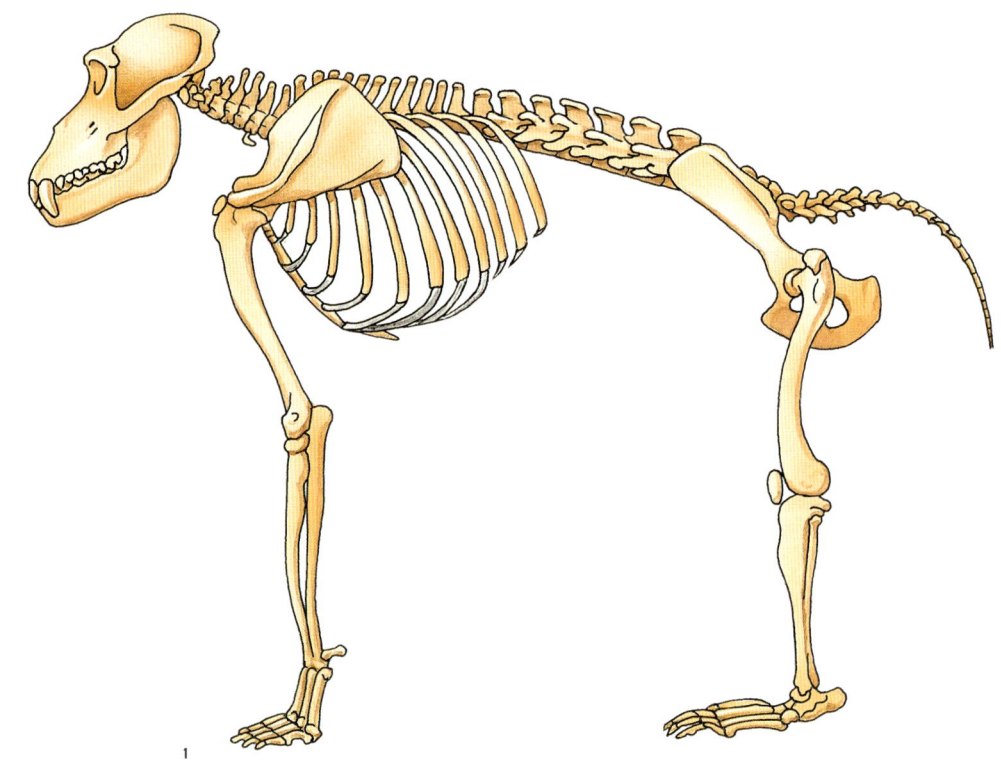

1. Ein Skelett des ausgestorbenen Riesenpavians *Theropithecus oswaldi*. Der Dschelada ist der nächste noch lebende Verwandte dieser Art.

2. (gegenüber) Der Mandrill ist ein großer, bodenlebender Affe aus Westafrika. Männchen zeigen stolz ihre blau-rote Zeichnung, die sich wahrscheinlich im Zuge des Konkurrenzkampfes um die Weibchen entwickelt hat.

1.3 PRIMATEN HEUTE

Seit ihrem ersten, durch Fossilien belegten Auftauchen besetzten die Primaten tropische Lebensräume – und sind tropische Tiere geblieben. Nur ein Zweig der Primaten befreite sich von dieser Beschränkung, der, aus dem der moderne Mensch hervorging. Unsere Fähigkeiten, im gemäßigten und subarktischen Klima zu überleben, Ackerbau zu betreiben und Kanus zu bauen, haben uns Möglichkeiten eröffnet, die weit über das hinausgehen, was den anderen Primaten zur Verfügung steht. Doch unsere Durchsetzungskraft verursachte eine Bevölkerungsexplosion, die jetzt das Überleben zahlreicher anderer Arten bedroht. Wir sind Zeugen der sechsten großen Aussterbewelle der Erdgeschichte – die erste seit dem Aussterben der Dinosaurier. Unsere Vettern, die anderen Primaten, bleiben davon nicht verschont. Die meisten von ihnen werden das nächste Millenium in 1000 Jahren nicht mit uns erleben.

EINTEILUNG DER PRIMATEN

Die heute lebenden Primatenarten lassen sich in zwei Hauptgruppen einteilen: Halbaffen (*Prosimii*) und Anthropoide. Die Halbaffen sind direkte Nachkommen der *Adapidae* vor 40 Millionen Jahren und ähneln ihnen noch in vielen Aspekten: nachtaktive Lebensweise (auch wenn einige tagaktiv sind) und Fortpflanzungsart. Im Gegensatz dazu haben die Anthropoiden – Menschenaffen und Affen der Alten und Neuen Welt – einen anderen gemeinsamen Vorfahren. Ihre Entwicklung führte zu einer tagaktiven und pflanzenfressenden Lebensweise, verbunden mit einem intensiveren sozialen Leben, das sich meist in großen und zusammenbleibenden Gruppen abspielt.

Halbaffen

Die Halbaffen sind eine verzweigte Primatengruppe, die körperlich stark variiert. Doch alle Halbaffen haben eine Reihe gemeinsamer Merkmale, die sie von Affen und Menschenaffen unterscheiden. Ihr Riechzentrum im Gehirn ist größer, da sie sich mehr an Düften orientieren. Außerdem verfügen sie – gemessen an ihrer Körpergröße – über kleinere Gehirne als Affen oder Menschenaffen.

Innerhalb der Halbaffen unterscheidet man drei Gruppen, wobei die Koboldmakis wegen ihrer stammesgeschichtlichen Nähe zu den Anthropoiden eine Sonderstellung einnehmen. Die beiden anderen Gruppen sind die Lemuren und die Loriartigen. Letztere bestehen wiederum aus zwei Familien: Den afrikanischen Galagos (von denen zur Zeit elf Arten bekannt sind) und den Loris und Pottos (die sich aus drei Lori-Arten in Südostasien und vier Potto-Arten in Afrika zusammensetzen).

1. Der weißfüßige Wieselmaki ist typisch für Madagaskars einzigartigen Halbaffenbestand. Dieser hier zeigt den „Zahnkamm" aus den unteren Schneidezähnen, der der Körperpflege dient und nur bei Halbaffen vorkommt.

Die Lemurenartigen sind in vielerlei Hinsicht einzigartig. Man findet sie nur auf Madagaskar vor der Südostküste Afrikas. Dort gibt es eine außergewöhnliche Vielzahl an Arten, die in Erscheinungsbild sowie Lebensweise äußerst vielfältig sind und sehr unterschiedliche ökologische Nischen besetzen. Es gibt 33 verschiedene Lemuren-Arten und mindestens weitere 15, die erst vor 1000 Jahren ausgestorben sind. Wahrscheinlich bleiben weitere ausgestorbene Arten unentdeckt, da kleinere

★ Wir kennen 234 verschiedene Primaten-Arten – doch es werden noch immer neue entdeckt.

1.3 PRIMATEN HEUTE

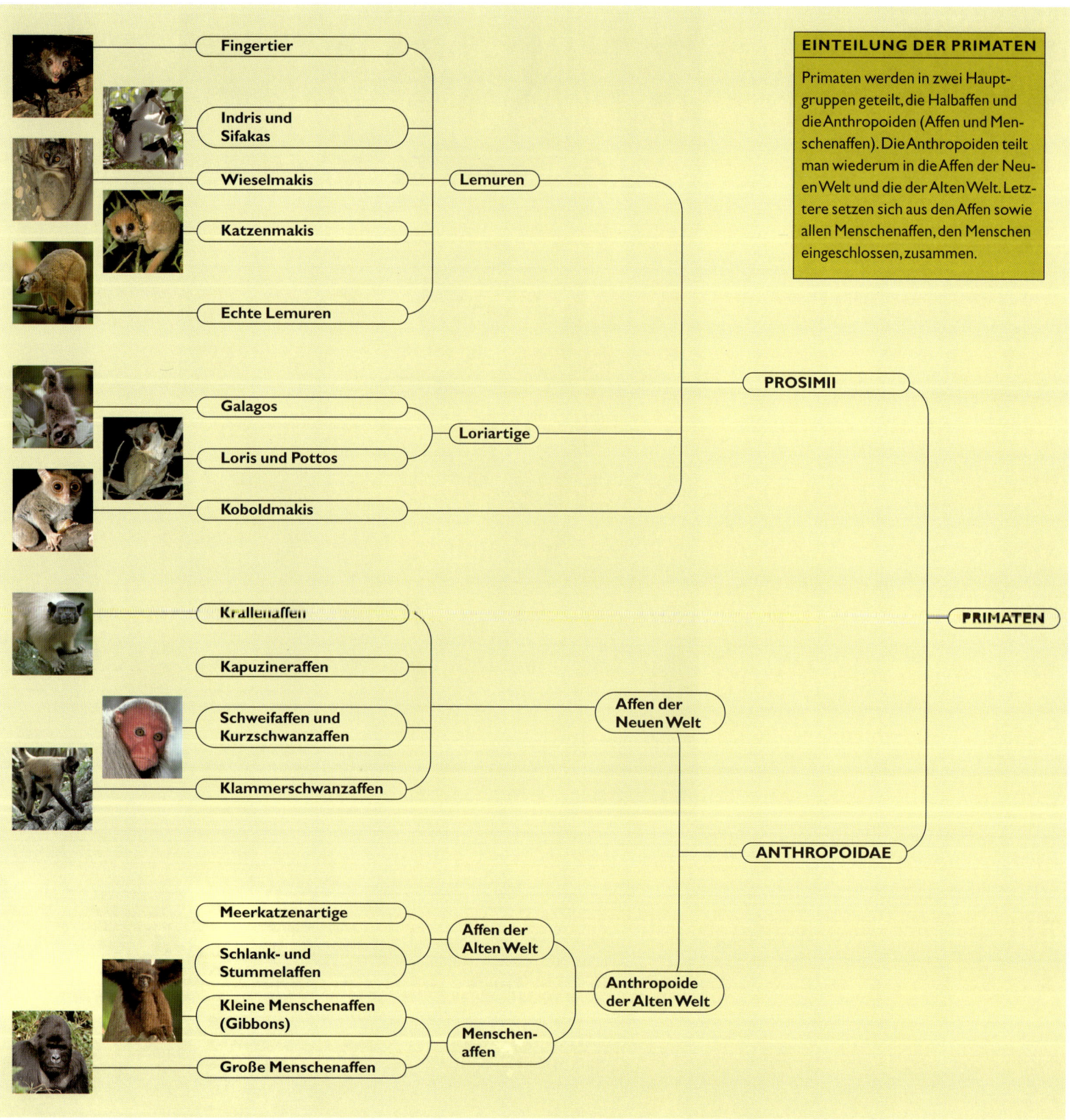

EINTEILUNG DER PRIMATEN

Primaten werden in zwei Hauptgruppen geteilt, die Halbaffen und die Anthropoiden (Affen und Menschenaffen). Die Anthropoiden teilt man wiederum in die Affen der Neuen Welt und die der Alten Welt. Letztere setzen sich aus den Affen sowie allen Menschenaffen, den Menschen eingeschlossen, zusammen.

Arten wegen ihrer zarteren Knochen weniger gut versteinern.

Die dritte Teilordnung, die Koboldmakis, sind etwas Besonderes, denn genetischen Untersuchungen zufolge stehen sie Affen und Menschenaffen näher als anderen Halbaffen. Koboldmakis ähneln anderen Halbaffen nur aufgrund gemeinsamer Anpassungen an eine vergleichbare ökologische Nische und Lebensweise: die eines baumbewohnenden, nachtaktiven Insektenjägers.

Anthropoide

Affen und Menschenaffen – zusammen auch als Anthropoide bezeichnet – bilden die zweite Unterordnung der Primaten. Im Gegensatz zu den Halbaffen haben Anthropoide meist große Körper und sind, von einer Ausnahme abgesehen, tagaktiv. Sie zeichnen sich durch relativ größere Gehirne als Halbaffen aus, können – oft im Zusammenhang mit einer auf Früchte ausgerichteten Ernährung – Farben erkennen und verfügen über eine beträchtliche Intelligenz sowie ein intensives soziales Leben.

Im alltäglichen Sprachgebrauch (und auch in diesem Buch) werden die Arten, die die Anthropoiden ausmachen, in zwei Kategorien eingeteilt: Affen und Menschenaffen. In der Wissenschaft werden sie jedoch in zwei andere Gruppen unterteilt: Die Affen der Neuen Welt und die der Alten Welt, wobei letztere Affen wie Menschenaffen umfassen. Beide Einteilungen sind aus verschiedenen Gründen gerechtfertigt. Einerseits haben die Affen der Neuen und Alten Welt zahlreiche gemeinsame Merkmale, die sie von den Menschenaffen unterscheiden. Einige dieser Merkmale sind eher unbedeutend: Alle Affen haben Schwänze, Menschenaffen nicht. Andere sind bedeutender: Menschenaffen weisen größere Gehirne auf und sind wesentlich intelligenter als Affen. In dieser Hinsicht stellen Affen und Menschenaffen verschiedene „Stufen" der Evolution dar.

Andererseits spiegelt die Grenzziehung zwischen Affen der Neuen und der Alten Welt die Evolutionsgeschichte und ihre genetische Verwandtschaft genauer wider. Die Menschenaffen (uns eingeschlossen) sind enger mit den Affen der Alten Welt verwandt als beide mit irgendeiner Art der Neuen Welt. Das ist auch anatomisch sichtbar: Die Affen der Neuen Welt haben breite, seitwärts gerichtete Nasenlöcher, während die Anthropoiden der Alten Welt enge und nach unten gerichtete Nasenlöcher aufweisen. Arten der Alten und Neuen Welt unterscheiden sich auch durch die Art, wie ihre Schädelknochen und Zähne zusammengesetzt sind: Menschen und alle anderen Anthropoiden der Alten Welt haben insgesamt acht Vorbackenzähne, während die Affen der Neuen Welt zwölf besitzen – ein Merkmal, das an die Halbaffen und die fossilen Primatenvorfahren von vor 40 Millionen Jahren erinnert.

Diese Unterschiede deuten darauf hin, dass die Affen der Neuen Welt den gemeinsamen Vorfahren der Anthropoiden noch recht ähnlich sind. In der Tat sehen die Affen der Neuen Welt in vielerlei Hinsicht wie die urzeitlichen anthropoiden Fossilien aus, die man in den Flussläufen von Fayum in Ägypten (▷ S. 27) fand. Die Anthropoiden der Alten Welt haben sich dagegen durch die Teilung in Affen und Menschenaffen vor rund 30 Millionen Jahren weiterentwickelt.

Affen der Neuen Welt

Die Affen der Neuen Welt leben nur in den tropischen Regionen Süd- und Mittelamerikas. Sie werden in vier (manchmal auch drei) Familien unterteilt.

Die Krallenaffen besetzen mit rund 30 Arten sehr kleiner Affen, die zwischen 200 und 500 Gramm wiegen, die Nische der

☆ Mehr als 8 Millionen Affen werden jedes Jahr im Amazonasgebiet Brasiliens von Menschen verzehrt.

1.3 PRIMATEN HEUTE

Fruchtesser. Sie hüpfen durch die niedrige Waldvegetation des Amazonasbeckens und zwitschern dabei ständig im Chor, den Vögeln recht ähnlich. Die Gruppe der Schweifaffen und Kurzschwanzaffen besteht aus rund 30 Arten von kaum größeren Affen wie den Springaffen, dem Saki und dem Nachtaffen, dem einzigen nachtaktiven Anthropoiden. Die anderen beiden Gruppen, die Kapuzinerartigen und Klammerschwanzaffen, machen die übrigen 20 Affenarten Süd- und Mittelamerikas aus. Zu ihnen gehören die größten Affen der Neuen Welt (mit einem Gewicht von bis zu zehn Kilogramm als Erwachsene) mit den Klammeraffen und Brüllaffen unter den Klammerschwanzaffen sowie den Kapuzineraffen und Totenkopfäffchen unter den Kapuzinerartigen.

Die Anthropoiden der Alten Welt

Die Anthropoiden der Alten Welt teilt man in zwei Hauptgruppen: Die Affen der Alten Welt und die Menschenaffen, die schwanzlos sind und einige besondere Merkmale ihrer Backenzähne aufweisen, größer sind und mit größeren Gehirnen ausgestattet sind als Affen.

Heute gibt es neben uns vier Hauptformen von Menschenaffen. Die kleinsten sind die Gibbons oder Kleinen Menschenaffen, deren acht oder neun Arten (abhängig von der Zählweise) ausschließlich auf der indochinesischen Halbinsel sowie Sumatra, Java und Borneo beheimatet sind. Die anderen drei sind der Orang-Utan (eine Art), der Gorilla (eine Art) und die Schimpansen (zwei Arten).

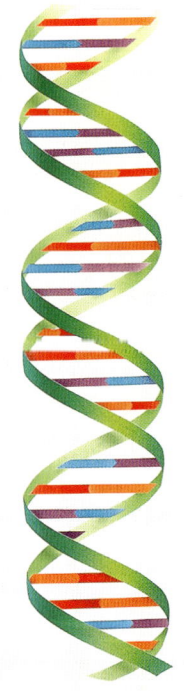

Die DNA enthält den Bauplan des gesamten Körpers. Beziehungen zwischen Arten können durch Ähnlichkeiten in ihrer DNA bestimmt werden.

 ### DIE MOLEKULARE UHR

Nachdem Francis Crick und James Watson 1958 die DNA entdeckt hatten, war es Wissenschaftlern möglich, herauszufinden, wie eng verschiedene Arten miteinander verwandt sind. Man verglich ihre DNA miteinander und zählte die Anzahl der Abweichungen. Über Tausende von Jahren verändert sich die DNA jeder Art langsam aufgrund zufälliger Veränderungen (Mutationen). Wenn Wissenschaftler wissen, wie oft es zu diesen Mutationen kommt, dann können sie auch bestimmen, wie lange es her sein muss, dass zwei Arten einen gemeinsamen Vorfahren teilten. Diese Technik ist auch als die molekulare Uhr bekannt.

Die molekulare Uhr hat in einigen Fällen unser Verständnis über die Evolution der Primaten auf den Kopf gestellt:

Die traditionelle Klassifizierung auf der Grundlage äußerlicher Ähnlichkeiten teilte die Hominiden (menschenähnliche Primaten) in zwei Gruppen: Die Familie der großen Menschenaffen, darunter Schimpansen, Gorillas, Orang-Utans und wir Menschen (und natürlich unsere fossilen Vorfahren). Unsere Gruppe bildete eine eigene Familie, von der man annahm, dass sie sich vor rund 15 Millionen Jahren von den großen Menschenaffen abgezweigt hatte. Die molekulare Uhr enthüllte jedoch, dass der Mensch und die beiden Schimpansenarten einen gemeinsamen Vorfahren teilen, der höchstens fünf Millionen Jahre alt ist (▷ S. 179). Der gemeinsame Vorfahre dieser drei Arten und der Gorillas lebte vielleicht eine Million Jahre früher. Der Orang-Utan ist also der Außenseiter, der sich bereits vor 15 Millionen Jahren abtrennte.

Anstatt also majestätengleich an einem Höhepunkt der Evolution getrennt worden zu sein, entpuppen wir uns als ein ziemlich gewöhnlicher Vertreter der großen afrikanischen Menschenaffen. Tatsächlich sind wir, nach dem Biologen Jared Diamond, nur eine dritte Schimpansenart.

1. (gegenüberliegende Seite) Ein fünf Jahre altes Orang-Utan-Männchen zeigt seine langen Arme und kurzen Beine, die – mit Ausnahme des Menschen – für alle Menschenaffen typisch sind.

1.3 PRIMATEN HEUTE

Zusammen werden sie die großen Menschenaffen genannt. Sie alle haben große Körper und wiegen zwischen 35 bis 100 Kilogramm. Der Orang-Utan lebt nur auf Borneo und Sumatra, während man die anderen ausschließlich in Afrika findet.

Die Affen der Alten Welt zählen dagegen rund 90 Arten, werden überall in Afrika und Asien angetroffen und halten mit Gibraltar sogar einen Außenposten in Europa. Auch hier gibt es zwei Hauptgruppen, die Schlank- und Stummelaffen sowie die Meerkatzenartigen, die beide in der Alten Welt weit verbreitet sind. Erstere sind entwicklungsgeschichtlich älter und typischerweise Blattesser. Die asiatischen und afrikanischen Arten gehören zwei unterschiedlichen Gruppen an, den Schlankaffen oder Languren und den Stummelaffen. Einige der Letzteren prahlen mit sehr auffälligen weißen Schulterkrägen, die sich von ihrem schwarzen Fell abheben. Die Meerkatzenartigen sind dagegen Fruchtesser, aus Sicht der Evolution recht jungen Ursprungs und weisen vielleicht deshalb so viele Arten auf. Zwei Untergruppen, die Makaken und die Meerkatzen, verfügen über jeweils mehr als 20 Arten. Die Meerkatzenartigen – zu denen auch die Paviane und die Mangaben gehören – sind äußerst anpassungsfähig, intelligent und sehr gesellig. Anders als viele Primatenarten überleben sie oft in naher Gesellschaft der Menschen.

★ Die Population der Rhesusaffen fiel in Indien aufgrund von Exporten in westliche Forschungslabors zwischen 1959 und 1980 um 90 Prozent.

Ein junger Rhesusaffe auf der karibischen Insel Cayo Santrago. Diese Art wurde in den 30er Jahren auf der Insel ausgesetzt.

▶ AFFENPLAGEN

Während die meisten Primatenarten aufgrund der Ausbreitung des Menschen vom Aussterben bedroht sind, sind es in einigen Gegenden die Affen selbst, die andere Arten an den Rand der Auslöschung bringen. In mehreren Fällen wurden Primaten absichtlich oder versehentlich auf tropischen Inseln ausgesetzt und überlebten nicht nur, sondern vermehrten sich auch in ihrer neuen Umgebung, ganz so wie die Lemuren auf Madagaskar.

Auf Mauritius im Indischen Ozean und Puerto Rico in der Karibik gibt es heute ansehnliche Makakenpopulationen. Afrikanische Vervetmeerkatzen wurden mit großem Erfolg auf den karibischen Inseln Barbados und St. Kitts heimisch. In den meisten dieser Fälle sind die Affen zu einer Plage für die örtlichen Bauern und zu einer ernsten Bedrohung für die ursprünglichen Tiere und Pflanzen der Inseln geworden, von denen einige sogar ausgestorben sind. Das Ausmaß des Problems wird am Beispiel von Mauritius deutlich. Dort setzte man Anfang des 18. Jahrhunderts ein halbes Dutzend Javaneraffen aus. Dreihundert Jahre später gibt es dort mehr als 30 000 von ihnen, obwohl die Bauern zahlreiche Tiere getötet haben.

Diese Invasionen lassen ein moralisches Dilemma entstehen: Sollten diese Populationen ausgelöscht werden, weil sie Exoten sind und die ursprüngliche Flora und Fauna der Insel schädigen, oder sind wir verpflichtet, sie leben zu lassen, weil schließlich wir sie dort hingebracht haben?

AUF MESSERS SCHNEIDE

In den letzten 400 Jahren haben die meisten Tierfamilien rund 20 Prozent ihrer Arten verloren. Im Vergleich dazu hatten die Primaten noch Glück. Wir kennen keine Primatenart, die in dieser Zeit ausgestorben ist (neueste Erkenntnisse besagen jedoch, dass doch eine Affenart in den letzten 400 Jahren ausgestorben ist: Miss Waldron's Stummelaffe). Aber daraus sollte man keine zu optimistischen Schlüsse ziehen, denn wenn man den Zeitraum auf die letzten 1000 Jahre erweitert, dann findet man mindestens 15 ausgestorbene Lemurenarten. Das sind ein Drittel aller heutigen Lemuren und rund sieben Prozent aller lebenden Primatenarten. Und das sind nur die Arten, von denen wir wissen.

Das tatsächliche Ausmaß können wir nicht sicher einschätzen, denn Primaten sind langlebig und im Vergleich zu anderen Säugetieren relativ anpassungsfähig, so dass es länger dauern könnte, bis die Folgen der Zerstörung ihrer Lebensräume und der Jagd sichtbar werden. Ein kurzer Blick auf die Liste der gefährdeten Arten, wie sie von Organisationen wie der Internationalen Vereinigung zur Erhaltung der Natur herausgegeben wird, macht uns weniger zuversichtlich: Nicht weniger als ein Drittel aller lebenden Primatenarten gilt als vom baldigen Aussterben bedroht.

Ein tödliches Quartett

Es sind im wesentlichen vier Dinge, die das Überleben der Primaten gefährden: Die Zerstörung ihrer Lebensräume, die Jagd, ihre geringe Populationsgröße und die Folgen der menschlichen Bevölkerungsexplosion.

Die Zerstörung der Lebensräume ist in den Ländern, in denen Primaten leben, in den letzten zweihundert Jahren rasch fortgeschritten. Tropenhölzer sind als Bauholz sehr begehrt, aber sie wachsen nur sehr langsam nach – einzelne Bäume können einige hundert Jahre bis zur Reife brauchen. Die Abholzungsrate ist wesentlich höher als die der nachwachsenden Bäume. Das Problem wird durch den Umstand verschlimmert, dass man gerodete Gebiete oft landwirtschaftlich nutzt, so dass hier keine Wälder nachkommen können.

Uganda und Nigeria haben z. B. in den letzten beiden Jahrhunderten volle 90 Prozent ihrer Waldflächen verloren. Die meisten holzexportierenden Länder berauben sich ihrer natürlichen Ressourcen so schnell, dass sich

1. Die Mantelaffen Ostafrikas wurden hunderte von Jahren wegen ihres auffälligen schwarz-weißen Fells gejagt.

1.3 PRIMATEN HEUTE

1. Der Maronenlangur aus Südostasien wird nur überleben, wenn seine Wälder erhalten bleiben.

die Wälder in Zukunft nicht mehr selbst erhalten können. Ein Teil des Problems liegt darin, dass gerodete Wälder mehr Geld bringen als der lebende Baumbestand und dass ihr zukünftiger Wert, wie hoch er auch sein mag, einfach niedriger liegt als der des Nutzholzes.

Langfristig bedeutet dies, dass man Wege finden muss, um die Wälder für die entsprechenden Länder wertvoller zu machen.

Primaten leiden aber nicht nur unter dem Verlust ihrer Lebensräume, sondern sind in vielen Teilen der Welt auch bedroht, weil sie eine wertvolle Fleischquelle darstellen, z. B. für die Indianer in Südamerika. In Westafrika ist der so genannte Buschfleischhandel ein althergebrachter Wirtschaftszweig, und Primaten, darunter auch Schimpansen, stellen einen nicht unbeträchtlichen Anteil dar. Einige Arten, wie etwa die Drills, jagte man in manchen Gegenden bis an den Rand der Ausrottung. Auch im Fernen Osten gelten Primaten als geschätzte Delikatesse.

In Äthiopien und Ostafrika wurden schwarz-weiße Mantelaffen zu Hunderttausenden ihrer attraktiven Felle wegen erlegt. Zwischen 1871 und 1891 wurden rund 1,75 Millionen Häute durch den Londoner Markt für Felle geschleust. Bis vor kurzem wurden die Häute dazu benutzt, um Teppiche für Touristen zu nähen. Dabei benötigt man bis zu 25 Affen für einen einzigen kleinen Teppich.

Die Auswirkungen werden durch den Druck der wachsenden menschlichen Bevölkerung verschlimmert. Primaten stehen mit dieser Situation natürlich nicht allein da. Wir beobachten zur Zeit das Aussterben von Arten in einem Ausmaß, wie sie dieser Planet erst fünf Mal in seiner Geschichte erlebt hat – das letzte Mal, als die Dinosaurier ausstarben.

Diese seltenen Fälle eines plötzlichen Massensterbens sind auch als „Mega-Sterben" bekannt. Das jetzige Mega-Sterben unterscheidet sich von den fünf vorangegangenen in einem wesentlichen Punkt: Während die vergangenen „Mega-Sterben" auf klimatische Veränderungen folgten (selbst wenn sie durch Ereignisse wie einen Kometeneinschlag auf der Erde ausgelöst wurden), ist diesmal der Mensch der Verursacher. Während der letzten Jahrhunderte ist das Bevölkerungswachstum außer Kontrolle geraten. Freies Land wurde in Ackerland verwandelt, um uns zu ernähren, und wir haben damit begonnen, ernsthafte und zerstörerische Breschen in natürliche Lebensräume zu schlagen. Riesige Waldflächen werden jedes Jahr abgeholzt, um unsere unersättliche Gier nach Baumaterialien, Papier und, im geringeren Maß, nach Brennstoff zu stillen.

Naturschutz contra Naturerhaltung

Eine gebräuchliche Lösung für die Probleme des Naturschutzes war das Einrichten von Gebieten als Nationalparks oder Reservate. Nur verfehlte dieser Ansatz oft die gewünschte Wirkung, denn man schloss die örtliche Bevölkerung aus. Nahm die Bevölkerung zu und wurde Land knapp, drangen die Menschen in die Reservate ein. Die Behörden vor Ort sind oft machtlos oder unwillig, gegen jene, die ihre Naturschutzgesetze übertreten, vorzugehen. Die Furcht vor Unruhen und die meist berechtigten Ansprüche der verarmten Bevölkerung machen den Ausgleich zwischen den Anforderungen des Naturschutzes und den Bedürfnissen der Menschen schwierig. Das führte zur Einrichtung neuer Nationalparks in bevölkerungsarmen Gegenden. Dies verringerte zwar die Konflikte mit Anwohnern, bewahrte aber nicht immer die günstigsten Lebensräume für die Tiere.

In den 70er Jahren gab es einen neuen Ansatz der Naturerhaltung, der die Interessen der ansässigen Bewohner berücksichtigte, etwa indem man ihnen einen Teil des Geschäfts überlässt und sie am Einkommen durch den Tourismus teilhaben lässt. Dahinter steckt die Idee, dass, sobald die Erhaltung den Menschen nutzt, sie sie selbst vorantreiben würden. Unglücklicherweise hat sich auch dieser aufgeklärte Ansatz als nicht immer erfolgreich herausgestellt – ernteplündernde Primaten bleiben für die Bauern einfach eine lästige Plage, die sie lieber loswären.

Was immer wir auch dagegen tun mögen, der Konflikt zwischen Erhaltung der Natur und der wirtschaftlichen und sozialen Entwicklung des Menschen droht außer Kontrolle zu geraten. Letzten Endes liegt die Wurzel des Problems in der Geschwindigkeit, mit der die menschliche Bevölkerung wächst. Allein unsere Unfähigkeit, die vernünftigen Vorschläge zur Lösung der bestehenden Probleme umzusetzen, ist der Grund für unser bisheriges Scheitern. Wir werden ohne Zweifel überleben, solange die Technik es uns erlaubt, größere Erträge zu erwirtschaften. Doch wenn wir jetzt nicht drastische Maßnahmen ergreifen, ist es äußerst ungewiss, dass wir das vierte Millennium in 1000 Jahren in Gesellschaft aller heute lebender Primaten begehen.

2. Jedes Jahr fallen im Amazonas riesige Waldflächen dem Ackerbau und der Holzgewinnung zum Opfer. Hier, im Norden Brasiliens, sieht man die Ackerbauflächen als Geflecht gelb-grüner und brauner Flecken innerhalb der hellgrünen Überbleibsel des ursprünglichen Regenwaldes.

3. Die stetig wachsende Bevölkerungszahl stellt die größte Gefahr für das Überleben der Primaten dar. Der Ressourcenverbrauch der expandierenden Städte – wie hier in La Paz, Bolivien – führt zu einer starken Umweltbelastung.

DER HANDEL MIT AFFENFLEISCH

Die Jagd stellt derzeit eine ernsthafte Bedrohung für das Überleben zahlreicher Primatenpopulationen dar. Das Problem ist allerdings nicht neu. In den letzten 1000 Jahren hat die Jagd des Menschen zum Aussterben der Orang-Utans auf Java sowie 15 großer Lemurenarten auf Madagaskar geführt. Die größte Gefahr geht dabei nicht von denen aus, die ihre Familien mit der Jagd ernähren, sondern von dem wachsenden Markt für Primatenfleisch in den Städten. Primaten werden in großen Teilen Afrikas und Lateinamerikas als Nahrungsmittel geschätzt, weniger in Asien, weil dort drei der größten Religionen (Islam, Hinduismus und Buddhismus) den Verzehr von Affenfleisch verbieten. Dennoch werden auch asiatische Primaten gejagt, denn sie sind teure Zutaten in vielen traditionellen Arzneien.

Jagdmethoden
Primaten werden normalerweise mit Fallen gefangen oder geschossen. Die Fallen reichen von einfachen Schlingen bis hin zu ausgeklügelten Käfigfallen. Da es aber schwierig ist, intelligente, auf Bäumen lebende Tiere in Fallen zu locken, sind Schusswaffen das Mittel der Wahl. Für einige Primaten sind spezialisiertere Jagdmethoden erforderlich. Mandrillgruppen werden beispielsweise von Hunden aufgespürt und auf die Bäume gehetzt. Wenn eine Gruppe erst einmal umringt ist, erlegen die Jäger einzelne Tiere mit dem Gewehr. Eine weniger raffinierte Methode setzen die Hadza in Tansania zur Pavianjagd ein: Die Jäger umzingeln

1. Ein Jäger kehrt mit seiner Tagesbeute über der Schulter zurück.

einen Schlafplatz der Paviane, scheuchen die Tiere mit viel Lärm auf, schießen Pfeile auf sie ab und erschlagen sie beim Versuch, dem Kreis der Jäger zu entkommen.

Professionelle Jagd fordert Tribut

Einige der von ihnen gefangenen Primaten bieten die Jäger auf den Märkten feil, doch der größere Teil dient der Ernährung ihrer Familien. Geringfügige Jagd dieser Art stellt keine nennenswerte Bedrohung dar, weil einzelne Jäger nicht so viele Exemplare töten, dass dadurch der gesamte Bestand gefährdet würde. Professionelle Jäger töten jedoch sehr viele Primaten ausschließlich zum Zweck des Verkaufs und können sich auf Populationen verheerend auswirken.

Vom Jäger zum Verbraucher

Der Handel mit Primatenfleisch findet an Straßenverkaufsständen und auf örtlichen Märkten statt. Die Tiere werden lebend oder frisch zerlegt verkauft, meistens werden sie geräuchert, damit sie nicht verderben, bevor sie ihren Bestimmungsort erreichen. Der Weg, den das Primatenfleisch vom Jäger zum Kunden nimmt, hängt davon ab, ob die Tiere von einem Bauern oder einem professionellen Jäger erlegt wurden und ob das Fleisch für ein kleines Dorf, eine größere Stadt oder eine Metropole bestimmt ist. Im allgemeinen sind eine ganze Reihe Mittelsmänner eingeschaltet, wie etwa Taxifahrer und Marktstandbesitzer, bevor das Fleisch den Endverbraucher erreicht. Obwohl der überwiegende Teil des Handels auf lokaler Ebene stattfindet, passiert Primatenfleisch auch internationale Grenzen wie die zwischen Nigeria und Kamerun.

Ein florierendes Geschäft

Der so genannte Buschfleischhandel könnte durchaus die größte Gefahr für das Überleben zahlreicher Primatenpopulationen in Westafrika werden. Der jährliche Handelswert betrug allein in Nigeria in den späten 60er Jahren etwa 48 Millionen Mark und könnte in den letzten Jahren auf 480 Millionen Mark gestiegen sein. In anderen Gegenden findet die kommerzielle Jagd auf Primaten zwar im kleineren Maßstab statt, dennoch ist sie im Begriff, in sehr vielen Gebieten eine große Gefahr für den Bestand zu werden.

2. Der Handel mit Primatenfleisch stellt einen großen Anreiz für Jäger dar, vor allem in Westafrika und Südamerika.

3. Frische Köpfe zieren eine Bank voll Jagdtrophäen. Selbst seltene Gorillas (links) werden nicht verschont.

ZUM THEMA

1.3 Primaten heute
Auf Messers Schneide, S. 43

2.4 Die letzte Zuflucht der Lemuren
Bedrohtes Leben, S. 90

3.4 Eine einzigartige Intelligenz
Felddiebe und Erntehelfer, S. 152

4.1 Planet der Affen
Schwindende Wälder, S. 180

4.5 Familienporträts: Menschenaffen
Gorilla, S. 228

2

DIE HALBAFFEN

2.1 GESCHÖPFE DER NACHT 50

Die Halbaffen sind die am entferntesten mit uns verwandten Primaten. Ihre Lebensweise ist ganz anders als die von Affen und Menschenaffen, vor allem deshalb, weil sie meist nachtaktiv sind.

EXTRA: Koboldmakis – das fehlende Bindeglied?

2.2 DÜFTE UND LAUTE 62

Halbaffen verlassen sich auf ihren Geruchs- und Hörsinn. Partnersuche, Revierverteidigung und Gefahrvermeidung – das alles wird durch Duftmarken und stimmhafte Laute geregelt.

EXTRA: Kämpfen mit „Düften"

2.3 WEIBCHEN AN DER MACHT 72

Einzigartig unter den Halbaffen sind die Lemuren, weil hier die Weibchen die Männchen dominieren können. Die Ursache für dieses ungewöhnliche Verhalten ist vermutlich ihre Fortpflanzungsweise.

EXTRA: Besondere Beziehungen

2.4 DIE LETZTE ZUFLUCHT DER LEMUREN 82

Abgeschottet vom afrikanischen Festland entwickelten die Lemuren auf Madagaskar eine Vielzahl an Lebensformen. Leider könnte ihre Isolation heute auch ihr drohendes Aussterben beschleunigen.

2.5 FAMILIENPORTRÄTS: HALBAFFEN 93

Einige Halbaffenfamilien und -arten unter der Lupe.

Einteilung der Halbaffen • Indri • Wieselmakis • Mausmakis • Halbmakis • Brauner Maki • Galagos • Potto • Plumploris

2.1 GESCHÖPFE DER NACHT

Das lateinische Wort für die Unterordnung der Halbaffen lautet „*Prosimii*" („vor den Menschenaffen"). Diese Primaten ähneln weder vom Aussehen noch vom Verhalten her im Geringsten den Menschenaffen oder Affen, einige erinnern eher an Mäuse. Doch ihre menschenähnliche Greifhand weist sie eindeutig als Primaten aus. Andere, heute ausgestorbene Halbaffen waren riesige, faultierartige Wesen, die ein Leben führten, das aus kaum mehr bestand, als an Ästen zu hängen, zu fressen und zu verdauen. Wieder andere, wie das Fingertier, scheinen aus einer ganz anderen Welt zu stammen.

Im Gegensatz zu den anderen Primaten, die sich bei Tageslicht vor allem auf ihre Augen verlassen, sind die meisten Halbaffen Nachtgeschöpfe, die mit geschärftem Geruchs- und Hörsinn die geheimnisvolle Welt der Nacht voller Düfte und Laute erkunden.

(vorhergehende Seite) Sifakas sind große Lemuren auf Madagaskar. Sie leben in kleinen Familiengruppen und sind tagaktiv.

ÜBERLEBENDE DER VERGANGENHEIT

Die Halbaffen werden oft als die armen Verwandten der Affen und Menschenaffen angesehen. Biologen beschreiben sie als ursprünglich, weil sie anatomisch gesehen den Adapiden ähnlich sind – urzeitlichen Primaten, die vor rund 40 Millionen Jahren, lange vor dem Auftreten der weiter entwickelten Affen und Menschenaffen, die Wälder bevölkerten. In gewisser Hinsicht sehen die Halbaffen mehr wie Insektenfresser und Nagetiere aus und nicht wie die ihnen nahe stehenderen anderen Primaten. Als Affen und Menschenaffen schließlich die Bühne der Evolution betraten, verdrängten sie die Halbaffen. Viele zogen sich ins Dunkel der Wälder zurück und waren nur noch nachts aktiv.

Diese Lebensweise erklärt teilweise, warum Halbaffen ganz anders als typische Primaten aussehen: Ein gut entwickelter Geruchssinn bedarf einer empfindlichen, feuchten Nase wie die eines Hundes, mit einer gespaltenen Oberlippe, die mit der Nase verbunden ist. So können sie Gerüche besser zu einem speziellen Organ am Boden der Nasenhöhle (Jacobsonsches Organ) leiten, das dem Geruchssinn dient. Das Fehlen einer beweglichen Oberlippe schränkt die Mimik

★ „Indri" bedeutet auf madagassisch eigentlich „dort ist es". Die ersten europäischen Forscher auf der Insel hielten den Ausruf ihrer einheimischen Führer irrtümlicherweise für den Namen des Tieres.

1. Wie die meisten Halbaffen hat dieser Schlanklori aus Südostasien große Augen, mit denen er im Dunkeln sehen kann, sowie eine empfindliche, feuchte Nase, mit der er selbst schwächste Duftspuren riecht.

2.1 GESCHÖPFE DER NACHT

ein – was sie ebenfalls weniger primatentypisch aussehen lässt – und damit die Möglichkeiten einer visuellen Kommunikation.

Andere Eigenheiten, die ein Leben im Dunkeln mit sich bringen, sind große, unabhängig voneinander bewegbare Ohren zum Orten von Beutetieren, empfindliche Schnurrhaare und große Augen. Wie bei Katzen gibt es in den Augen der meisten Halbaffen eine Reflexionsschicht, mit der sie in der Dämmerung besser sehen können. Und anders als typische Primaten besitzen einige Halbaffen mehr als ein Paar Brustwarzen, da sie mehrere Junge werfen können.

Doch nach vorne gerichtete Augen, Greifhände und Nägel statt Krallen zeigen deutlich, dass Halbaffen Primaten sind. Diese Bestimmungsmerkmale finden sich bei den frühesten Primatenfossilien, und Halbaffen geben uns, zumindest anatomisch gesehen, das beste Bild davon, wie diese prähistorischen Tiere ausgesehen haben mögen – auch wenn sich die Halbaffen während der letzten 40 Millionen Jahre natürlich auch verändert haben.

Unser Interesse an Halbaffen geht weit über ihre Rolle als Verbindung zwischen den ersten Primaten und den heutigen Affen und Menschenaffen hinaus. Sie selbst sind eine faszinierende Tiergruppe, ihr Verhalten ist alles andere als primitiv. Die Art, wie sie kommunizieren, sich paaren, Nachwuchs großziehen und beschützen, offenbart eine erstaunlich komplexe Welt.

> Ein Augapfel des Koboldmakis ist größer und schwerer als sein Gehirn. Die Augäpfel bewegen sich kaum in den Augenhöhlen, doch kann er seinen Kopf wie eine Eule um 180 Grad drehen.

1. (gegenüber) Der Koboldmaki aus Südostasien frisst Insekten, aber auch Eidechsen, Fledermäuse und sogar Vögel.

Die Augen des Schlanklori „leuchten" im Dunkeln.

▶ IM DUNKELN SEHEN

Will man Halbaffen im Dunkeln aufspüren, sollte man mit einer Taschenlampe unterwegs sein. Mit etwas Glück erfasst der Lichtstrahl zwei winzige Lichtkreise, die im unheimlichen Dunkel der Blätter hell leuchten – die Augen eines Halbaffen.

Die Augen der Halbaffen glühen im künstlichen Licht aufgrund einer besonderen leuchtenden, „Tapetum" genannten Oberfläche im Augenhintergrund. Das Tapetum besteht aus einem Film abgeflachter Kristalle und bildet eine zusätzliche Schicht über der Netzhaut. Mit Hilfe dieser Kristalle wird das Sehen im Dämmerlicht erleichtert, denn sie verschieben die Wellenlänge des eintreffenden Lichts in den für die Lichtrezeptoren empfindlichen Bereich (gelb) und reflektieren es durch die Netzhaut. So wird diese zum einen stärker stimuliert, zum anderen können die Rezeptoren der Netzhaut noch einmal auch schwächeres Licht erfassen. Auf diese Weise werden die geringen Lichtmengen der Dämmerung optimal ausgewertet. Die Reflexion ist es, die die Augen so leuchten lässt.

2.1 GESCHÖPFE DER NACHT

LEBEN IM DUNKEL

Halbaffen sind kleine, heimliche Baumbewohner, die nur nachts aktiv sind, um allein auf Jagd nach Insekten zu gehen oder andere Nahrungsquellen zu nutzen. Man findet sie nur in Asien und Afrika – in Amerika gibt es keine Halbaffen. In Afrika leben Galagos und Pottos, auf Madagaskar Lemuren, in Asien Loris. Dort ist auch ein besonders faszinierender Halbaffe, der Koboldmaki, beheimatet. Dieses winzige Tier besitzt gleichermaßen primitive und moderne Merkmale, weshalb es einige Wissenschaftler als das fehlende Bindeglied zwischen Halbaffen und Affen ansehen (▷ S. 56).

Galagos und Loris teilen ihren Lebensraum oft mit Affen oder Menschenaffen, doch aufgrund ihrer Nachtaktivität konkurrieren sie nicht mit ihren größeren, tagaktiven Verwandten. Diese fehlende Konkurrenz ist einer der Vorteile, wenn man sich die Nachtschicht aussucht. So können auch mehr Tiere in einem Lebensraum zusammenleben und alle „ökologischen Nischen" besetzen. Eine ökologische Nische besetzen heißt, einen Lebensraum durch eine bestimmte Lebensweise zu nutzen: Halbaffen besetzen normalerweise die Nische der nachtaktiven Insektenfresser, während Affen tagaktive Fruchtfresser sind.

Lemuren bilden eine Ausnahme dieser Regel, weil die Abwesenheit anderer Primaten auf Madagaskar vielen Lemurenarten die Besetzung der Nische „tagaktiver Fruchtfresser" ermöglicht, welche sonst die Affen innehaben. Die sonst für Halbaffen übliche Nische übernehmen hier die kleineren Lemurenarten, die nach Einbruch der Dunkelheit Insekten jagen.

Fortbewegungsarten

Auch wenn sie dieselbe dämmrige Welt bewohnen, sind Halbaffen auf sehr unterschiedliche Art und Weise unter dem Blätterdach unterwegs. Katzen- und Mausmakis huschen wie kleine Nager die Zweige entlang. Pottos und Loris kriechen langsam, oft wie in Zeitlupe, auf allen vieren. Galagos springen rasch von Ast zu Ast und klammern sich fest. Mit der Kraft ihrer langen Hinterbeine können sie atemberaubende Sprünge im Blätterdach ausführen, wobei sie sich im Flug aufrecht halten.

Für ihre beeindruckenden Sprünge besitzen Galagos sehr lange Hinterbeine mit besonders langen Fußknöcheln sowie einen langen Schwanz zum Halten des Gleichgewichts. Ihre Lebensräume reichen von dichten Wäldern bis zu Savannen und ihre

Ein Katzenmaki frisst Baumsaft.

 ALLEIN UNTERWEGS

Die meisten nachtaktiven Halbaffen sind Einzelgänger: Bei der Nahrungssuche haben nur die Weibchen ihre Jungen dabei. Warum diese nachtaktiven Tiere Einzelgänger sind, ist nicht ganz klar, doch könnte es mit der Nahrungsquelle zu tun haben. Halbaffen ernähren sich vorwiegend von Insekten und süßen, klebrigen Säften, die unter der Rinde mancher Bäume zu finden sind. Beides lässt sich schwer teilen – anders als die Blätter und Früchte, die Affen und Menschenaffen fressen.

Eine weitere Erklärung ist, dass man sich als Einzelgänger besser vor Feinden verbergen kann. Tagaktive Primaten schützen sich in der Gruppe – mehr wachsame Augen und Ohren machen es Angreifern schwerer. Mehr Augen- und Ohrenpaare sind dagegen im Dunkeln nicht von Nutzen, weil nachtaktive Raubtiere, wie Leoparden, oft im Hinterhalt auf ahnungslose Opfer lauern. Unter diesen Umständen ist der günstigste Weg der, dass ein potenzieller Angreifer seine Beute überhaupt nicht bemerkt. Das ist bei einem einzelnen Tier leichter als bei einer Gruppe.

1. Mit seinen starken Beinen kann der Senegalgalago atemberaubende Sprünge machen.

2. Ein junger Zwergplumplori kriecht langsam durch das Blattwerk, um nicht von Feinden entdeckt zu werden.

spezielle Art der Fortbewegung hilft ihnen überall. Mit ihren großen Augen können sie im Dunkeln gut sehen, und sie können ihre großen, dünnhäutigen Ohren wie eine Fledermaus unabhängig voneinander bewegen, um Geräusche genau zu orten. So können sie vorbeifliegende Insekten aus der Luft schnappen. Die meisten Galagos fressen zudem Früchte, einige auch Baumsäfte. Mit Hilfe schneller Reflexe und ihrer großen Beweglichkeit lassen sie auch Verfolger problemlos zurück: Ein Galago kann schnell springend zehn Meter in fünf Sekunden zurücklegen.

Im Gegensatz dazu haben sich Pottos und Loris so gut dem gemächlichen Lebensstil angepasst, dass sie überhaupt nicht mehr springen können. Anders als Galagos haben Loris sehr kurze Schwänze, und ihre Arme und Beine sind ungefähr gleich lang. Ihre Ohren sind wesentlich kleiner als die der Galagos, weshalb sie, wie es der Primatologe Pierre Charles-Dominique ausdrückt, wie „langsam und vorsichtig herumtapsende Bärenjunge" aussehen. Loris bewegen sich derartig gemächlich und geschmeidig, dass sie äußerst schwierig auszumachen sind und selbst dichteste Vegetation lautlos durchdringen können. Diese Art der langsamen und heimlichen Fortbewegung hat zwei Vorteile: Es macht sie für Feinde fast unsichtbar, und sie ihrerseits können sich unbemerkt an ihre Beute heranpirschen. Sie jagen mit Hilfe ihres Geruchssinns, mit der Nase immer am Zweig und schnüffeln nach langsamen Tieren, die andere verschmähen, wie etwa Raupen mit Brennhaaren, übelriechende Käfer oder giftige Tausendfüßler. Anders als Galagos leben Loris ausschließlich in Wäldern, da sie aufgrund ihrer langsamen Fortbewegungsweise in offenen Savannen zu sehr ihren Feinden ausgesetzt wären.

Auf der Hut sein

Wer langsam ist, wird weniger leicht entdeckt, doch was ist, wenn man auf Feinde stößt? In solchen Situationen versuchen die Loris gar nicht erst zu entkommen. Sie erstarren in völliger Regungslosigkeit. Dank eines speziellen Geflechts aus Blutgefäßen in Händen und Handgelenken können sie stundenlang so ausharren, ohne durch ein Kribbeln gestört zu werden und den Griff lösen zu müssen.

Manche Arten schrecken auch mit besonderen Verteidigungsarten ab. Der Potto beispielsweise besitzt auf seinem Rücken knöcherne Höcker, die mit einer festen Haut gepanzert sind. Der Schild ist mit langen, berührungsempfindlichen Haaren bedeckt, mit denen er einen nahenden Feind spüren kann. Wird er bedroht, zieht der Potto den Kopf ein, stürzt sich auf den Angreifer und versucht, ihn mit seinem Schild zu schlagen, oder er beißt ihn. Im Idealfall fällt der Angreifer vom Ast und findet sein Opfer nicht wieder.

2.1

KOBOLDMAKIS – DAS FEHLENDE BINDEGLIED?

Vom Standpunkt der Evolution aus betrachtet sind Koboldmakis die erstaunlichsten Primaten. Anatomisch gesehen sind sie eine Mischung aus Halbaffen und Affen. Diese Kombination macht den Koboldmaki zum wahrscheinlichsten Kandidaten eines gemeinsamen Vorfahren, der die Halbaffen mit den anderen höheren Primaten vereint. Ihre körperlichen Merkmale können uns wertvolle Hinweise dafür liefern, wie sich die Affen von dem nachtaktiven Urahnen der Halbaffen wegentwickelt haben. Die Vorstellung eines „fehlenden Bindegliedes" zwischen Halbaffen, Affen und Menschenaffen ist verführerisch, denn sie hilft dabei, diese beiden sehr ungleichen Primatenfamilien zu verknüpfen.

1. Im Gegensatz zu anderen Halbaffen fressen Koboldmakis keine Pflanzen. Sie ernähren sich von Wirbellosen und anderen Kleintieren wie Eidechsen.

2. Koboldmakis werfen wie Affen immer nur ein Junges. Die meisten kleinen Halbaffen dagegen werfen mehrere Junge auf einmal.

Leben in der Höhe

Koboldmakis sind winzige, kulleräugige Wesen, die tief in den Wäldern Südostasiens leben. Fünf Arten gibt es: den Philippinen-Koboldmaki auf den Philippinen, den Sunda-Koboldmaki auf Borneo, Sumatra und Java und die Celebes-, Diana- und Zwerg-Koboldmakis auf Sulawesi (Celebes). Sie sind alle ähnlich groß, mit einem weichen, samtigen Fell und sehr langen Hinterbeinen. Wie die afrikanischen Galagos sind sie vertikale Klammerer und Springer, die in aufrechter Haltung von Baum zu Baum springen. Alle drei Arten ernähren sich vorwiegend von Insekten und kleinen Wirbeltieren, wie etwa Eidechsen und Fledermäusen; der Sunda-Koboldmaki fängt sogar Vögel, die größer sind als er selbst. Da sie nachtaktiv sind, haben Koboldmakis riesige Augen. Ihre Augäpfel sind sehr unbeweglich, zum Ausgleich können sie ihren Kopf wie eine Eule um beinahe 180 Grad drehen.

Ähnlich, aber doch verschieden

Diese beschriebenen Merkmale deuten auf einen normalen Halbaffen. Zudem haben Koboldmakis wie andere Halbaffen einen Kieferknochen aus zwei getrennten Hälften, Putzkrallen an ihren Zehenspitzen, mehrere Brustwarzen und einen zweihörnigen Uterus. Anders als ihre nachtaktiven Verwandten besitzen sie jedoch keine reflexive Schicht (Tapetum) im Augenhintergrund. Außerdem haben sie keine feuchte Nase, sondern wie Affen und Menschenaffen eine warme und trockene, sowie eine bewegliche, pelzige Oberlippe.

Ihr Gebiss ist mit großen, oberen und in der Mitte gelegenen Schneidezähnen, kleinen unteren Schneide- und großen Eckzähnen dem der Affen wesentlich ähnlicher als dem der Halbaffen. Darüber hinaus gibt es kein Anzeichen für den Zahnkamm (spezielle Zähne für die Körperpflege), der typisch für Halbaffen ist. Ein weiteres gemeinsames Merkmal der Koboldmakis mit den Affen ist der monatliche Menstruationszyklus; sie unterliegen nicht dem äußerst beschränkten Paarungszyklus der Halbaffen.

Rückwärts gerichtete Entwicklung?

Doch vielleicht sind die Koboldmakis auch gar nicht das Bindeglied zwischen Affen und Halbaffen. Sie könnten genauso gut eine kleine Affenart sein, die zu einer nachtaktiven, den Halbaffen ähnlichen Lebensweise zurückgekehrt ist. Die Merkmale der Halbaffen, die Koboldmakis heute aufweisen, müssen nicht die Folge einer engeren Verwandtschaft zu den Halbaffen sein, sondern es könnte sich einfach um Anpassungen handeln, die man für ein erfolgreiches nachtaktives Leben benötigt. Koboldmakis wären daher nicht eine Weiterentwicklung der Halbaffen, sondern eine Rückwärtsentwicklung der Affen.

Sowohl die Theorie des „fehlenden Bindeglieds" als auch die des „verkümmerten Affen" sind für Koboldmakis höchst umstritten und aktuell noch nicht geklärt.

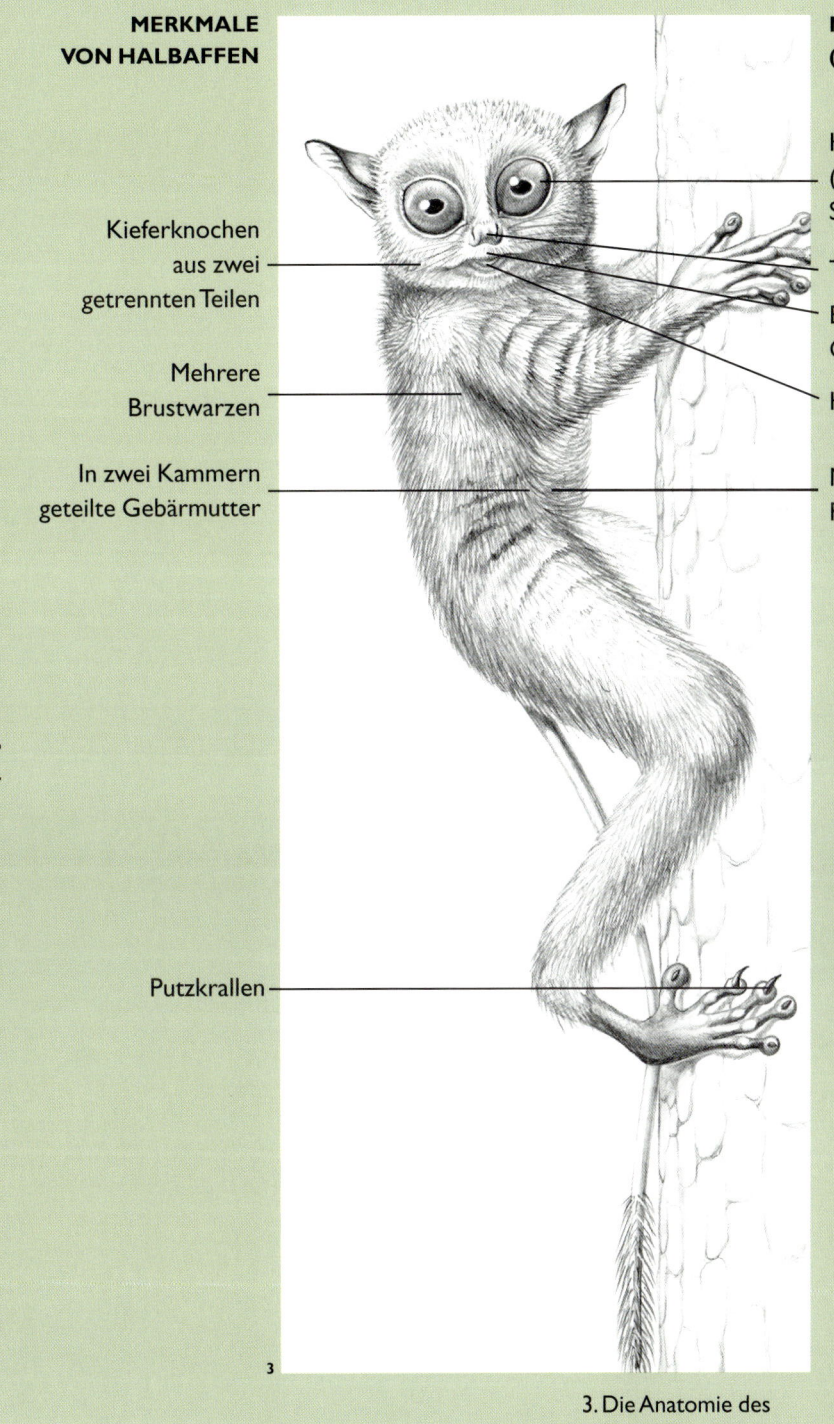

MERKMALE VON HALBAFFEN
- Kieferknochen aus zwei getrennten Teilen
- Mehrere Brustwarzen
- In zwei Kammern geteilte Gebärmutter
- Putzkrallen

MERKMALE VON (MENSCHEN-)AFFEN
- Kein Tapetum (reflektierende Schicht) im Auge
- Trockene Nase
- Bewegliche, pelzige Oberlippe
- Kein Zahnkamm
- Monatlicher Fortpflanzungszyklus

3. Die Anatomie des Koboldmakis weist einige Merkmale von Halbaffen auf, während andere Charakteristika typisch für Affen und Menschenaffen sind.

ZUM THEMA

1.1 Was ist ein Primat?
Die Arten definieren, S. 16

1.3 Primaten heute
Einteilung der Primaten, S. 37
Die molekulare Uhr, S. 40

2.1 Geschöpfe der Nacht
Überlebende, S. 51

2.5 Familienporträts: Halbaffen
Einteilung der Halbaffen, S. 93

3.1 Lebensweisen der Affen
S. 104

2.1 GESCHÖPFE DER NACHT

SOZIALLEBEN

Da sie bei der Nahrungssuche und beim Verstecken vor Feinden auf sich allein angewiesen sind, können sich Halbaffen nicht so einfach in Gruppen zusammentun wie andere Primaten. Doch leben sie keineswegs als Einsiedler. Obwohl sich ihr Sozialverhalten weniger intensiv als das von Affen und Menschenaffen gestaltet, können sie sich sehr effizient durch Duftmarken oder Rufe verständigen. So ist es den Tieren möglich, untereinander Beziehungen zu knüpfen und recht komplexe Gemeinschaften aufrechtzuerhalten, obwohl sie selten zur selben Zeit am selben Ort sind.

Galago-Gemeinschaften

Galagos leben in den kompliziertesten Sozialstrukturen aller afrikanischen Festland-Halbaffen. Die Weibchen besiedeln mit ihrem Nachwuchs fest abgesteckte Territorien, die sie mit Duftmarken und bestimmten Rufen gegen andere Weibchen verteidigen. Wenn die Männchen geschlechtsreif sind, verlassen sie das mütterliche Territorium und lassen sich andernorts nieder, die weiblichen Nachkommen hingegen bleiben ihr Leben lang in der Nähe. So entstehen kleine Gruppen miteinander verwandter Weibchen und ihres Nachwuchses, wobei jedes Weibchen seinerseits ein eigenes Territorium absteckt und allein auf Nahrungssuche geht. Gelegentlich teilen sich Weibchen, oft auch mit einem Männchen, über den Tag einen Schlafplatz, und manchmal treffen sie sich nachts, um sich zu putzen oder miteinander zu spielen.

Diese Besiedlungstaktik mag bei manchen Galagos für die verschobene Geschlechtsrate mit hohem Anteil an Männchen verantwortlich sein. Riesengalago-Weibchen bekommen im Schnitt 57 Prozent männliche und 43 Prozent weibliche Junge. Vielleicht verringert dieses Ungleichgewicht den Konkurrenzkampf der Weibchen um Nahrung, doch wie dieses Phänomen zustande kommt, ist immer noch ein Geheimnis. Ursache könnte ein bestimmter Hormongehalt – besonders von Testosteron – sein, der die Empfängnis von Männchen begünstigen kann.

Konkurrenzkampf der Männchen

Galago-Männchen beanspruchen große Territorien, die die von mehreren Weibchengruppen einschließen. In der Regel paaren sie sich mit allen Weibchen in ihrem Territorium. Der Konkurrenzkampf zwischen den Männchen um ihre Gebiete ist entsprechend heftig, da sie nur so Gelegenheit zur Paarung haben. Folglich wechseln die dominanten Revierinhaber fast jedes Jahr, während die Weibchen über mehrere Jahre im selben Territorium bleiben.

Beim Senegalgalago gibt es zwei Klassen geschlechtsreifer Männchen: ältere und schwerere A-Männchen, die ein Revier besetzen, und jüngere, leichtere B-Männchen ohne eigene Territorien. A-Männchen stehen durch direkten Kontakt, durch Rufe und durch Duftmarken mit den Weibchen in Verbindung und verteidigen sie und das Revier gegen andere A-Männchen. B-Männchen dagegen lungern, oft zusammen mit anderen B-Männchen, am Rande abgesteckter Territorien herum und warten darauf, das Gebiet zu übernehmen. In diesem Fall werden sie selbst zu A-Männchen. A-Männchen beachten diese B-Männchen nicht, sondern scheren sich augenscheinlich nur um andere hochrangige Männchen, die ihren Territorialbesitz und damit ihre Paarungsmöglichkeiten bedrohen.

Träge Einzelgänger

Pottos und Loris sind wesentlich ausgeprägtere Einzelgänger als Galagos und kommunizieren hauptsächlich über Duftmarken miteinander. Das hängt wahrscheinlich mit

1. Riesengalagos findet man in Süd- und Ostafrika. Bei einigen Populationen dieser Art entdeckte man Weibchen, die wesentlich mehr männliche als weibliche Junge bekamen.

ihrer äußerst niedrigen Stoffwechselrate zusammen – die Tiere benötigen 40 Prozent weniger Energie, als man bei einem Wesen ihrer Größe erwarten würde. Der niedrige Stoffwechsel senkt die benötigte Nahrungsmenge, schränkt aber ebenso Aktivitäten mit einem hohen Energieverbrauch ein, besonders solche sozialer Natur. Es sieht so aus, als ob eher ihr niedriger Stoffwechsel als ihr nachtaktives Leben als solches ihre Kontakte mit anderen einschränkt.

Erst einmal ausschlafen

Katzen- und Mausmakis leben in einem ähnlichen Sozialsystem wie die Galagos, mit großen Revieren der Männchen, die kleinere weibliche überlappen. Doch ist ihre Sozialstruktur einfacher. Weibchen leben z. B. nicht in Familien, obwohl sie bisweilen zusammen Nester teilen. Außerdem, und das ist einzigartig unter den Halbaffen, halten einige Arten Winterschlaf.

Auf Madagaskar herrscht eine lange Trockenzeit, in der kaum Nahrung zu finden ist. Sowohl der Mittlere Katzenmaki wie auch der Große Katzenmaki umgehen das Problem, indem sie Winterschlaf halten. In den sechs bis acht Monaten, die sie schlafend verbringen, überleben sie mit Hilfe von Fettdepots in ihren Schwänzen. Wenn es wieder regnet, erwachen die Tiere für eine kurze, aber heftige Paarungszeit, in der sie auch die Fettreserven wieder erneuern.

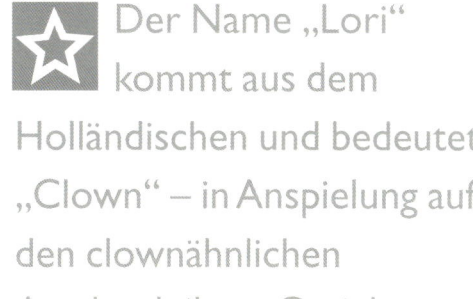

★ Der Name „Lori" kommt aus dem Holländischen und bedeutet „Clown" – in Anspielung auf den clownähnlichen Ausdruck ihrer Gesichter.

2. Da er nur nachts aktiv ist, schläft ein Potto tagsüber in einer Baumhöhle.

3. Der Mittlere Katzenmaki hält bis zu acht Monate Winterschlaf. Er speichert Fett in seinem Schwanz, um die Ruhephase zu überstehen.

⭐ Mausmakis verdoppeln ihr Körpergewicht im Lauf der Regenzeit. Das meiste dieses Extra-Gewichts ist in ihren Schwänzen gelagertes Fett.

Mausmakis speichern ebenso Fett und halten Winterschlaf, wobei Männchen und Weibchen dem unterschiedlich nachgehen. Die Weibchen nehmen zwischen Februar und April an Gewicht zu und halten bis September Winterschlaf.

Mit dieser Strategie können sie bis zu 40 Prozent an Energie einsparen, vorausgesetzt, sie haben ausreichend Fett gespeichert. Ist das nicht der Fall, beginnen sie den Winterschlaf später oder gar nicht (in diesem Fall sind sie gelegentlich aktiv und verfallen täglich in eine Kältestarre – ein Zustand, in dem der Stoffwechsel heruntergefahren wird, aber weniger als bei einem echten Winterschlaf).

Im Gegensatz dazu halten Mausmaki-Männchen überhaupt keinen Winterschlaf oder nur für einen oder zwei Monate. Sie erwachen früher als die Weibchen und bereiten sich durch Gewichtszunahme und Vergrößerung der Hoden auf die Paarungszeit vor. Dass sie dies in einer Jahreszeit tun, in der Nahrung spärlich und die Gefahr, von Feinden erbeutet zu werden, groß ist, lässt vermuten, dass solche gut ausgerüsteten Männchen Vorteile bei der Fortpflanzung haben.

Da Weibchen jedes Jahr nur für sehr kurze Zeit paarungsbereit sind und alle zur gleichen Zeit, kann ein einzelnes Männchen eine Gruppe von Weibchen innerhalb eines Territoriums nicht für sich allein beanspruchen. Es sind einfach zu viele, an deren Fersen er sich heften und die er gegen andere Männchen verteidigen müsste. Der einzige Weg für ein Männchen, sich erfolgreich zu paaren, ist, die ganze Gegend nach Weibchen abzusuchen und so viele wie möglich zu begatten. Da sie um die Weibchen nicht direkt kämpfen müssen, verfügen Mausmakis nicht über die Waffen anderer Primatenmännchen, wie etwa die großen Eckzähne. Stattdessen verlassen sie sich allein auf das Setzen von Duftmarken, um ihre Rivalen abzuschrecken.

Für immer zusammen

Der Gabelstreifige Katzenmaki scheint, obwohl die Expertenmeinungen darüber auseinander gehen, monogam zu leben, was unter Primaten selten ist. Benannt nach seiner auffälligen Kopfzeichnung, ernährt er sich hauptsächlich von Baumsäften. Mit speziellen Zähnen im Unterkiefer schabt er den Saft aus der Rinde, dazu hat er eine lange und schmale Zunge sowie scharfe Nagelspitzen, um sich an breiten Baumstämmen festzuhalten. Männchen und Weibchen sind gemeinsam unterwegs und rufen einander ständig, um in Kontakt zu bleiben. Wenn sie verharren, um zu fressen, tun sie dies getrennt voneinander, wobei den Weibchen dabei der Vortritt gelassen wird. Man weiß nur sehr wenig über dieses zurückgezogen lebende Tier und die Gründe für sein besonderes Verhalten.

1. (gegenüber) Ein Mausmaki auf Madagaskar. Mit 60 Gramm gehört er zu den kleinsten Primaten.

2. Ein Gabelstreifiger Katzenmaki beim Fressen von Baumsäften. Diese Art verfügt über eine speziell angepasste untere Zahnreihe, um Rinde aufzukratzen und den Saft zum Fließen zu bringen.

2.2 DÜFTE UND LAUTE

Wenn sich die Abenddämmerung über die tropischen Wälder Afrikas und Asiens legt, strecken die Halbaffen ihre Köpfe aus den Nestern. Galagos springen durch die Baumwipfel und schnappen im Flug nach Insekten. Unten kriechen Loris und Pottos und erstarren beim geringsten Anzeichen von Gefahr. Der Wald begrüßt die Nacht mit merkwürdigen Lauten und Düften. In pechschwarzer Dunkelheit stechen die Duftmarken hervor wie Leuchtfeuer, führen die Tiere durch ihr Territorium und zeigen, wo Freunde und Nachbarn vorbeigekommen sind. Empfindliche, feuchte Nasen erfassen die schwächsten Duftspuren und zeigen, ob mögliche Partner paarungsbereit sind. Große Ohren nehmen das Sirren von Insektenflügeln und die Rufe ihrer Rivalen wahr. Um die Geheimnisse dieser nächtlichen Welt zu enthüllen, muss man die Sprache der Laute und Düfte fließend beherrschen. Nur dann versteht man die Welt der Halbaffen.

BOTSCHAFTEN AUS DEM DUNKEL

Als tagaktive Wesen leben Affen, Menschenaffen und Menschen in einer visuell dominierten Welt und kommunizieren mit einer ganzen Reihe sichtbarer Signale. Das Leben im Dunkel dagegen bedeutet, dass Geruchs- und Hörsinn weit nützlicher sind, um mit Freunden und Nachbarn in Verbindung zu bleiben, vor allem, wenn die meisten Tiere allein auf Nahrungssuche sind und anderen selten von Angesicht zu Angesicht gegenübertreten. Mit großen, lichtempfindlichen Augen sehen Halbaffen im Dunkeln besser als andere Primaten. Doch das nächtliche Sehvermögen erfordert spezielle Anpassungen der Augen, die ihre Fähigkeit, Farben oder Details zu erkennen, einschränken. Anders als Affen und Menschenaffen, deren hervorragende Farbsicht ihnen hilft, Nahrung zu finden und auf jede mögliche Weise zu kommunizieren, müssen sich Halbaffen auf andere Sinne verlassen, um ihre Welt zu erkunden.

Duftdrüsen

Duftmarken sind ein sehr effizientes Kommunikationsmittel nachtaktiver Tiere. Mit ihrer Hilfe können sie über zeitliche und räumliche Entfernungen hinweg Informationen austauschen. Einmal gesetzt, kann eine Duftmarke eine Woche lang haften und die Tiere wissen lassen, wer vor ihnen des Weges kam. Die meisten Halbaffen haben mindestens einen Satz Duftdrüsen, den sie benutzen, um ihr Revier zu markieren, während sie umherstreifen. Selbst tagaktive Arten nutzen immer noch Düfte, um ihre Botschaften zu übermitteln.

Duftdrüsen sind veränderte Schweißdrüsen, die am Kopf, der Brust, dem Unterleib, den Unterarmen und vor allem um den Anus und die Geschlechtsorgane liegen. Die Drüsen produzieren stark riechende, flüchtige Stoffe,

1. Galagos markieren die Grenzen ihrer Reviere mit Urin.

2.2 DÜFTE UND LAUTE

1. Die Duftdrüsen am Unterarm dieses männlichen goldenen Bambuslemurs sind leicht zu erkennen.

2. (gegenüber) Ein Katta-Weibchen zeigt beim Markieren eines Baumes mit den Drüsen an den Geschlechtsorganen ihren auffälligen Schwanz.

die anderen Tieren alles Wissenswerte weitergeben, einschließlich des Alters, Geschlechts und der Paarungsbereitschaft.

Halbaffen, die sich innerhalb ihres Lebensraumes bewegen, markieren Bäume und Büsche. Sie geben damit immer wieder neu Auskunft über ihre Bewegungen und persönliche Eigenheiten. Andere Tiere können so ihren Weg und ihre Verfassung verfolgen.

Einige Arten besitzen zusätzlich zu ihren Duftdrüsen speziell entwickelte Körperteile, die ihnen beim Setzen der Duftmarken helfen. Die Katta-Männchen haben Duftdrüsen in ihren Achselhöhlen und auf ihren Handgelenken. Kurz über jeder Handgelenksdrüse sitzt ein krallenähnlicher Stachel, der dabei hilft, die Duftstoffe in die Baumrinde einzubringen. Beim Markieren streifen sie mit der Handgelenksdrüse über die Achseldrüse und anschließend mit ihrem Unterarm über den Baumstamm. Das hinterlässt neben einer Duftmarke eine kommaförmige Narbe in der Rinde. Dieser Vorgang kann bis zu 20 Minuten dauern.

Katta-Männchen markieren auch mit Hilfe der Duftdrüsen an ihren Geschlechtsorganen, doch hängt die Menge der so gesetzten Duftmarken vom Rang des Tiers ab. Kattas leben in sehr hierarchisch geprägten Gruppen. Hochrangige Männchen setzen weit mehr Marken mit den Geschlechtsdrüsen als Untergeordnete, beide markieren jedoch ungefähr gleich häufig mit den Handgelenksdrüsen. Möglicherweise haben dominante Männchen größere Geschlechtsdrüsen, um häufiger markieren zu können. Umgekehrt können untergeordnete Männchen Duftstoffe vielleicht nicht so schnell herstellen wie stärkere Tiere.

Urinmarken

Interessanterweise haben Pottos und Loris, die langsamen Halbaffen Afrikas und Asiens, keine echten Duftdrüsen. Anstelle von Düften setzen sie Urin ein. Besonders der Potto ist dafür bekannt, sorgsam auf Hände und Füße zu urinieren, bevor er auf nächtliche Tour geht, bei der er eine Spur übel riechender Fußabdrücke hinterlässt. Für einen anderen Potto ragen diese Fußabdrücke mit der Intensität fluoreszierender Farbe unter ultraviolettem Licht hervor – sie sehen förmlich mit ihren Nasen.

Markieren und paaren

Die meisten Halbaffenarten erhöhen die Markierungsfrequenz in der Paarungszeit. Weibchen signalisieren damit den Männchen, dass sie fruchtbar und paarungsbereit sind. Männliche Duftmarken in dieser Zeit haben vor allem den Sinn, Rivalen einzuschüchtern.

Mausmakis haben dies zur hohen Kunst verfeinert: In ihrem Urin finden sich Stoffe, die die Fortpflanzungsfähigkeit anderer Tiere beeinflussen. Bei Mausmaki-Männchen, die den Duftstoff eines dominanteren Männchens aufnehmen, sinkt der Testosteronspiegel und sie werden unfruchtbar. Männchen mit niedrigem Testosteronwert sind nicht nur unfruchtbar, sie sind auch nicht in der Lage, bestimmte Rufe auszustoßen, mit denen sie Weibchen anlocken und zur Paarung ermutigen.

Das macht sich besonders auf dem Höhepunkt der Fortpflanzungsperiode bemerkbar, wenn die Rivalität um die Weibchen am größten ist. Wenn die Weibchen alle gleichzeitig paarungsbereit sind, ist es einem einzelnen Männchen unmöglich, eine Gruppe von Weibchen für sich zu beanspruchen. Es kann immer nur ein Weibchen auf einmal vor den Aufwartungen anderer Männchen verteidigen. Deshalb besteht die beste Lösung nicht darin, die Weibchen zu verteidigen, sondern die Zahl der rivalisierenden Männchen zu verringern. Urin zu erzeugen, der andere Männchen sterilisiert, stellt für das dominierende Männchen sicher, dass es im Lauf der Fortpflanzungszeit die meisten Nachkommen zeugt.

2.2

KÄMPFEN MIT „DÜFTEN"

Kattas gehören zu den geselligsten Halbaffenarten. Sie leben tagaktiv in fünf- bis dreißigköpfigen Gruppen. Aufgrund ihrer Geselligkeit haben Kattas eine Vielzahl an Signalen entwickelt, mit denen sie untereinander kommunizieren. Die außergewöhnlichsten Signale sind dabei chemischer Natur und werden über den Geruchssinn wahrgenommen. Wie die meisten Halbaffenarten haben Kattas besondere Duftdrüsen, mit denen sie ihre übel riechenden Marken im gesamten Revier verteilen. Neben dem Abstecken ihres Gebietes dienen Duftmarken, zusammen mit sichtbaren Zeichen durch ihre Schwanzhaltung, den Katta-Männchen zum Einschüchtern von Rivalen in so genannten „Duftkämpfen".

Mit der Nase sehen

Kattas steigern wie die meisten Halbaffenarten die Zahl der Duftmarken in der Paarungszeit. Die Weibchen markieren, um Männchen anzulocken und um mit anderen Weibchen zu konkurrieren. Die Marken der Männchen dienen dagegen weniger dem Anlocken von Weibchen als vielmehr der Einschüchterung und Verwirrung von Rivalen. Wenn ein Katta-Männchen auf die Duftspur eines Weibchens stößt, legt es in der Regel seinen eigenen Duft darüber. Dadurch wird der des Weibchens verdeckt, was verhindert, dass andere Männchen von der Paarungsbereitschaft des Weibchens erfahren. Katta-Weibchen überdecken vor allem die Marken rangniederer Rivalinnen, vielleicht um die Aufmerksamkeit wieder auf sich selbst zu lenken.

1. Katta-Männchen in Alarmbereitschaft. Falls Gefahr von einem Rivalen ausgeht, könnte es zu einem „Duftkampf" kommen.

2. Ein Katta-Männchen setzt mit Drüsen an Oberarmen und Handgelenken eine Duftmarke.

Sichtbare Signale

Kattas verstärken ihre Duftmarken mit sichtbaren Zeichen. Ihr auffälliger Schwanz wird von Männchen häufig als Signal bei ihren Auseinandersetzungen eingesetzt, vor allem dann, wenn sich neue Männchen einer Gruppe anschließen wollen. Zum Anzeigen von Gefahr stellen Kattas ihren Schwanz aufrecht und wedeln damit über ihrem Kopf.

Duftender Showdown

Die Männchen verknüpfen sicht- und riechbare Kommunikationsformen am wirkungsvollsten in den stark ritualisierten Auseinandersetzungen um ein Revier. Während eines solchen Kampfes streift ein Männchen seine Handgelenksdrüsen über die Drüsen in seinen Achselhöhlen, streicht anschließend mit seinem Schwanz über die Unterarme, so dass der Hornstachel über den Handgelenken durch das Schwanzfell fährt und es so mit beiden Düften durchtränkt. Dann wölbt das Männchen seinen Schwanz über seinen Rücken und wedelt mit ihm in Richtung des Rivalen. Gleichzeitig reibt es seine genitalen Duftdrüsen gegen niedrige Zweige. In der Regel enden solche Kämpfe mit dem Rückzug eines der beiden Männchen und einer neuen Grenzziehung der Reviere.

Obwohl sich die Männchen voller Elan in diese Kämpfe stürzen, kommt es selten zu wirklichen körperlichen Auseinandersetzungen. Es scheint, als vertrauten sie allein auf die Einschüchterung. Das scheint auch angemessen zu sein, denn Katta-Männchen sind für die Art von bewaffneten Auseinandersetzungen, wie sie unter den meisten Primatenmännchen vorkommen, eher spärlich ausgerüstet. Sie sind recht klein und verfügen nicht über die großen Eckzähne, mit denen sich die Männchen anderer Arten bekämpfen. Ihre kargen Umweltbedingungen erlauben es Katta-Männchen auch nicht, zu viel Energie in aufwändige Kämpfe zu stecken.

3. Auf dem Höhepunkt eines „Duftkampfs" markieren Männchen Bäume und strecken ihrem Rivalen ihren duftdurchtränkten Schwanz entgegen.

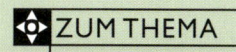

ZUM THEMA

2.1 Geschöpfe der Nacht
Konkurrenzkampf, S. 58

2.2 Düfte und Laute
Botschaften, S. 63
Pheromone, S. 68

3.2 Leben in der Gruppe
Dominanz der Männchen, S. 125

4.2 Leben in einer offenen Gemeinschaft
Offene Gemeinschaft, S. 189

2.2 DÜFTE UND LAUTE

Warnsignale

Duftmarken bestimmen nicht nur die Paarungsrangfolge, sondern sie ermöglichen es den Tieren, überhaupt bis zur Geschlechtsreife zu überleben. Galagos markieren beispielsweise hektisch ihr Revier, wenn sie einen Feind darin entdecken. Das versetzt die anderen so in Alarmbereitschaft, dass sie sich zusammenrotten können, um den Räuber zu vertreiben. Der Braune Maki setzt ebenfalls Duftmarken, wenn er einen möglichen Angreifer entdeckt. Manchmal schreit er auch und wedelt mit dem Schwanz, um einschüchternder zu wirken. Wenn die Makis einem wirklich gefährlichen Gegner gegenüberstehen, tun sie sich zusammen und verjagen ihn.

Der Bärenmaki vertraut als Schutz vor Angreifern auf seine Tarnung. Wenn er einen Feind entdeckt, setzt er so behutsam wie möglich Duftmarken, um in der Nähe befindliche Artgenossen zu warnen, ohne die Aufmerksamkeit des Gegners auf sich zu lenken. Wird eine Mutter alarmiert, versprüht sie einen Duft, der ihre Jungen sofort in eine Starre verfallen lässt, damit sie nicht entdeckt werden. Der gleiche Geruch bringt Säuglinge dazu, sich fest an ihre Mutter zu klammern, damit sie sie leise in Sicherheit bringen kann.

Revierverteidigung

Viele Halbaffen markieren den Rand ihres Reviers, um es vor Eindringlingen zu schützen. Wenn andere Tiere das Gebiet trotzdem betreten, müssen sie mit einem Kampf rechnen. Galagoweibchen verteidigen so ihr Revier gegen andere Weibchen, und das Männchen dieses Reviers zeigt mit seinen Marken anderen Männchen, dass er ein Recht auf die Weibchen hat.

Sifaka (sprich „Schifark")-Weibchen verteidigen ihr Revier, indem sie Bäume und Zweige mit dem Duft aus den Drüsen um die Geschlechtsorgane und den Anus beschmieren. Die Männchen markieren dagegen mit dem Duft aus den Drüsen an der Kehle, vor allem zur Paarungszeit. Echte Kämpfe sind selten, weil die Duftmarken in der Regel ausreichen, um Eindringlinge abzuweisen. Kattas sind wesentlich stärker an den Duftmarken Fremder interessiert als an denen von Gruppenmitgliedern. Besonders zur Paarungszeit schnüffeln die Männchen sehr lange an den Marken unbekannter Tiere.

 PHEROMONE

Das Verhalten aller Primaten, auch das des Menschen, wird stark durch Hormone beeinflusst. Diese besonderen chemischen Substanzen werden in bestimmten Organen produziert und über die Blutbahn im Körper verteilt. Sie zeigen eine Vielzahl von Wirkungen: Das Hormon Adrenalin wird z. B. als Reaktion auf Stresssituationen hergestellt und bereitet den Körper auf Kampf oder Flucht vor.

Viele Tiere produzieren auch so genannte Pheromone, chemische Stoffe, die den Hormonen ähneln, sich aber in zwei wichtigen Punkten unterscheiden: Sie werden nicht über die Blutbahn verteilt, sondern in die Umgebung des Tieres abgegeben; und sie beeinflussen eher das Verhalten der Tiere, die sie wahrnehmen, als das derer, die sie freisetzen.

Pheromone dienen in der Regel zum Anlocken von Partnern. Wenn ein Tier ein Pheromon aufspürt, weiß es, dass ein möglicher Partner in der Nähe ist und macht sich auf die Suche nach ihm. Die nachtaktiven Halbaffen, die sich sehr auf Gerüche zur Kommunikation verlassen, finden meist auf diese Weise Partner. Eine Reihe von südamerikanischen Affen scheint ebenfalls Sexualpheromone zu produzieren. Man nimmt sogar an, dass auch menschlicher Schweiß Pheromone enthält, die unbewusst zum Anlocken von Partnern dienen. Einige Arten verwenden Pheromone aber auch zum Abschrecken von Rivalen. Bei den Mausmakis enthält der Urin dominanter Männchen einen hohen Anteil eines Pheromons, das andere Männchen, die es riechen, unfruchtbar macht.

★ Die Männchen der Wieselmakis zeigen ein ausgeprägtes Revierverhalten. Sie geben laute, krächzende Laute von sich und tragen oft Übungskämpfe miteinander aus.

1. (gegenüber) Kattas kommunizieren nicht nur über Duftstoffe, sondern auch durch Laute. Ihre Schreie warnen andere Tiere vor Gefahr und halten rivalisierende Gruppen fern.

2.2 DÜFTE UND LAUTE

LAUTSIGNALE

Einige Halbaffenarten, wie etwa der Katta, sind tag- und nachtaktiv. Sie leben in Gruppen, um sich gegen tagaktive Räuber verteidigen zu können, und verwenden eher Alarmrufe als Duftmarken, um Gruppenmitglieder vor Gefahr zu warnen.

Dabei unterscheiden sich ihre Schreie je nach Art des Räubers: Kattas krächzen oder kreischen, wenn sie einen Greifvogel sehen, kläffen hingegen, wenn sie einen Bodenfeind entdecken. Die verschiedenen Schreie ermöglichen der Gruppe die optimale Flucht: Rauf in die Bäume, falls sich ein Bodenfeind nähert, runter ins Dickicht, um sich vor Greifvögeln zu verstecken. Noch interessanter ist, dass Kattas auch auf Alarmrufe der Sifakas, eines anderen tagaktiven Halbaffen, der den gleichen Lebensraum teilt, reagieren. Wie Kattas verwenden auch sie unterschiedliche Rufe für die zwei Arten von Räubern: Ein krächzendes Geräusch, das wie eine Rassel klingt, für Greifvögel, und ein Schrei, der nach „Schifark" klingt, für Bodenfeinde (daher der ungewöhnliche Name).

Reviergesänge

Laute Rufe können zwar auch der Revierverteidigung dienen, werden aber meist nur von den tagaktiven Halbaffen ausgestoßen, z. B. dem Indri. Der Indri ist der größte Halbaffe und sieht einem überraschten Teddybär ähnlich. Für ein Tier seiner Größe ist seine Fortbewegung mittels Klammern und Springen (wie ein Galago) eher ungewöhnlich. Dabei benutzt er seine großen, kräftigen Hinterbeine, um von Baum zu Baum zu springen. Indris verteidigen ihr Revier durch ein äußerst ungewöhnliches und schauriges Heulen. Diese Schreianfälle, die auch als Gesänge bezeichnet werden, können bis zu siebenmal am Tag angehoben werden und sind sehr ansteckend: Wenn eine Gruppe das Singen beginnt, stimmen andere Gruppen in dem Gebiet nach und nach mit ein. Diese Gesänge dienen nicht nur der Revierverteidigung, sondern helfen versprengten Gruppenmitgliedern zur Gruppe zurück. So kann sich eine Gruppe sammeln, um eventuell gemeinsam gegen Eindringlinge vorzugehen.

Ein Buschwaldgalago klammert sich an eine Hand.

 WENN ICH DICH RUFE

Halbaffen in freier Wildbahn zu erforschen ist schwierig, weil sie klein sind, im Dunkeln leben und Einzelgänger sind. Nur mit viel Hingabe und Geduld lässt sich etwas über ihr Leben herausfinden. Die Galagos sind ein Paradebeispiel: Als man erstmals herauszufinden versuchte, wie viele Arten es von ihnen gibt, musste man sich auf Untersuchungen an toten und konservierten Tieren stützen. Da einige Galagoarten sehr ähnlich in Größe und Aussehen sind, wurden diese fälschlicherweise als eine Art betrachtet.

Der Beginn von Feldstudien über das Verhalten – mit Hilfe von Funk-Halsbändern, Nachtsichtgeräten und Lautaufnahmen – ermöglichte erstmals die Erforschung der Tiere in ihren natürlichen Lebensräumen. Dabei wurde schnell klar, dass es weit mehr Arten als ursprünglich angenommen gibt. Galagos können nur durch ihre Rufe unterschieden werden. Jede Art hat einen eigenen Paarungsruf, auf den nur ein Mitglied der gleichen Art antworten wird. Für nachtaktive Tiere sind Rufe ein viel besseres Mittel, um Arten zu unterscheiden, als Unterschiede im Erscheinungsbild. So wird sichergestellt, dass Tiere sich nicht aus Versehen mit anderen Arten paaren. Da die verschiedenen Rufe ein nahezu perfektes Mittel sind, damit Männchen und Weibchen einer Art zueinander finden, ist es unerheblich, ob sich verschiedene Arten ähnlich sehen. Unter Galagos mag die Liebe blind, aber gewiss nicht taub machen.

Ein kleiner nachtaktiver Primat auf der südostasiatischen Insel Sulawesi, der Celebeskoboldmaki, verteidigt sein Revier ebenfalls durch eine Reihe von Rufen. Paare oder Familiengruppen versammeln sich bei den Schlafplätzen nahe der Mitte des Reviers und rufen, um andere Koboldmakiherden fern zu halten. Während dieser Schreianfälle singen Männchen und Weibchen im Duett. Durch die Verbindung ihrer sehr unterschiedlichen Stimmen bringen sie ein dem menschlichen Ohr nicht unangenehmes Lied zustande.

All diese Beispiele zeigen, dass Düfte und Laute ebenso gut wie sichtbare Zeichen sind, um eine Botschaft zu vermitteln. Halbaffen nutzen vielleicht andere Formen der Kommunikation als die tagaktiven Primaten, aber die Motivation ist gleich: der Schutz von Nahrungsquellen, das Finden von Fortpflanzungspartnern und die Warnung vor Gefahr.

1. Kattas verteidigen ihr Revier durch laute Rufe, um rivalisierende Gruppen fern zu halten. Leisere Rufe ermöglichen es den Gruppenmitgliedern, miteinander zu kommunizieren.

2.3 WEIBCHEN AN DER MACHT

Alle Säugetiere wenden viel Zeit und Mühe für die Zeugung und Aufzucht ihrer Nachkommen auf, und Primaten übertreffen die meisten darin. Primatenkinder müssen mehr lernen als andere Säuger und sind deshalb länger auf ihre Eltern angewiesen. Doch auch hier gibt es Unterschiede: Verglichen mit Affen und Menschenaffen benötigen Halbaffenbabies weniger Fürsorge und Aufmerksamkeit und entwickeln sich schneller, dennoch haben auch hier die Mütter genug zu tun. Das gilt vor allem für die Lemuren auf Madagaskar: Die Nahrung ist häufig knapp, und genug für sich und ein wachsendes Baby zu finden nimmt den ganzen Tag in Anspruch. Die Mütter erleichtern sich die Aufgabe, indem sie sicherstellen, dass sie bei der Nahrungsaufnahme immer zuerst am Zug sind. In der Welt der Lemuren sind die Männchen nur Bürger zweiter Klasse.

MEHR JUNGE, WENIGER FÜRSORGE

Die Fortpflanzung stellt mit Sicherheit den wichtigsten Abschnitt eines Tierlebens dar, und die verschiedenen Wege, die Tiere bei der Paarung und Aufzucht von Nachkommen einschlagen, sind ein Beispiel für die faszinierende Vielfalt an Lebensweisen. Bei den Affen und Menschenaffen ist die erfolgreiche Aufzucht des Nachwuchses der zeitraubendste Teil der Fortpflanzung, denn die Jungen brauchen eine lange Kindheit, um ihr großes Gehirn mit dem notwendigen Wissen zu füllen. Sie sind daher länger als andere Säugetierjunge auf ihre Mutter angewiesen. Da Halbaffen relativ kleinere Gehirne haben, ähnelt ihr Fortpflanzungsverhalten mehr dem anderer nachtaktiver Säuger als ihrer Primatenverwandtschaft.

Halbaffenbabies entwickeln sich schneller als die höherer Primaten – ein Galago-Weibchen ist bereits neun Monate nach der Geburt geschlechtsreif –, und viele Arten bringen mehr als ein Junges gleichzeitig zur Welt. Halbaffen zeugen innerhalb eines vorgegebenen Zeitraumes also mehr Nachwuchs als Affen, Menschenaffen oder Menschen.

Diese schnelle Aufzucht ist ein wichtiger Unterschied in der Fortpflanzungsstrategie der Primaten. Halbaffen zeugen eine relative große Anzahl an Nachkommen und kümmern sich weniger um sie als Affen und Menschenaffen. Weniger Fürsorge bedeutet aber auch eine höhere Sterblichkeit der Jungen, was aber durch die größere Zahl ausgeglichen wird. So wird sichergestellt, dass wenigstens einige erwachsen werden und selbst Nachwuchs hervorbringen. Affen und Menschenaffen verfolgen eine langsame, aber sichere Strategie. Sie haben weniger Nachwuchs, kümmern sich aber mehr um ihn und geben jedem Säugling eine gute Überlebenschance. Die größeren, tagaktiven Halbaffenarten, wie etwa die Sifaka und Indris, ähneln in ihrer Fortpflanzungsstrategie eher Affen. Sie bringen nur alle zwei bis drei Jahre ein Baby zur Welt und investieren im Vergleich zu kleineren Halbaffen viel Zeit und Mühe in die Aufzucht ihrer Jungen.

1. Sifakas sind große Lemuren und haben vergleichsweise weniger Nachkommen als andere Lemurenarten.

2. Ein junger Potto. Wie die meisten Halbaffen entwickeln sie sich sehr schnell, bereits nach einem Jahr sind sie geschlechtsreif.

2.3 WEIBCHEN AN DER MACHT

Fortpflanzungsbiologie

Die Fortpflanzungsbiologie der Halbaffen stellt eine Mischung aus der der Affen und Menschenaffen und der anderer Säugetiere dar. Wie viele Säuger haben Halbaffen eine zweihörnige Gebärmutter. Außerdem wandern ein oder mehrere Eier von den Eierstöcken in jede Gebärmutterhälfte. Bei Affen und Menschenaffen ist die Gebärmutter dagegen einfach, und die beiden Eierstöcke wechseln sich monatlich mit dem Eisprung ab. Zudem verfügen sie über eine besondere Plazenta, die sich in die Gebärmutterwand eingräbt und den Blutkreislauf der Mutter direkter anzapft, während bei Halbaffen – wie bei den meisten anderen Säugern – die Plazenta einfach auf der Oberfläche der Gebärmutter liegt und

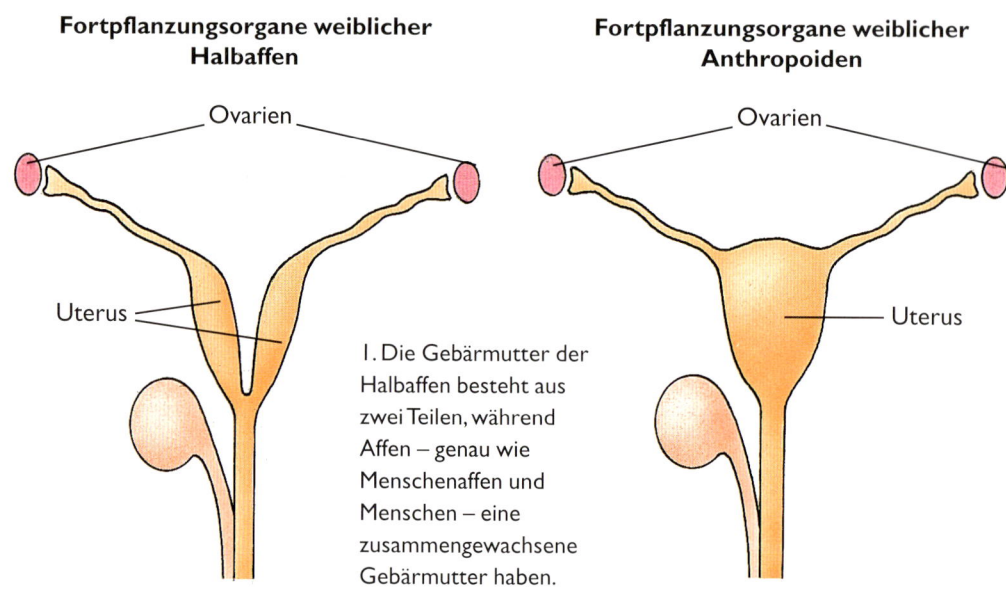

1. Die Gebärmutter der Halbaffen besteht aus zwei Teilen, während Affen – genau wie Menschenaffen und Menschen – eine zusammengewachsene Gebärmutter haben.

Ein junger Schlanklori ist für die Nacht „geparkt".

▶ BABIES „PARKEN"

Die Babies nachtaktiver Halbaffen sind bei der Geburt weniger weit entwickelt als die von Affen oder Menschenaffen. Deshalb bauen die Galagos Nester, in denen der Nachwuchs sicher ist, solange sie auf Nahrungssuche gehen. Wenn eine Mutter den Nachwuchs in ein anderes Nest tragen muss, packt sie ihn – ähnlich wie eine Katzenmutter ihre Kätzchen – mit dem Mund und trägt ihn fort. Galagosäuglinge können sich erst nach einem Monat am Rücken ihrer Mutter festklammern und sie auf ihrer nächtlichen Nahrungssuche begleiten.

Bei der anderen großen Gruppe der nachtaktiven Halbaffen – den Loris – sind die Schwangerschaften dagegen viel länger als bei Galagos gleichen Gewichts, so dass ihre Jungen bei der Geburt wesentlich reifer sind. Lori-Mütter müssen keine Nester bauen, da sich das Kleine gleich nach der Geburt an das Bauchfell der Mutter klammern kann. Die Mütter tragen ihre Kinder aber nicht lange herum, sondern „parken" sie lieber an einem passenden Zweig, während sie auf Nahrungssuche gehen. Später kommen sie zurück und holen ihr Baby ab, bevor sie schlafen gehen. Während die Mutter fort ist, verharrt das Baby regungslos, damit es nicht die Aufmerksamkeit eines vorbeikommenden Räubers auf sich zieht.

Mütter, die ihre Jungen in Nestern oder an Zweigen absetzen, können diese nicht so oft säugen wie Mütter, die ihre Kinder die ganze Zeit herumtragen. Deshalb ist ihre Milch wesentlich nahrhafter als die jener Arten, die ihren Nachwuchs mit sich tragen.

Nahrung durch die Gebärmutterwand absorbiert.

Halbaffen ähneln Nicht-Primaten auch hinsichtlich der Art, wie ihr Paarungsverhalten kontrolliert wird. Die meisten Säugetiere, auch die Halbaffen, haben so genannte Brunstperioden: Die Hormone eines Weibchens bestimmen sowohl den Fortpflanzungszyklus (etwa wann der Eisprung stattfindet) als auch ihre Paarungsbereitschaft. Weibchen werden nur während der Befruchtungszeit nach dem Eisprung brünstig und sind paarungswillig. Affen und Menschenaffen haben dagegen Menstruationszyklen und sind jederzeit paarungsbereit.

Kurze Paarungszeiten

Bei vielen Halbaffenarten werden die Weibchen nur einmal im Jahr innerhalb einer kurzen Zeit gleichzeitig brünstig. Bei einigen Arten sind die Weibchen sogar nur einen Tag im Jahr fruchtbar und paaren sich zu keiner anderen Zeit.

Diese beschränkte Paarungszeit schafft eine heftige Rivalität unter den Männchen. Sie streunen umher und versuchen, sich mit so vielen Weibchen wie möglich zu paaren, um das Beste aus dieser einmaligen Chance im Jahr zu machen. Sie nehmen erhebliche Anstrengungen in Kauf, um Weibchen zu suchen und andere Männchen zu übertreffen. Auch wenn die Paarungszeit nur einen Tag beträgt, ist sie körperlich erschöpfend. Um sie erfolgreich zu bestehen, müssen die Männchen enorme Fettreserven aufbauen und in bester körperlicher Verfassung sein.

Selbst bei Arten, deren Paarungszeit einige Tage oder Wochen dauert, herrscht immer noch eine starke Rivalität zwischen den Männchen, weil alle Weibchen zur gleichen Zeit paarungsbereit werden. Ein einzelnes Männchen kann unter diesen Umständen nicht alle fruchtbaren Weibchen für sich behalten, da es ihm unmöglich ist, an mehreren Stellen gleichzeitig zu sein. Während er sich mit einem Weibchen paart, kann er kein wachsames Auge auf die anderen Weibchen haben. Hier gilt: „Wer zu spät kommt, den bestraft das Leben." Jedes Männchen, das kein Weibchen findet, muss ein ganzes Jahr auf die nächste Chance warten, Vater zu werden.

> ★ Die Paarungszeit einiger Lemurenarten dauert nur ein oder zwei Tage im gesamten Jahr.

1. In den kurzen Paarungszeiten der Kattas fällt die Hierarchie der Männchen in sich zusammen. Die Männchen versuchen einfach, sich mit so vielen Weibchen wie möglich zu paaren.

2.3
BESONDERE BEZIEHUNGEN

Auch wenn die meisten Lemuren von den Weibchen dominiert werden, leben Rotstirnmakis z. B. in Gruppen mit einer gleichen Zahl von Männchen und Weibchen. In diesen Gruppen findet man keine dominanten Beziehungen, vor allem nicht zwischen den Geschlechtern. Ein hoher Grad an freundlichem Verhalten ist sogar die Regel. Die Männchen und Weibchen bilden beispielsweise Pärchen, die sich beim Schlafen aneinander schmiegen, und Männchen markieren und reiben oft den Kopf ihrer Partnerin. Auf diese Weise zeigen Rotstirnmakis eine besondere Zuneigung füreinander und bilden „besondere Beziehungen".

Enge Bande
Die Partner in einer solchen Beziehung von Rotstirnmakis verbringen mehr Zeit miteinander als mit anderen Tieren: Sie pflegen sich gegenseitig und helfen sich bei Angriffen. Männchen, die so an ein Weibchen gebunden sind, versuchen immer, sich mit ihrer Gefährtin zu paaren, und scheinen oft andere fruchtbare Weibchen zu ignorieren. In gleicher Weise bevorzugen Weibchen ihre besonderen Partner gegenüber anderen Männchen der Gruppe. Es gibt jedoch auch Rotstirnmaki-Gruppen ohne diese besonderen Beziehungen, in denen es ein dominantes Männchen mit alleinigem Anspruch auf die Weibchen gibt.

Saisonal beschränkt
Das Klima Madagaskars bewirkt äußerst saisonale Paarungszeiten der Lemurenweibchen; das stellt sicher, dass der Nachwuchs zu einer Zeit geboren wird, zu der am meisten Nahrung zur Verfügung steht, um die Milchproduktion anzukurbeln. Das stellt die Männchen jedoch vor ein Problem: Da alle Weibchen innerhalb einer kurzen Periode gleichzeitig fruchtbar werden, stehen die Männchen unter dem Druck, mehr als ein Weibchen bewachen zu müssen, um sich mit ihnen zu paaren. Deshalb lohnt es sich für die Männchen wahrscheinlich, eine feste Verbindung mit nur einem Weibchen einzugehen, anstatt (erfolglos) zu versuchen, sich mit vielen zu paaren. Die Beziehung stellt auch sicher, dass das Weibchen sich bevorzugt mit seinem „Partner" paart anstelle eines anderen verfügbaren Männchens.

1. Östliche Populationen leben in kleinen Gruppen mit gleicher Anzahl an Männchen und Weibchen.
2. Ein Weißkopfmaki-Pärchen ruht sich gemeinsam auf einem Baum aus.

3. Aggressionen treten selten in Rotstirnmaki-Gruppen auf. Die Beziehungen zwischen den Tieren sind meist sehr freundschaftlich. Hier ruht sich ein Pärchen mit einem Jungen auf einem Baum aus.

Verdeckter Eisprung

Bei einigen Affen- und Menschenaffenarten schwellen die Hinterteile der Weibchen stark an und zeigen so, wann sie am fruchtbarsten sind. Rotstirnmaki-Weibchen zeigen jedoch keine derart eindeutigen Signale, so dass die Männchen die Fruchtbarkeitsperiode nicht genau bestimmen können.

Auch wenn sie wissen, dass die Paarungszeit begonnen hat, da die Weibchen paarungswilliger sind, so können sie doch nicht wissen, wann sie fruchtbar sind. Zu einer Empfängnis kommt es am ehesten dann, wenn die Paarung um den Eisprung herum geschieht. Deshalb ist es am sichersten, wenn sie sich nur mit einem Weibchen während seiner gesamten paarungswilligen Zeit zusammen tun. So kann das Männchen ganz sicher gehen, dass es sich mit dem Weibchen zum günstigsten Zeitpunkt in ihrem Zyklus gepaart hat.

Freunde und Beschützer

Aufgrund der Beziehungen zwischen Männchen und Weibchen kommen Rotstirnmaki-Gemeinschaften so gut wie ohne Dominanzverhalten aus. Männchen unterstützen ihr Weibchen beim Kampf gegen andere Weibchen und sind den Weibchen gegenüber aggressiv, mit denen sie nicht zusammen sind. So sparen die Weibchen eine Menge Energie, die sie in ihren Nachwuchs investieren können.

ZUM THEMA

2.1 Geschöpfe der Nacht
Für immer zusammen, S. 61

2.3 Weibchen an der Macht
Herrschaft, S. 78
Tötung von Jungen, S. 81

2.4 Die letzte Zuflucht der Lemuren
Gruppenlebende Lemuren, S. 85

3.3 Das Paarungsspiel
Sexualschwellungen, S. 138
Freundschaften, S. 140

4.2 Leben in einer offenen Gemeinschaft
Gründe, treu zu sein, S. 194

2.3 WEIBCHEN AN DER MACHT

HERRSCHAFT DER WEIBCHEN

Eine kurze Paarungszeit ist typisch für die Lemuren auf Madagaskar – die Sifakas sind beispielsweise gerade einmal 42 Stunden lang fruchtbar. Da der Zugang zu Futterquellen auf Madagaskar sehr jahreszeitenabhängig ist und die Aufzucht des Nachwuchses in einer sehr kurzen Zeit stattfinden muss, in der die Bedingungen günstig sind, ist ein derart knappes Timing lebenserhaltend. Die kurze fruchtbare Zeit gewährleistet, dass der Nachwuchs dann auf die Welt kommt, wenn es ausreichend Futter gibt und die Mutter genügend fressen kann, um viel Milch zu geben. Ein Weibchen, das sich außerhalb der Saison paart, dürfte ihren Nachwuchs kaum durchbringen.

Die Schwierigkeiten, mit denen Lemurenweibchen bei der Nahrungsbeschaffung für ihren Nachwuchs konfrontiert werden, erklären einen weiteren verblüffenden Aspekt ihrer Gemeinschaft: Bei fast allen Arten dominieren die Weibchen die Männchen – sehr ungewöhnlich für Primatenbeziehungen. Bei Affen und Menschenaffen sind eher die Männchen Herr im Haus.

Als erste an der Reihe

Während sie fressen, haben Weibchen das Anrecht auf die leckersten Happen, und die Männchen müssen warten, bis sie an der Reihe sind. Katta-Weibchen vertreiben die Männchen oft von guten Futterplätzen, schlagen ihnen auf die Nase oder nehmen ihnen das Fressen einfach aus der Hand. Dass die Weibchen den Männchen gegenüber so dominant auftreten, hat scheinbar mit ihrem gesteigerten Energiebedarf zu tun.

Den Nachwuchs zu erzeugen und ihn großzuziehen ist für alle Tiere eine sehr kräftezehrende Angelegenheit, insbesondere für die weiblichen Säugetiere. Sie allein müssen

★ Der Diademsifaka hat eine außerordentlich hohe Sterblichkeitsrate: 67 Prozent der Jungen sterben vor dem Erreichen des Erwachsenenalters.

1. Sifakas haben sehr kurze Arme – eine Folge ihrer springenden Fortbewegungsart. Sie können am Boden nicht auf allen vieren laufen, sondern machen mit ihren starken Hinterbeinen schnelle Sprünge.

2. Eine Kronenmaki-Mutter und ihr Junges. Ihre Jungen zu nähren kostet alle Lemurenweibchen viel Energie, was ihre Dominanz den Männchen gegenüber erklären mag.

3. Katta-Weibchen dürfen an die besten Futterplätze und können einem Männchen sogar das Fressen aus der Hand reißen. Zögert das Männchen, sein Fressen zu teilen, bekommt es von dem Weibchen zur Strafe eins auf die Nase.

den größer werdenden Fötus austragen und nähren, sie allein müssen das Baby füttern und für es sorgen, bis es entwöhnt ist. Das ist ganz anders als z. B. bei den Vögeln, wo beide Elternteile die Eier ausbrüten und die Küken füttern können.

Lemurenweibchen sehen sich noch anderen Belastungen ausgesetzt, während sie für Nachwuchs sorgen: Zunächst haben Lemuren für Tiere ihrer Größe einen sehr geringen Stoffwechsel.

Während der Trächtigkeit müssen die Weibchen ihre Stoffwechselrate erhöhen, um den wachsenden Fötus zu versorgen, und das bedeutet, dass sie mehr energiereiche Nahrung zu sich nehmen müssen. Dann wachsen Lemurenembryos auch rascher als andere Halbaffen – neugeborene Lemuren sind etwa genauso groß wie neugeborene Loris, werden allerdings bereits nach der Hälfte der Zeit geboren. Und schließlich werfen alle Weibchen einer Gemeinschaft gleichzeitig, was den Wettstreit ums Futter verschärft. Zur Milcherzeugung während des Säugens müssen Primatenweibchen ihre Energiezufuhr um bis zu 50 Prozent erhöhen. Deshalb liegen Katta-Weibchen in dieser Zeit ständig miteinander im Kampf um Futter, was aber gleichzeitig viel Energie kostet. Daher befinden sich Lemurenweibchen in der Säugezeit oft in großer Futternot.

Körpergröße

Wären die Weibchen gezwungen, auch noch mit den Männchen um Futter zu konkurrieren, so wäre es fraglich, ob ihre Energiereserven reichen würden. Da die Katta-Weibchen in der Partnerschaft jedoch das Sagen haben, können sie genug fressen, um ihre rasch wachsenden Jungen zu versorgen. Fortpflanzungstechnisch tut Männchen dieses Arrangement nur gut – wenn der Nachwuchs ihr eigener ist, haben sie genauso viel davon wie die Weibchen.

Bei den anderen Primaten sind die Männchen meist größer als die Weibchen, bei den Lemuren sind sie fast gleich groß – so können sich die Weibchen leichter durchsetzen. Es kann sogar vorkommen, dass sich Weibchen lieber mit kleineren Männchen paaren, da diese leichter dominiert werden können.

Genauso, wie es günstiger für die Weibchen ist, kann es auch im eigenen Interesse der Männchen sein, klein zu bleiben, da die Paarungszeit auch von ihnen ihren Tribut fordert. Kleinere Männchen benötigen weni-

Unterschiedliche Fellfarben bei Mohrenmakis.

 WARUM DAS AUSSEHEN ZÄHLT

Die Mohrenmakis von Madagaskar halten nicht, was ihr Name verspricht. Zwar sind die Männchen tatsächlich schwarz, die Weibchen hingegen rotbraun, mit hellen, cremefarbenen Haarbüscheln am Kopf. Diese Farbunterschiede unter den Geschlechtern nennt man Dichromatismus. Viele Lemuren zeigen ihn bis zu einem gewissen Grad, doch die Mohrenmakis übertreffen alle. Dieser überdeutliche Kontrast macht es den Männchen leichter, das fitteste Weibchen zu erkennen:

Der Zustand des Fells hängt auch vom Parasitenbefall eines Tieres ab. Weibchen mit vielen Parasiten sind matter in der Farbe als solche mit wenigen. Beim Begatten des leuchtendsten – und damit gesündesten – Weibchens, wählt sich ein Männchen die Partnerin, die am ehesten gesunden Nachwuchs hervorbringt.

Interessanterweise sind es bei den Lemuren – anders als bei den meisten anderen Tieren – die Weibchen, die stärker farbig sind und auf diese Art und Weise mit ihren Qualitäten protzen. Warum es sich bei den Lemuren so verhält, ist nicht ganz klar. Es kann jedoch mit den extrem saisonalen klimatischen Bedingungen auf Madagaskar zusammenhängen und dem hohen Tribut, den Weibchen der Fortpflanzung zollen müssen. Bevor ein Männchen ein Weibchen begattet, will es sichergehen, dass dieses körperlich dazu in der Lage ist, seinen Nachwuchs durchzubringen.

ger Kalorien, um am Leben zu bleiben, und es ist eher Ausdauer als Kampfkraft, die den Erfolg bei der Fortpflanzung unter den Kattas ausmacht. Der Konkurrenzkampf unter den Männchen ist körperlich äußerst anstrengend. Dazu gehören lange Jagden und weite Sprünge durch die Baumwipfel, aktiver Kampf gehört jedoch weniger dazu. Ein kleinerer Körper hat hier bessere Chancen, da er schneller und beweglicher ist; ein großer Körper ist nur im Kampf von Vorteil.

TÖTUNG VON JUNGEN-INFANTIZID

Bei vielen tagaktiven, in Gemeinschaft lebenden Lemurenarten gibt es den unglückseligen Hang zum Töten des Nachwuchses.

Lemurenmännchen töten manchmal nicht mit ihnen verwandte Junge, so dass deren Mütter schneller wieder trächtig werden können. Normalerweise sind Weibchen mit Jungen erst wieder befruchtungsfähig, wenn der Nachwuchs erwachsen ist. Bei den größeren Lemurenarten, wie den Sifakas, kann das zwei bis drei Jahre dauern. Wenn jedoch das Junge stirbt, kann seine Mutter bis zu einem Jahr früher wieder trächtig werden, als es sonst der Fall wäre. Folglich ist das Töten der Jungen für ein neues Männchen in der Gruppe ein einfacher Weg, rascher eigenen Nachwuchs zu zeugen. Zum anderen zwingt es die anderen Männchen, die bereits Väter sind, Mütter und ihre Jungen zu schützen und nahe bei ihnen zu bleiben. Kattas und Varis sind beispielsweise fremden Männchen gegenüber, die sich ihrer Gruppe anschließen möchten, höchst feindlich gesinnt.

Derart wachsam müssen nachtaktive Halbaffen nicht sein, da die Weibchen dieser Arten ihren Nachwuchs in Nestern verstecken. Das macht es den Männchen schwer, zwischen eigenem und fremdem Nachwuchs zu unterscheiden, und schränkt so das Tötungsrisiko für die Jungen ein. Außerdem können nachtaktive Halbaffen-Weibchen schon bald nach der Geburt wieder trächtig werden. Auch werden die weiblichen Babies so schnell geschlechtsreif, dass sie fast zur gleichen Zeit empfängnisbereit sind wie ihre Mütter. Unter diesen Umständen würde die Tötung von Nachwuchs lediglich die Anzahl fruchtbarer Weibchen mindern. Folglich findet man ständige Paarbildungen nur bei den größeren Lemurenarten, die ihre Jungen mit sich herumtragen, aber nicht bei solchen, die sie im Nest lassen oder auf einem Ast absetzen, während sie fressen. Eine Ausnahme dieser Regel bildet der Vari. Diese Art neigt zur Paarbildung, doch nehmen die Weibchen ihre Jungen nicht mit auf Nahrungssuche, vielmehr achten die Männchen währenddessen auf sie.

Die Lemurenmännchen zeigen den Weibchen gegenüber viele freundliche Verhaltensweisen und verbringen viel Zeit damit, sie zu putzen. Sie sind ständig in der Nähe ihrer Partnerinnen, auch wenn sie das dazu zwingt, miteinander um Futter zu konkurrieren. Wenn sich die Gruppen im Lauf der Nahrungssuche aufteilen, bilden sich kleine Untergruppen aus Pärchen, die gemeinsam fressen, natürlich mit dem Weibchen als Anführerin. Die Opfer des Männchens lohnen sich letztendlich, da der Gewinn – ein gesunder erwachsener Nachwuchs – den eigenen Futterverlust voll aufwiegt.

1. Rote Varis leben in den Bäumen und verlassen sie nie. Sie sind Fruchtfresser und wichtige Samenausbreiter.

2. Weißkopfmakis leben in kleinen Gruppen aus wenigen Pärchen. Hier putzt ein Männchen, erkennbar an seiner weißen Fellkrone, mit seinem „Zahnkamm" ein Weibchen.

2.4 DIE LETZTE ZUFLUCHT DER LEMUREN

An den Lemuren auf Madagaskar sieht man, welche Lebensformen Halbaffen entwickeln können, wenn sie sich selbst überlassen sind. Ohne die Konkurrenz der anderen Primaten haben sie eine verblüffende Artenvielfalt entwickelt und fast jede mögliche Nische für Primaten auf der Insel besetzt. Bevor der Mensch Madagaskar entdeckte, gab es Lemuren von der Größe der winzigen Mausmaki bis hin zum riesigen *Megaladapis*, der größer als ein Gorilla war. Es gab auf jede Futterart spezialisierte Arten, von Früchten über Nektar bis hin zu Blättern, Baumsäften und Grassamen. Noch heute, nach dem Aussterben so vieler Arten, zeigen Lemuren eine beeindruckende Vielfalt an Lebensformen, vom affenartigen Benehmen der Kattas bis hin zum vogelartigen Verhalten der Fingertiere – eines der seltsamsten Tiere der Erde und sicher der absonderlichste Primat. Affen und Menschenaffen mögen intelligenter sein, trotzdem sollte man die Halbaffen keinesfalls unterschätzen.

EIN UNGELÖSTES RÄTSEL

Keiner weiß genau, wie die Lemuren nach Madagaskar kamen. Das Einzige, was man mit einiger Sicherheit behaupten kann, ist, dass sie auf der Insel landeten, nachdem sich diese vom afrikanischen Festland getrennt hatte. Dies geschah bereits zur Zeit der Dinosaurier, also lange bevor sich die Halbaffen entwickelten.

Wie kamen sie also dorthin? Wahrscheinlich auf größeren natürlichen Flößen aus Vegetation, die von Flüssen in die Ozeane gespült wurden, bis sie schließlich eine Insel erreichten. Die urzeitlichen Lemuren, die Madagaskar besiedelten, waren wahrscheinlich sehr klein und ähnelten vielleicht den heutigen Mausmakis. Für derartig kleine Tiere war es möglich, auf einem bewachsenen Floß weggeschwemmt zu werden und eine Reise von Tausenden von Kilometern zu überstehen. Je nach Größe stellte dieses „Floß" selbst einen winzigen Lebensraum inklusive genügend Nahrung dar.

Ganz gleich, wie die Lemuren auf Madagaskar landeten – es war ein Glück für sie, denn so entgingen sie der Konkurrenz mit Affen und Menschenaffen, die sich als der Niedergang der Halbaffen auf dem Festland erweisen sollten. Die afrikanischen Halbaffen konnten mit den weiter fortgeschrittenen Menschenaffen- und Affenarten nicht mithalten, die sich in den Wäldern verbreiteten, und wurden in einige wenige Nischen gedrängt. So sind z. B. Loris und Galagos alle Einzelgänger und hauptsächlich nachtaktive Insektenfresser.

Ein ökologisches Experiment

Da Madagaskar nie von Menschenaffen und Affen besiedelt wurde, konnten sich die Lemuren entfalten und in über 40 Arten teilen. Die Insel Madagaskar stellt daher ein einzigartiges ökologisches Experiment dar und schenkt uns wertvolle Einblicke in die vielen verschiedenen Lebensweisen dieser flexiblen Tiere. Interessanterweise wählten die Lemuren keinen völlig neuen Weg, als sie sich den Inselnischen anpassten, sondern entwickelten sich parallel zu den Affen und Menschenaffen in Afrika. Sie reagierten ganz ähnlich wie diese auf die Anforderungen des tropischen Regenwalds.

1. Der Regenwald auf Madagaskar ist Heimat vieler hiesiger Lemurenarten, von denen eine Reihe selten und sehr gefährdet ist.

2. Madagaskar und das afrikanische Festland sind an ihrer engsten Stelle gut 400 Kilometer voneinander entfernt. Wie die Halbaffen auf Madagaskar landeten, weiß man nicht genau.

2.4 DIE LETZTE ZUFLUCHT DER LEMUREN

1. Halbmakis oder Bambuslemuren haben spezielle Zähne, um Bambustriebe, die den Hauptteil ihrer Ernährung ausmachen, abzuziehen.

2. Sifakas springen mit großen Sätzen zwischen den Bäumen. Die großen Greiffüße und -hände sowie der lange Schwanz zum Halten des Gleichgewichts helfen ihnen dabei.

Lemurenvielfalt

Die Lemuren auf Madagaskar können in fünf Familien unterteilt werden. Die Katzen- und Mausmakis, nachtaktive Einzelgänger wie die Festland-Halbaffen; die Indris und Sifakas, große tagaktive Lemuren, die in kleinen Familien zusammenleben. Sie sind die größten Lemuren und ernähren sich hauptsächlich von Blättern. Der Indri ist der größte Lemur überhaupt und wiegt um die zehn Kilogramm. Indris und Sifakas springen in aufrechter Haltung von einem Baumstamm zum nächsten; ein Indri kann mit einem Satz bis zu zehn Meter weit springen.

Drittens die Wieselmakis. Sie sind nachtaktiv und wenig gesellig. Obwohl Männchen und Weibchen einen winzigen Lebensbereich miteinander teilen, verbringen sie die meiste Zeit allein. Sie treffen sich jede Nacht nur ein bis drei Mal, um zusammen zu fressen, sich auszuruhen und einander zu putzen. Kattas, Mongozmakis und Halbmakis zählen zu den echten Lemuren und bilden die vierte Familie. Diese eichhörnchen- bis katzengroßen Tiere sind geselliger als Wieselmakis und leben in Gruppen von bis zu 30 Tieren. Sie ernähren sich ganz unterschiedlich: Kattas lieben Früchte und Blätter, während Mongozmakis in der Trockenzeit 84 Prozent ihrer Fresszeit damit verbringen, Nektar zu saugen. Halbmakis oder Bambuslemuren haben eine Vorliebe für Bambustriebe und -blätter.

Fünftens gibt noch das Fingertier, den einzigen Überlebenden seiner Familie. Diese Art ist einzigartig unter allen Lemuren und scheint auf Madagaskar die Nische der Spechte besetzt zu haben; vielleicht findet man deshalb dort keinen dieser Vögel.

Diese Artenvielfalt und die verschiedenen Lebensweisen zeigen, wie erfolgreich Lemuren sich an die Primatennischen der Insel angepasst haben. Einst waren sie sogar noch weit vielfältiger als heute. Vor der Ankunft des Menschen auf der Insel vor etwa 2000 Jahren gab es riesenhafte Lemuren, ähnlich den heutigen Faultieren und Koalas. Leider konnten diese trägen Giganten den Veränderungen, die mit dem Eindringen des Menschen einhergingen, nicht standhalten; über 14 Arten wurden ausgerottet. Heute zeugen nur noch fossile Überreste von ihrer Existenz.

GRUPPENLEBENDE LEMUREN

Die Anpassung der Madagaskar-Lemuren an derart viele Nischen ist ein Meisterstück der Natur. Wie Affen leben einige Lemuren in Gruppen und sind tagaktiv. Aber es gibt entscheidende Unterschiede zwischen ihnen und den Affen, und es sind diese Unterschiede, die viel über den Lauf der Evolution auf Madagaskar enthüllen.

Den Affen am ähnlichsten verhalten sich die Kattas und Sifakas, doch selbst sie haben den Wechsel von der Nacht- zur Tagaktivität nicht zur Gänze vollzogen. Genau genommen sind Kattas und Sifakas kathemeral, also teilweise nachtaktiv. Dieses Aktivitätsmuster hat verschiedene Vorteile: Sie können sich leichter ernähren als rein nachtaktive Arten, da Futter tagsüber optisch leicht zu finden ist. Und das Weiterfressen bis nach Einbruch der Dunkelheit verkürzt die Fastenzeit in der Nacht. Am Tage aktiv zu sein ist aber auch mit Nachteilen verbunden, etwa der größeren Bedrohung durch Räuber. Deshalb leben die meisten kathemeralen Arten, die hauptsächlich tagaktiv sind, in dauerhaften Gruppen, weil sie so sich anpirschende Räuber leichter bemerken.

Auch tragen sie im Gegensatz zu den nachtaktiven Arten ihre Jungen immer mit sich herum. Es wäre viel zu riskant, die Kleinen im hellen Tageslicht allein zu lassen.

 Das Fingertier, das sich von Larven ernährt, lokalisiert seine Beute, indem es mit seinem verlängerten Mittelfinger auf Baumstämme klopft und auf eine Antwort lauscht.

Das Fingertier ist ein sehr merkwürdiger Vertreter der Primaten.

DAS FINGERTIER

Das Fingertier ist der größte aller einzelgängerischen nachtaktiven Halbaffen und besitzt eine ganze Reihe einzigartiger Merkmale. Zunächst hat es gerade einmal 18 Zähne statt der bei Primaten üblichen 32 bis 36. Abgesehen von den beiden auffälligen, langen Vorderzähnen, die ein Leben lang weiterwachsen, hat das Fingertier jeweils vier Backenzähne auf jeder Seite des Oberkiefers und drei auf jeder Seite des Unterkiefers. Außerdem weist das Fingertier noch eine weit merkwürdigere Eigenart auf: Der Mittelfinger jeder Hand ist extrem lang und dünn und sieht wie ein alter dürrer Zweig aus. Zudem hat das Fingertier an allen Finger- und Zehengliedern Krallen – bis auf die großen Zehen, die Nägel aufweisen.

Das Fingertier braucht diese besonderen Eigenheiten, um an seine Lieblingsnahrung – Früchte und Insektenlarven – zu kommen. Mit seinen langen Schneidezähnen schlitzt es hartschalige Früchte auf. Es kann damit sogar Löcher in Kokosnüsse nagen. Wenn es eine Frucht auf diese Weise geöffnet hat, kratzt das Fingertier mit seinem Mittelfinger das Fruchtfleisch heraus. Mit seinen großen Ohren und seinem scharfen Gehör kann das Fingertier seine andere Lieblingsbeute orten: Es nimmt selbst schwächste Bewegungen von Larven wahr, die sich unter die Rinde von abgestorbenen Ästen eingruben. Wenn es eine Larve findet, ritzt es die Rinde mit seinen Zähnen auf und benutzt seinen dünnen langen Mittelfinger, um die Made herauszuangeln. So kam das Fingertier dazu, die ökologische Nische zu besetzen, die auf dem afrikanischen Festland den Spechten vorbehalten ist.

1. (gegenüber) Eine Sifaka-Familie ruht sich auf einem Baum aus. Sifakas sind tagaktiv und gehören zu den größten Lemuren.

2. Kattas sind die geselligsten Lemuren und leben in Gruppen von bis zu 30 Tieren. Sie sind tagaktiv und verbringen, im Gegensatz zu den meisten anderen Arten, die meiste Zeit am Boden.

3. (nächste Seite) Der Weißkopfmaki ist einer der vielen Unterarten des Braunen Maki. Braune Makis sind kathemeral, also tag- und nachtaktiv.

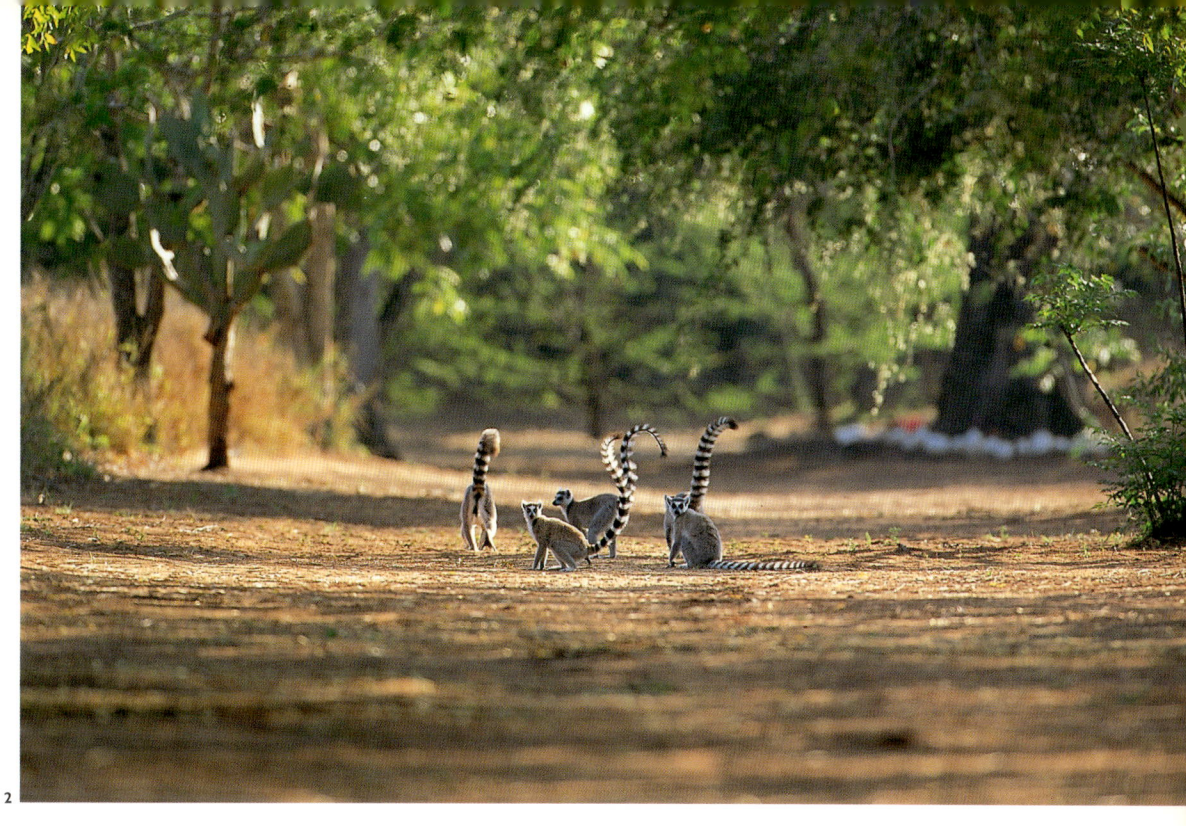

Doch es gibt auch allerlei verblüffende Unterschiede zu den Affen: Lemurengruppen bestehen immer aus gleich vielen Männchen und Weibchen, wobei die Weibchen meistens das Sagen haben. Bei den Affen gibt es in einer Gruppe dagegen doppelt so viele Weibchen wie Männchen, die sich den Männchen jedoch unterordnen. Während Lemurenmännchen und -weibchen etwa gleich groß sind, sind Affenmännchen oft doppelt so groß wie die Weibchen. Schließlich sind die Lemurengruppen mit durchschnittlich 20 Tieren wesentlicher kleiner. Affengruppen können bis zu 100 Tieren zählen. Das wirft die folgende Frage auf: Warum gibt es diese Unterschiede, wenn die Halbaffen doch im Laufe ihrer Entwicklung dieselbe Nische besetzten wie die Affen in Afrika?

Artensterben als gute Gelegenheit

Beantworten lässt sich diese Frage mit dem folgenden Umstand: Zum einen gab es auf Madagaskar vor über 2000 Jahren wesentlich mehr Lemurenarten und zum anderen eine weit größere Anzahl von großen, tagaktiven Greifvögeln. Die Konkurrenz der riesenhaften Vertreter schränkte den Lebensraum der Urahnen der Kattas und Sifakas ein. Zudem war das Risiko, tagsüber von den großen Greifvögeln erbeutet zu werden, sehr groß, so dass die kleineren Lemuren im Dunkeln blieben.

Erst mit der Ankunft des Menschen auf Madagaskar und dem darauf folgenden Aussterben der großen Halbaffen und der Greifvögel wurde Platz in der Welt des Tageslichts frei. Sie wagten sich bei Tag heraus und nutzten die frei gewordenen Nahrungsquellen. Doch es gab noch immer Bodenräuber, weshalb sich die Lemuren zu Verteidigungszwecken in Gruppen zusammenschlossen. Die Urahnen von Kattas und Sifakas lebten in Paaren und nahmen wohl den einfachsten Weg zur Bildung einer Gruppe: die Pärchen vereinten ihre Kräfte, womit kleine Gemeinschaften mit gleich vielen Männchen und Weibchen entstanden.

Relikte aus der Vergangenheit

Da der Wechsel zur Tagaktivität und zum Gruppenleben evolutionsgeschichtlich gesehen vor nicht allzu langer Zeit stattfand, entstammt das Sozialverhalten der Lemuren zum Teil noch ihrer Vergangenheit. Die Neigung zur Paarbildung ist dem Verhalten des nachtaktiven Gabelstreifigen Katzenmaki sehr ähnlich. Und die Neigung der Weibchen, Männchen beim Fressen zu übervorteilen, ist sehr typisch für nachtaktive Arten.

Möglicherweise werden Lemuren in einigen tausend Jahren – besser an die Tagaktivität angepasst – ein ganz anderes Verhalten zeigen. Einige Merkmale mögen jedoch bestehen bleiben. Die Belastungen, denen die Weibchen bei der Fortpflanzung durch die unwirtlichen Bedingungen auf Madagaskar ausgesetzt sind, begünstigen ein Weiterbestehen der Dominanz der Weibchen und der kleineren Körpergröße der Männchen und mögen dafür sorgen, dass Lemurengemeinschaften in der Welt der Primaten einzigartig bleiben. Im Augenblick wissen wir nicht, was geschehen wird – es ist ein weiteres ökologisches Geheimnis Madagaskars. Am wichtigsten ist jedoch, dass die Lemuren überhaupt überleben.

2.4 DIE LETZTE ZUFLUCHT DER LEMUREN

BEDROHTES LEBEN

In den letzten 40 Jahren ist die Regenwaldfläche auf Madagaskar enorm geschrumpft. 1950 waren 12,5 Prozent der Insel von Wald bedeckt. 1990 waren es gerade noch 2,8 Prozent. 23 Prozent davon wurden als Naturreservate ausgezeichnet, was jedoch leider nicht unbedingt bedeutet, dass sie geschützt bleiben. Das Andranomena-Reservat im Westen der Insel ist nicht einmal mehr halb so groß wie 1950. Der Flächenbedarf der rasch wachsenden Bevölkerung Madagaskars für die Landwirtschaft und das Abholzen von Bäumen zur Nutzung als Feuerholz, das weltweit für 80 Prozent des Verschwindens von Regenwald verantwortlich ist, sind die Hauptgründe für die Entwaldung auf Madagaskar.

Das Hochland von Madagaskar wurde fast völlig entwaldet, heute leben dort kaum noch Halbaffen. Nur ein paar tausend Jahre ist es her, dass man im Hochland jede Lemurenart finden konnte. Heute leben Lemuren nur noch in den Wäldern an der Ost- und Westküste, doch auch sie sind gefährdet. Da ihr bewaldeter Lebensraum immer mehr zerstückelt wird, wird es für die Tiere schwerer, zwischen den voneinander getrennten Waldgebieten hin- und herzuwandern, um dort Nahrung und Paarungspartner zu finden. Die Situation ist so dramatisch, dass dem Schutz der verbleibenden Wälder auf Madagaskar zum Erhalt der Primaten ohne jeden Zweifel die höchste Priorität zukommt. Fast alle Primaten auf Madagaskar sind bedroht, einschließlich des Fingertiers, des Indris, des Varis und des Büschelohrigen Katzenmakis. Einige Arten und Unterarten stehen am Rande der Auslöschung, wie der Große Halbmaki und der Diademsifaka. Wenn nichts unternommen wird, werden in hundert Jahren gar keine Lemuren mehr dort leben.

Hoffnung auf Überleben

Wie sehr eine Lemurenart von der Ausrottung bedroht ist, hängt von ihrer Lebensweise ab. Echte Lemuren ernähren sich von einem breiten Nahrungsspektrum, sie können tag- und nachtaktiv sein und viele verschiedene Lebensräume besetzen. Diese Flexibilität kann ihnen beim Überleben helfen, vorausgesetzt, ihre bewaldeten Lebensräume behalten eine gewisse Mindestgröße bei.

Wieselmakis haben, obwohl sie weniger flexibel als echte Lemuren sind, auch eine reelle Überlebenschance, da ihre Nahrungsquelle, Blätter, unabhängig von den Jahreszeiten wächst. Es sind die sehr spezialisierten

★ Mongozmakis passen ihre Aktivität dem Wetter an. Wenn es trocken ist, sind sie nachtaktiv, bei kaltem und regnerischem Wetter tagaktiv.

NATÜRLICHE VEGETATION AUF MADAGASKAR

- Baumsavanne und Steppe
- Strauchwüste
- Dornbuschsavanne
- Regenwald
- Trockener Laubwald
- Bergwald

1. Wie die Karte zeigt, ist der Wald im Westen und Süden Madagaskars trockener und dorniger als der im Osten. Das Hochland wurde zum Großteil entwaldet.

2. (gegenüber) Der Diademsifaka ist durch die Zerstörung seines Lebensraums und die Jagd sehr gefährdet. Seine Situation wird noch dadurch verschlimmert, dass man ihn kaum in Gefangenschaft halten kann.

2.4 DIE LETZTE ZUFLUCHT DER LEMUREN

Arten, die als erste verschwinden werden.

Halbmakis gedeihen beispielsweise nur in bestimmten Abschnitten der Feuchtwälder Madagaskars. Der Verlust dieses ohnehin eingeschränkten Gebietes wird die Art binnen kurzer Zeit aussterben lassen.

Die Lemuren, die in der Nähe der Ostküste leben, sind am gefährdetsten. Dort wurden die Wälder auf eine Reihe schmaler Inseln reduziert, gerade groß genug, um lebensfähige Populationen zu erhalten. Sifakas und Indris leiden am meisten – nicht nur, dass ihr Lebensraum schrumpft, man jagt sie auch als Fleischlieferanten. Der Schutz ihres natürlichen Lebensraums ist der einzig sichere Weg, sie nicht für immer zu verlieren, da man sie nicht in Gefangenschaft halten kann. Leider gibt es keine einfachen Lösungen für die Naturschutzprobleme Madagaskars. Die wachsende Bevölkerung braucht Platz und Ressourcen, und das geht auf Kosten natürlicher Lebensräume. Wir können nur hoffen, dass es für die Halbaffen Madagaskars noch nicht zu spät ist und dass gemeinsame Anstrengungen wenigstens einige Lemurenarten für zukünftige Generationen retten können.

1. Das Hochland von Madagaskar. Diese Region hat unter der Zerstörung natürlicher Lebensräume am meisten gelitten. Heute findet man hier keine Lemuren mehr.

2. Ein Pärchen Kronenmakis auf erodiertem Kalkstein, wie er in ihrem Lebensraum vorkommen kann. Diese Art trifft man auf der Nordspitze Madagaskars an, wo sie in Trockenwäldern, aber auch in feuchteren Bergwäldern vorkommt.

2.5 FAMILIENPORTRÄTS: HALBAFFEN

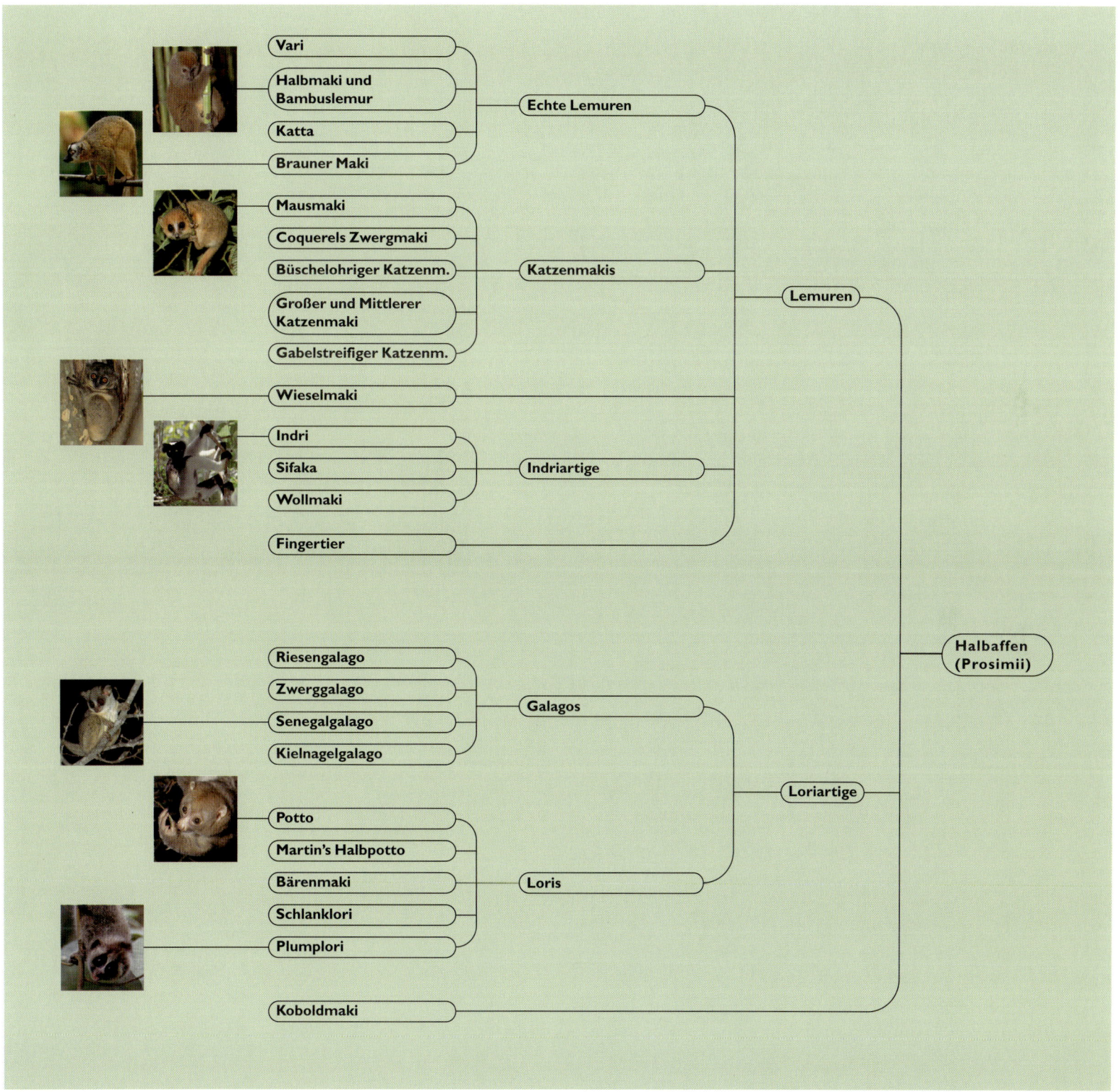

2 DIE HALBAFFEN

2.5 INDRI

Indris sind große tagaktive Lemuren und hoch spezialisierte Springer und Klammerer im Wald. Sie leben in den bergigen Regenwäldern an der Ostküste Madagaskars. Indris fressen Früchte und Blätter, dabei variiert deren jeweiliger Anteil an der Nahrung je nach Jahreszeit. Sie haben sehr lange Beine und Füße, jedoch – anders als Galagos und andere Arten, die sich auf diese Weise fortbewegen – keinen langen Schwanz.

Indris leben in kleinen Familien, bestehend aus Männchen, Weibchen und deren Nachwuchs. Sie besetzen ausgedehnte Reviere, die sie vehement gegen andere verteidigen. Zu diesem Zweck geben sie frühmorgens sehr laute, klagende Rufe von sich. Das zeigt anderen Indri-Gruppen, wo sie sich befinden, und eine Gruppe nach der anderen antwortet auf die Rufe. Die Weibchen dominieren die Männchen, besonders wenn es um Nahrung geht. Sie können die Männchen gewaltsam bei der Wahl eines Futterplatzes verdrängen, indem sie sie beißen und treten. Noch nie wurde ein Männchen dabei beobachtet, wie es sich gegen einen solchen Angriff wehrt.

Der Indri sieht wie ein erstaunter Teddy aus. Er lebt in kleinen Familien und verteidigt sein Revier durch laute, klagende Rufe.

ZUM THEMA

Düfte und Laute 2.2
Reviergesänge, S. 70

Die letzte Zuflucht der Lemuren 2.4
Lemurenvielfalt, S. 84
Bedrohtes Leben, S. 90

VERBREITUNG

Indris findet man nur auf Madagaskar. Sie gehören zu den größten Lemuren.

FAKTEN

Verbreitung	Madagaskar (Regenwälder an der Ostküste)
Arten	Indri (*Indri indri*)
Körpergewicht Männchen: 5,8 kg	Weibchen: 6,8 kg
Aktivitätsmuster	Baumbewohner; tagaktiv
Lebensraum	Regenwald
Fortpflanzung	erster Wurf mit vier bis sieben Jahren, dann alle zwei bis drei Jahre; ein Junges pro Wurf
Gruppengröße	2 (plus Junges)
Gruppentyp	Monogame Familien
Max. Alter	Unbekannt
Schutzbedürftigkeit	Gefährdet durch Zerstörung des Lebensraumes in kleine, voneinander getrennte Gebiete

2.5 WIESELMAKIS

Wieselmakis fressen Blätter und oft die eigenen Fäkalien, um dem Futter möglichst alle Nährstoffe zu entziehen.

Der Wieselmaki ist ein graubraunes Tier, das man überall in den Wäldern auf Madagaskar findet. Es gibt verschiedene Arten des Wieselmakis, auch wenn Experten sich immer noch nicht über ihre genaue Anzahl einigen können. Man nimmt bis zu sieben unterschiedliche Arten auf der Grundlage ihrer Chromosomenanzahl an (diese unterscheiden sich je nach Population des Wieselmakis). Wieselmakis zeichnen sich dadurch aus, dass sich in ihrem Oberkiefer keine Schneidezähne befinden. Außerdem haben sie ein sehr großes Caecum (einen Blindsack, der im unteren Dickdarm entdeckt wurde); er beherbergt Bakterien, die dabei helfen, die Blätter zu verdauen. Um dem Futter möglichst viele Nährstoffe zu entziehen, fressen Wieselmakis bisweilen ihren Kot (wie auch Hasen), so dass sie das Ganze zweimal verdauen können.

FAKTEN

Verbreitung	Madagaskar
Arten	Großer Wieselmaki (*Lepilemur mustelinus*) Rotschwanz-Wieselmaki (*Lepilemur ruficaudatus*) Nosy Be-Wieselmaki (*Lepilemur dorsalis*) Weißfuß-Wieselmaki (*Lepilemur leucopus*) Kleinzahn-Wieselmaki (*Lepilemur microdon*) Edward's Wieselmaki (*Lepilemur edwardsi*) Nördlicher Wieselmaki (*Lepilemur septentrionalis*)
Körpergewicht	Weibchen: 550 bis 935 g Männchen: 550 bis 910 g
Aktivitätsmuster	Baumbewohner; nachtaktiv
Lebensraum	Alle Wälder auf Madagaskar
Fortpflanzung	erster Wurf mit 21 Monaten; ein Junges pro Wurf
Gruppengröße	1 (plus Junges)
Gruppentyp	Einzelgänger. Reviere von Männchen und Weibchen überlappen sich
Max. Alter	Unbekannt
Schutzbedürftigkeit	Gefährdet durch Zerstörung des Lebensraumes

VERBREITUNG

Wieselmakis kommen nur auf Madagaskar vor. Die verschiedenen Arten werden auch durch die Anzahl ihrer jeweiligen Chromosomen unterschieden.

ZUM THEMA

1.3 Primaten heute
Einteilung der Primaten, S. 37

2.4 Die letzte Zuflucht der Lemuren
Lemurenvielfalt, S. 84
Bedrohtes Leben, S. 90

2.5 MAUSMAKIS

Mausmakis gehören zu den kleinsten Primaten. Die kleinste Art, der Zwergmausmaki, wurde erst 1994 entdeckt und wiegt gerade mal 30 Gramm. Wie ihr Name schon sagt, ähneln Mausmakis mit ihren großen, dünnhäutigen Ohren, einer spitzen Schnauze und einem langen Schwanz den Mäusen. Ihre Hände weisen jedoch sehr menschenähnliche Proportionen auf und belegen ihre Primaten-Zugehörigkeit.

Mausmakis leben nur auf Madagaskar. Sie ernähren sich hauptsächlich von Insekten, können aber auch Früchte, Blüten, Knospen und Blätter fressen. Sie können während der dürren Trockenzeit Winterschlaf halten und speichern als Energiereserve für diese Zeit Fett in ihren Schwänzen. Die Schwänze wachsen bis auf das Vierfache ihres Volumens an und erhöhen ihr Gesamtgewicht auf 50 bis 80 Gramm.

Mausmakis haben ihre Fortpflanzung stark an saisonale Bedingungen angepasst. Die Weibchen sind nur einen Tag am Ende der Trockenzeit paarungsbereit. Sie werfen zu Beginn der Regenzeit, wenn es ausreichend Nahrung gibt. Wie Galagos lassen Mausmaki-Weibchen ihren Nachwuchs im Nest, wenn sie auf Nahrungssuche gehen.

Mausmakis sehen Nagetieren recht ähnlich und sind eher ungewöhnliche Primaten, da sie einen Winterschlaf halten, der bis zu fünf Monaten dauern kann.

ZUM THEMA

Was ist ein Primat? 1.1
Ein ganz gewöhnliches Säugetier, S. 14
Ernährung und Verbreitung, S. 22

Geschöpfe der Nacht 2.1
Leben im Dunkel, S. 54
Fortbewegungsarten, S. 54
Erst einmal ausschlafen, S. 59

Die letzte Zuflucht der Lemuren 2.4
Ein ungelöstes Rätsel, S. 83

VERBREITUNG

Der Zwergmausmaki ist der kleinste der Lemuren auf Madagaskar und der kleinste Primat überhaupt.

FAKTEN

Verbreitung	Madagaskar
Arten	Grauer Mausmaki (*Microcebus murinus*) Brauner Mausmaki (*Microcebus rufus*) Zwergmausmaki (*Microcebus berthae*)
Körpergewicht	Weibchen: 30 bis 65 g Männchen: 30 bis 60 g
Aktivitätsmuster	Nachtaktiv; Baumbewohner, der jedoch gelegentlich auf dem Boden nach Insekten sucht
Lebensraum	Am häufigsten in Sekundärwald. Auch entdeckt im Unterholz und unteren Bereich aller Waldarten, einschließlich kultivierter Gebiete
Fortpflanzung	Erster Wurf mit acht bis zwölf Monaten, dann alle zwölf Monate; zwei bis drei Junge pro Wurf
Gruppengröße	Die Tier sind alleine und gelegentlich mit ihren Jungen unterwegs
Gruppentyp	Einzelgänger. Die Reviere von Männchen und Weibchen überlappen sich. Weibchen teilen sich manchmal einen Schlafplatz
Max. Alter	15,5 Jahre
Schutzbedürftigkeit	Scheint gefährdet zu sein

2.5 HALBMAKIS

Halbmakis sind spezialisierte Bambusfresser. Die drei Arten haben sich alle auf verschiedene Pflanzenteile verlegt.

Halbmakis sind auf das Leben in Bambuswäldern spezialisiert. Sie sind eine besondere Lemurengattung und umfassen drei Arten – eine kleine (der Graue Halbmaki) und zwei größere (der Große Halbmaki und der Goldene Bambuslemur).

Alle drei Arten ernähren sich fast ausschließlich von Bambustrieben und -blättern, doch hat sich jede auf einen anderen Pflanzenteil verlegt. Der Graue Halbmaki frisst die neuen Bambustriebe, der Große Halbmaki das Mark des reifen Bambus und der Goldene Bambuslemur die wachsenden Triebe einer besonderen zyanidhaltigen Bambusart. Alle drei Arten leben nach einem ähnlichen Muster: Sie sind tagaktiv und bewegen sich springend und an Ästen klammernd durch ihren Lebensraum. Sie leben in kleinen Familien, die aus einem Männchen, einem Weibchen und ihrem Nachwuchs bestehen (obwohl in Familien des Großen Halbmakis oft mehr als ein säugendes Weibchen lebt).

FAKTEN

Verbreitung	Madagaskar, in einem begrenzten Gebiet des südöstlichen Regenwaldes
Arten	Grauer Halbmaki (*Hapalemur griseus*) Großer Halbmaki (*Hapalemur simus*) Goldener Bambuslemur (*Hapalemur aureus*)
Körpergewicht	Weibchen: 670 bis 1400 g Männchen: 750 bis 2200 g
Aktivitätsmuster	Baumbewohner; dämmerungsaktiv
Lebensraum	Bambusbestände in Wäldern
Fortpflanzung	Ein Junges pro Wurf
Gruppengröße	3 bis 6
Gruppentyp	Kleinfamilien
Max. Alter	12,1 Jahre (Grauer Halbmaki)
Schutzbedürftigkeit	Äußerst selten und am Rande des Aussterbens; absolute Populationsgröße höchstens einige Hundert

VERBREITUNG

Halbmakis haben einen begrenzten Lebensraum auf Madagaskar. Man findet sie nur in Bambusbeständen innerhalb von Waldgebieten.

ZUM THEMA

2.2 Düfte und Laute
Duftdrüsen, S. 63

2.4 Die letzte Zuflucht der Lemuren
Lemurenvielfalt, S. 84
Bedrohtes Leben, S. 90

2.5 BRAUNER MAKI

Braune Makis sind katzengroße Primaten, die ausschließlich auf Madagaskar vorkommen. Sie sind Baumbewohner und ernähren sich von Blättern, Früchten und Blüten. Diese Makis sind sowohl tag- als auch nachtaktiv, also kathemeral. Sie leben in kleinen Gruppen von sieben bis zwölf Tieren mit einer annähernd gleichen Zahl von Männchen und Weibchen, wobei kein Geschlecht über das andere dominiert.

Der Braune Maki ist ringförmig entlang der Küstengebiete Madagaskars verbreitet. Es gibt verschiedene Unterarten mit einer unterschiedlichen Zahl an Chromosomen, aber alle können untereinander Nachwuchs zeugen. Bei vielen Unterarten weichen Männchen und Weibchen farblich stark voneinander ab, wobei die Weibchen hellere Farben aufweisen.

Man unterscheidet bei dem Braunen Maki eine Reihe von Unterarten. Viele von ihnen weisen einen geschlechtlich bedingten Dichromatismus auf, das heißt, dass Männchen und Weibchen auffallende Farbunterschiede zeigen.

ZUM THEMA

Düfte und Laute 2.2
Warnsignale, S. 68

Die letzte Zuflucht der Lemuren 2.4
Ein ungelöstes Rätsel, S. 83

VERBREITUNG

Es gibt eine Reihe von Unterarten des Braunen Maki auf Madagaskar. Ihr Lebensraum bildet einen Ring um die Insel.

FAKTEN

Verbreitung	Madagaskar
Arten	Brauner Maki (*Eulemur fulvus*)
Körpergewicht	Weibchen: 2,25 kg Männchen: 2,18 kg
Aktivitätsmuster	Baumbewohner; kathemeral (tag- und nachtaktiv)
Lebensraum	Regenwald
Fortpflanzung	Erster Wurf mit 20 bis 24 Monaten, dann alle zwölf Monate; ein Junges pro Wurf
Gruppengröße	ca. 9
Gruppentyp	Gemischte Gruppen mit ausgeglichenem Verhältnis von Weibchen und Männchen
Max. Alter	30,8 Jahre
Schutzbedürftigkeit	Scheint gefährdet zu sein (Anzahl der Populationen ungewiss, aber besorgniserregend)

2.5 GALAGOS

Der Senegalgalago ist ein kleiner, beweglicher Primat, der große Sprünge durch das Blätterwerk machen kann. Er hat lange, starke Beine und sehr lange Fußknöchel.

Die Galagos sind eine mannigfaltige Gruppe von Halbaffen. Die genaue Artenzahl der Gattung Galago ist immer noch umstritten. Galagos leben auf dem afrikanischen Festland. Sie bewegen sich klammernd und springend schnell voran, wobei ihnen ihre langen Beine und Fußknöckel weite Sprünge durch das Blätterwerk ermöglichen. Sie ernähren sich von Insekten, Früchten und Baumsäften.

Die Zahl der Jungen kann innerhalb einer Galago-Art erheblich voneinander abweichen. Der Südafrikanische Galago (*Galago moholi*) kann beispielsweise bis zu zwei Zwillingspärchen in einem Jahr gebären, in anderen Jahren dagegen nur ein Junges. Diese Unterschiede ergeben sich aus den schwankenden Umweltbedingungen ihres Lebensraumes. Die raue, unvorhersehbare Natur der Savanne zwingt den *Galago moholi*, seine Fortpflanzung den Hochs und Tiefs anzupassen: viel Nachwuchs, wenn die Bedingungen günstig sind, und wenig oder keinen, wenn sie schlecht sind.

FAKTEN

Verbreitung	Afrika, südlich der Sahara
Arten	Senegalgalago (*Galago senegalensis*) Somaligalago (*Galago gallarum*) Südafrikanischer Galago (*Galago moholi*)
Körpergewicht	Weibchen: 175 bis 200 g Männchen: 185 bis 225 g
Aktivitätsmuster	Baumbewohner; nachtaktiv
Lebensraum	Wälder, Savannen, offene Waldlandschaften und isolierte Dickichte
Fortpflanzung	Erster Wurf mit neun bis zwölf Monaten, dann generell alle acht Monate; je nach Art ein bis zwei Junge pro Wurf
Gruppengröße	1 (mit Nachwuchs)
Gruppentyp	Einzelgänger, manchmal mit Nachwuchs
Max. Alter	16 Jahre
Schutzbedürftigkeit	Zur Zeit nicht gefährdet, aber durch Zerstörung des Lebensraumes bedroht

VERBREITUNG

Galagos leben überall in Afrika südlich der Sahara. Ausnahme sind die Regenwälder.

ZUM THEMA

2.1 Geschöpfe der Nacht
Leben im Dunkel, S. 54
Galago-Gemeinschaften, S. 58
Konkurrenzkampf, S. 58

2.2 Düfte und Laute
Wenn ich dich rufe, S. 70

2.3 Weibchen an der Macht
Babies „parken", S. 74

2.5 POTTO

Der Potto zählt zu den Loris und ist der größte und am weitesten verbreitete der afrikanischen Lori. Man findet ihn von Liberia im Westen Afrikas bis nach Kenia im Osten. Pottos leben im Blätterdach primärer und sekundärer Wälder und bevorzugen aufgrund ihrer relativen Größe stabile Zweige. Der Potto hat sehr ungewöhnliche Hände: Im Gegensatz zu anderen Primaten ist der Daumen des Potto so verdreht, dass er den restlichen Fingern gegenübersteht. Der Zeigefinger ist zu einem kleinen knöchernen Geschwulst verkümmert. Das gibt der Hand eine große Spannweite und einen festen Griff.

Vor der Paarung werben Pottos sehr heftig umeinander. Neben der gegenseitigen Fellpflege „ringen" Potto-Pärchen miteinander. Dieses spielerische Ringen dient dazu, Absonderungen der Duftdrüsen am Anus auszutauschen. Dem Werben folgt fast immer die Paarung, die oft mit den Füßen von Ästen hängend vollzogen wird.

Pottos sind träge Halbaffen, die jedoch während der Paarungszeit sehr aktiv werden können. Bei der Paarung hängen sie kopfüber von Bäumen herunter.

ZUM THEMA

Primaten heute 1.3
Halbaffen, S. 37

Geschöpfe der Nacht 2.1
Allein unterwegs, S. 54
Auf der Hut sein, S. 55
Träge Einzelgänger, S. 58
Erst einmal ausschlafen, S. 59

Düfte und Laute 2.2
Urinmarken, S. 64

Weibchen an der Macht 2.3
Mehr Junge, weniger Fürsorge, S. 73

VERBREITUNG

Der Potto ist von West- bis Ostafrika verbreitet.

FAKTEN

Verbreitung	West- und Zentralafrika, Guinea bis Westkenia
Arten	Potto (*Perodictus potto*)
Körpergewicht	Weibchen: 835 g Männchen: 830 g
Aktivitätsmuster	Baumbewohner; nachtaktiv
Lebensraum	Primärer und sekundärer tropischer Regenwald
Fortpflanzung	Erster Wurf mit 18 Monaten, dann alle zwölf Monate; ein Junges pro Wurf
Gruppengröße	1 (mit Nachwuchs)
Gruppentyp	Einzelgänger. Die Reviere von Männchen und Weibchen überlappen sich
Max. Alter	10 Jahre
Schutzbedürftigkeit	Wird wahrscheinlich durch die Zerstörung der Lebensräume bedroht

2.5 PLUMPLORIS

Plumploris sind nachtaktive Halbaffen. Sie sind in jeder Hinsicht langsam, sogar ihr Stoffwechsel ist um 40 Prozent geringer als bei anderen Tieren vergleichbarer Größe.

Plumploris sind träge Primaten, die sich durch Tarnung vor Räubern schützen. Sie sind in Südostasien verbreitet. Loris gehen allein auf Nahrungssuche und kommunizieren hauptsächlich über Düfte. Die Reviere der Männchen sind größer als die der Weibchen und überlappen sich meist. Wenn Lori-Mütter auf Nahrungssuche gehen, „parken" sie ihre Babies an einem Zweig und kehren später zu ihnen zurück. Loris bauen keine Nester und schlafen tagsüber zusammengerollt auf Zweigen. Sie haben nur ein Junges pro Wurf.

Plumploris sind größer und stämmiger als Schlankloris. Sie sind nur nachtaktiv und ernähren sich hauptsächlich von Früchten und Baumsäfte. n Plumploris haben – gemessen an ihrem Körpergewicht – einen sehr langsamen Stoffwechsel. Er liegt 40 Prozent unter dem, was man bei einem Tier ihrer Größe erwarten würde.

FAKTEN

Verbreitung	Südostasien
Arten	Plumplori (*Nycticebus coucang*) Zwergplumplori (*Nycticebus pygmaeus*)
Körpergewicht	Weibchen: 630 bis 1100 g Männchen: 680 bis 1300 g
Aktivitätsmuster	Baumbewohner; nachtaktiv
Lebensraum	Geschlossenes Blätterdach oder Unterholz von primären und sekundären Regenwäldern und Laubwäldern. Bevorzugt dichte Vegetation
Fortpflanzung	Ein Wurf alle zwölf Monate; ein Junges pro Wurf
Gruppengröße	1 (manchmal mit Nachwuchs)
Gruppentyp	Einzelgänger. Reviere der Männchen und Weibchen überschneiden sich
Max. Alter	14,5 Jahre
Schutzbedürftigkeit	Zur Zeit nicht gefährdet, aber durch Zerstörung des Lebensraumes bedroht; selbst geringe Abholzung wirkt sich nachteilig aus

VERBREITUNG

Der Plumplori ist einer der beiden asiatischen Lorigattungen. Loris haben das größte Verbreitungsgebiet aller Halbaffenarten.

ZUM THEMA

1.3 Primaten heute
Halbaffen, S. 37

2.1 Geschöpfe der Nacht
Allein unterwegs, S. 51
Träge Einzelgänger, S. 58

2.2 Düfte und Laute
Urinmarken, S. 64

2.3 Weibchen an der Macht
Babies „parken", S. 74

3

DIE AFFEN

3.1 LEBENSWEISEN DER AFFEN — 104
Durch ihre tagaktive Lebensweise und dadurch, dass sie auch die Neue Welt erreichten, konnten Affen eine größere Zahl von Lebensformen entwickeln als die Halbaffen.

EXTRA: Meerkatzen – von Natur aus verschieden

3.2 LEBEN IN DER GRUPPE — 120
Typisch für Affen ist ihre große Geselligkeit, doch ist das Gleichgewicht von Harmonie und Feindseligkeit durch die Konkurrenz um Nahrung und Fortpflanzungspartner äußerst zerbrechlich.

EXTRA: Freunde und Feinde

3.3 DAS PAARUNGSSPIEL — 134
Unterschiedliche Ziele: Affenmännchen wollen sich mit möglichst vielen Weibchen paaren, während die Weibchen auf das Überleben ihres Nachwuchses bedacht sind.

EXTRA: Sexualschwellungen

3.4 EINE EINZIGARTIGE INTELLIGENZ — 148
Affen besitzen ein großes Gehirn, doch setzen sie ihre Intelligenz weniger zu intelektuellen Kapriolen ein als vielmehr, um die täglichen Probleme innerhalb der Gruppe zu lösen.

EXTRA: Felddiebe und Erntehelfer

3.5 FAMILIENPORTRÄTS: AFFEN — 159
Einige Affenfamilien und -arten unter der Lupe

Einteilung der Affen • Marmosetten • Tamarine • Kapuzineraffen • Springaffen • Uakari • Brüllaffen • Klammeraffen • Grüne Meerkatze • Rhesusaffe • Mandrill • Paviane • Dschelada • Mantelaffen • Nasenaffe

3.1 LEBENSWEISEN DER AFFEN

Der Wechsel zur Tagaktivität eröffnete den Primaten eine Vielzahl ökologischer Möglichkeiten. Befreit von den Beschränkungen der nächtlichen Welt, konnten sich die Affen nicht nur in tropischen Wäldern, sondern auch in den Savannen, Wüsten und Hochebenen ausbreiten. Zudem wuchs die Auswahl an Nahrungsquellen, von Baumsäften über Früchte bis hin zu Gras. Tagsüber ausreichend Nahrung zu finden ist auch wesentlich einfacher als in der Nacht, wo schlechte Sicht und die Abhängigkeit von der eigenen Nase die Auswahl an Nahrung eher beschränken. So verließen sich Affen im Gegensatz zu den Halbaffen zunehmend auf ihren Sehsinn – er wurde schärfer und das Farbensehen ausgeprägter. Mit ihrer verbesserten Sehfähigkeit können sich Affen die reifsten Früchte und zartesten Blättchen herauspicken und immer nach Gefahren Ausschau halten.

(vorhergehende Seite) Die weit verbreiteten Hanumanlanguren werden in Indien als heilig verehrt.

NEUWELTAFFEN

Wie anpassungsfähig Affen sind, zeigt sich an ihrer weiten Verbreitung in der Alten Welt Afrikas und Asiens sowie der Neuen Welt in Südamerika. Altwelt- und Neuweltaffen unterscheiden sich in bestimmten Dingen, beide jedoch legen eine erstaunliche Vielfalt an Lebensweisen an den Tag.

Die Neuweltaffen Süd- und Mittelamerikas kennt man als *Platyrrhini* (▷ S. 39), das bedeutet „breitnasig". Die Nasenlöcher dieser Affen sind groß und weisen seitlich nach außen im Gegensatz zu den schmalen, nach unten weisenden Nasenlöchern der *Catarrhini* (Altweltaffen und Menschenaffen), die in Afrika und Asien leben. Neuweltaffen unterscheiden sich von ihren Verwandten aus der Alten Welt auch durch ihren Greifschwanz, der wie eine fünfte Hand funktioniert. Die Affen der Neuen Welt sind Waldbewohner und zeigen innerhalb dieses Habitats eine außergewöhnliche Vielfalt, während Altweltaffen noch weitere Lebensräume erobert haben.

Was Lebensweise und Verhalten angeht, kann man die Neuweltaffen in zwei Hauptgruppen unterteilen: Zum einen die Marmosetten und Tamarine, kleine, beinahe vogelhafte Tiere, die eilig die Zweige entlang flitzen und sich dabei gegenseitig zuzwitschern und -trillern. Die zweite Gruppe besteht aus größeren Affen, die in Aussehen und Verhalten eine größere Vielfalt zeigen als die Marmosetten und Tamarine. Einige von ihnen sind Fruchtesser, andere ernähren sich hauptsächlich von Blättern oder Samen.

1. Klammeraffen benutzen ihren Greifschwanz als fünfte Hand, um an sonst unerreichbare Dinge zu gelangen.

⭐ **Stummelaffen besitzen keinen Daumen. Ihr Name stammt von dem griechischen „kolobos", was „abgeschnitten" bedeutet.**

Marmosetten und Tamarine

Diese kleinen, eichhörnchengroßen Affen haben feines, seidiges Fell und sind mit erstaunlichen Bärten, Mähnen, Haarschöpfen und -büschen ausstaffiert. Sie sind die einzigen Affen mit Krallen statt Nägeln (außer an ihren großen Zehen).

Mit Hilfe der Krallen können sie an den riesigen Baumstämmen hoch- und runterlaufen. Marmosetten sind spezialisierte Baumsaftesser; mit ihren Zähnen beißen sie Löcher in die Baumrinde und bringen so den Saft zum Fließen. Haben sie ein paar Minuten an einem Loch geschleckt, markieren sie es oft mit Duft oder Urin, um andere Marmosetten davon fern zu halten. Sie ernähren sich weiterhin von Früchten, Nektar, Blüten und kleinen Tieren wie Schnecken, Eidechsen und Fröschen.

Tamarine fressen ebenfalls Früchte, Nektar und kleine Tiere, sind aber nicht auf Baumsäfte spezialisiert.

Marmosetten und Tamarine leben in unterschiedlichsten Waldformen. Man findet sie im unberührten Regenwald, in Trockenwäldern, in denen die Bäume sechs Monate im Jahr kahl sind, und in Waldflecken der Savannenregion Amazoniens. Die Spezialisierung auf Baumsäfte schränkt die Artenvielfalt innerhalb eines Habitats ein: Immer nur eine Art Marmosetten bewohnt ein Gebiet.

Im Gegensatz dazu teilen sich verschiedene Tamarinarten oft einen Lebensraum und schließen sich bisweilen sogar zusammen, um ihn gemeinsam zu verteidigen. Gemischte Gruppen teilen ein gemeinsames Revier, streifen darin umher und halten über Rufe Kontakt miteinander.

Auf diese Weise ein Gebiet miteinander zu teilen senkt das Risiko, einem Raubtier zum Opfer zu fallen. Auch die Nahrungsbeschaffung wird einfacher. Beide Arten fressen auf Bäumen und an Kletterpflanzen, wo die

1. (gegenüber) Marmosetten sind kleine Affen aus Südamerika. Mit ihren Krallen finden sie an der Baumrinde sicheren Halt.

Nachtaffen sind als einzige Affenart nachtaktiv.

 LEBEN IN DER NACHT

Der Nachtaffe aus Südamerika ist der einzige nachtaktive Affe. Er frisst Früchte, Insekten sowie Blätter und lebt in Familien, bestehend aus einem Pärchen und seinem Nachwuchs. Wie andere nachtaktive Tiere haben Nachtaffen sehr große Augen, um im Dunkeln sehen zu können. Doch anders als die nachtaktiven Halbaffen können sie auch Farben sehen und besitzen kein Tapetum (▷ S. 52). Diese merkwürdige Mischung von Eigenheiten lässt vermuten, dass die Nachtaffen sekundär wieder nachtaktiv wurden. Auslöser war wahrscheinlich die Flucht vor Greifvögeln, wie Habichten und Adlern, für die die kleinen Nachtaffen eine leichte Beute darstellten. Nachtaffen sind nicht vollständig an das nachtaktive Leben angepasst. Am aktivsten sind sie bei Vollmond, wenn sie in seinem hellen Licht in ihrem Gebiet umherstreifen können. Sind die Nächte klar und hell, patrouillieren erwachsene Männchen entlang der Reviergrenzen und tun mit einer Lautfolge von leisen, heulenden Rufen kund, dass hier ihr Gebiet ist.

3.1 LEBENSWEISEN DER AFFEN

1. Klammeraffen mögen Früchte. Sie leben in ausgedehnten Gebieten und offenen Gruppen ähnlich wie die Schimpansen.

2. Die langsamen und schweren Brüllaffen fressen am liebsten Blätter. Die meiste Zeit sitzen sie herum und verdauen.

Früchte nach und nach über Wochen reifen. Die beste Art, an Nahrung zu kommen, ist die, alle paar Tage bei den Pflanzen vorbeizuschauen und ihre reifen Früchte zu fressen. Wartet man ein paar Tage, kann wieder ein Schwung heranreifen. Da sie an denselben Stellen fressen, wissen beide Arten genau, wann welche Pflanze trägt, und vermeiden überflüssige Wege dorthin, wo rivalisierende Tamarine bereits geerntet haben.

Große und kleine Fruchtfresser

Süd- und Mittelamerika ist Heimat verschiedener Fruchtfresser. Zunächst sind da die Kapuzineraffen, robuste, stämmige Affen, die rasch von Ast zu Ast hüpfen. Sie gehören zu den intelligentesten Affen mit einem weit größeren Gehirn, als man bei Tieren ihrer Größe vermuten würde. Sie leben hauptsächlich von Früchten, ernähren sich aber auch von Insekten, Schnecken und anderen Kleintieren, da Früchte nur wenig Eiweiß enthalten. Sie sind innovative, aber verschwenderische Esser, die einen Großteil ihrer Nahrung einfach als Abfall liegenlassen, wenn sie zur nächsten Futterstelle unterwegs sind. Einige Kapuzineraffenarten lieben harte Palmfrüchte, die sie gegen Äste und Baumstämme schmettern, um sie zu öffnen und an den essbaren Kern zu gelangen. Kapuzineraffen sind die am wenigsten spezialisierten Neuweltaffen und am weitesten verbreitet. Sie leben in bewaldeten Regionen vom mittelamerikanischen Honduras bis hin zum Südosten Brasiliens.

Totenkopfäffchen sind kleiner und schlanker als Kapuzineraffen. Sie fressen mehr Insekten und besitzen scharfe, eng stehende Zähne, mit denen sie Raupen und Maden von den Blättern und Ästen knabbern. Totenkopfäffchen leben in großen Gruppen von bis zu 40 Tieren, um sich besser verteidigen zu können und um der Konkurrenz anderer Affen standzuhalten. Denn eine solche Gruppe von Totenkopfäffchen ist viel zu groß, als dass selbst größere Affen sie vertreiben könnten.

Andere kleine Fruchtfresser der Neuen Welt sind die Springaffen und Nachtaffen. Anders als die Totenkopfäffchen leben diese Arten in Kleinfamilien und decken ihren Eiweißbedarf eher durch Blätter als Insekten. Nachtaffen gehen Konkurrenz mit anderen Primatenarten durch ihre nachtaktive Lebensweise aus dem Weg.

Klammeraffen sind die größten Neuweltaffen. Sie haben sich ebenfalls auf Früchte spezialisiert und decken ihren Eiweißbedarf wie die Springaffen durch Blätter. Sie besetzen offensichtlich die Nische der Schimpansen im afrikanischen Wald. Wie diese haben Klammeraffen lange Arme und sehr flexible Schultergelenke, so dass sie sich durch den Wald schwingen können. Doch anders als die Schimpansen besitzen sie einen Greifschwanz, der das Gewicht des Tieres halten kann und mit dem sie sich an Ästen festhalten, um an weiter unten hängende Früchte zu gelangen. Wollaffen sind nahe Verwandte der Klammeraffen und ernähren sich ebenfalls hauptsächlich von Früchten.

Blatt- und Samenfresser

Brüllaffen sind die spezialisierten Blattfresser unter den Neuweltaffen. Sie haben ein kräftiges Gebiss und große Backenzähne, um die Blätter sorgfältig zu zermalmen. Außerdem besitzen sie einen riesigen Magen und einen langen Darm, in denen die Blätter teilweise fermentiert werden, um die kargen Nährstoffe so gut wie möglich zu erschließen.

Da sie viel Zeit damit verbringen, ihre Nahrung zu verdauen, sind Brüllaffen weniger aktiv als ihre fruchtfressenden Kollegen. Sie bewegen sich vielleicht 400 Meter an einem Tag und verbringen drei Viertel ihrer Zeit damit, sich auszuruhen. Gelegentlich fressen

Brüllaffen auch Früchte. Diese sind in der Regel weniger reif als die, die andere Affen bevorzugen, und sehr ballaststoffreich wie Feigen und Hülsenfrüchte. Wie alle Neuweltaffen besitzen Brüllaffen einen Greifschwanz, aber sie schwingen daran keineswegs flott durch die Bäume, sondern langsam von Ast zu Ast.

Die samenfressenden Affen – die Sakis und Uakaris – sehen am ungewöhnlichsten aus. Das Gesicht der Sakis ist sehr behaart und maskenähnlich, die Uakaris dagegen haben einen völlig kahlen, hellroten Kopf. Uakaris leben in den regelmäßig überfluteten Wäldern der Flussbecken des Amazonas und Orinoko. Man weiß wenig über ihr Verhalten, doch fressen sie sowohl Früchte und Blätter als auch Samen. Von den Sakis weiß man kaum mehr. Durchschnittlich 60 Prozent ihrer Nahrung besteht aus den Samen unreifer Früchte. Wie viel Samen sie fressen, hängt von der Jahreszeit ab. In der Trockenzeit besteht 80 Prozent ihrer Nahrung aus Samen, das sinkt dann auf nur 10 Prozent in der Regenzeit, wenn sie sich auf Früchte verlegen. Einige Sakis können auch harte Nüsse knacken. Diese Arten besitzen eine sehr kräftige Kiefermuskulatur, starke Eckzähne und einen eingebauten Nussknacker: Eine Lücke zwischen den Eck- und Backenzähnen. Zum Knacken verkeilen sie die Nuss einfach darin und beißen zu.

3. Die kahlen Uakaris leben in den überfluteten Regenwäldern des Amazonas und des Orinoko.

4. Sakis sind spezialisierte Samenfresser. 80 Prozent ihrer Nahrung besteht aus Samen.

5. Es gibt zwei Unterarten des Uakaris, eine mit hellrotem Fell und eine mit weißem.

3.1 LEBENSWEISEN DER AFFEN

 Mantelaffen fressen manchmal Erde, um sich mit Mineralstoffen zu versorgen, an denen es ihnen sonst mangeln würde.

ALTWELTAFFEN

Die Affen Afrikas und Asiens – die Altweltaffen – ernähren sich ganz ähnlich wie die Neuweltarten und leben auch in ähnlichen Gruppen, doch besetzen sie weit mehr Lebensräume. Das hängt vor allem damit zusammen, dass einige dieser Arten sich vom Leben in den Bäumen auf das am Boden verlegt haben.

Schlank- und Stummelaffen

Auch bei den Altweltaffenarten kann man zwischen vorwiegenden Frucht- oder Blattfressern unterscheiden. Die afrikanischen und asiatischen Blattfresser kennt man gemeinhin als Schlankaffen. Wie Brüllaffen besitzen sie einen erweiterten Magen, um die Pflanzenteile zu fermentieren, doch sind die Mägen der Schlankaffen komplexer und stärker als die der Brüllaffen. Schlankaffen haben auch Backenzähne mit scharfen Kanten, die die Blätter in feine Schnitze zerteilen und den Magenbakterien so die Arbeit erleichtern. Die meisten Arten mögen lieber junge als ältere, festere Blätter, und fast alle ergänzen ihre Nahrung noch mit etwas anderem, seien es Blüten, Früchte oder Samen.

In Asien gibt es 28 Schlankaffenarten, in Afrika nur neun. Die asiatischen Arten nennt man oft Languren, und man kann sie anhand der Farben ihres Fells auseinander halten. Man findet sie in einem breiten Streifen, der sich durch Indien, China, Vietnam, Malaysia, Borneo und Java zieht. Die meisten leben in tropischen Wäldern, doch einige, wie die Hanumanlanguren, bewohnen mehrere Lebensräume, einschließlich Stadtzentren.

Die ungewöhnlichsten und auch gefährdetsten aller asiatischen Schlankaffen sind der Nasenaffe auf Borneo, die Stumpfnasenaffen aus China und die Languren Vietnams.

▶ HILFE VON BAKTERIEN

Die blattfressenden Schlank- und Stummelaffen aus Afrika und Asien sind gut dafür ausgerüstet, Blätter zu verdauen, wenn auch längst nicht so beeindruckend wie Rinder mit ihren fünf Mägen. Schlankaffen besitzen einen komplexen Magen mit zwei Gärkammern und einem langen Darm, die ihnen ihr typisches kugelbäuchiges Aussehen verleihen. Die obere Kammer des Magens beherbergt Millionen Bakterien, die Pflanzenteile fermentieren. Diese Bakterien setzen energiereiche Nährstoffe aus den Blättern frei, die ansonsten unverdaut durch den Darm wandern würden. Außerdem machen sie Pflanzengifte, die sich in manchen Samen befinden, unschädlich. Diese Kammer ist völig von der zweiten, säurehaltigen abgetrennt, damit die Bakterien nicht durch die Magensäure verdaut werden. Schlankaffen beschäftigen sich im Vergleich mit anderen Arten weniger mit sozialer Körperpflege und sind, was Rangbeziehungen angeht, eher zurückhaltend. Das hängt teilweise damit zusammen, dass es wenig gibt, um das es sich zu kämpfen lohnt – Blätter gibt es so viele, dass jeder seinen Teil abbekommt –, aber auch damit, dass sie die Energie zum Kampf kaum aufbringen, da es ironischerweise viel Kraft kostet zu verdauen.

1. (gegenüber) Mantelaffen ernähren sich von den Blättern sehr weniger Baumarten. Um sich mit Mineralien zu versorgen, fressen sie auch Erde und Lehm.

1. Eine Gruppe von Roten Stummelaffen auf Sansibar nagt an Kohlestücken. Kohle neutralisiert die Gifte aus ihrer Blätternahrung.

2. Die Goldstumpfnasen aus China sind außergewöhnlich schöne Tiere. Sie leben in den bergigen Nadelwäldern und können Herden aus bis zu 600 Tieren bilden.

3. Rote Stummelaffen sind große, blattfressende Affen, die man von West- bis Ostafrika findet.

Der Name des merkwürdigen Nasenaffen rührt von der riesigen, fleischigen und zungenförmigen Nase des männlichen Tieres; Weibchen haben eine wesentlich kleinere, nach oben weisende Nase. Nasenaffen leben an Flussläufen und in Mangrovenwäldern und schwimmen gerne, was für Affen sehr ungewöhnlich ist. Eng verwandt mit den Nasenaffen sind die Stumpfnasenaffen, die in den Bergnadelwäldern Chinas leben. Die Goldstumpfnase lebt in Gruppen aus 20 bis 30 Tieren, doch an bestimmten Zeiten im Jahr tun sich diese zu großen Herden mit bis zu 600 Tieren zusammen.

Afrikanische Schlankaffen sind reine Waldbewohner, und man findet sie vor allem in West- und Zentralafrika. Auch sie kann man anhand der Farbe ihres Fells oder der Länge ihres Haars auseinander halten. Die Nahrungsgrundlage des ostafrikanischen Mantelaffen besteht aus den Blättern von zwei bis drei Baumarten, weshalb er nur kleine Gebiete bewohnt. Der westliche Mantelaffe hingegen mag lieber Samen als Blätter. Diese Vorliebe teilt er mit den Schlankaffen Westafrikas, was wohl mit der reichen Ausbeute essbarer Samen in den Wäldern Westafrikas zusammenhängt, denn auch der Bärenstummelaffe ernährt sich hauptsächlich davon.

Andere afrikanische Arten sind in Nahrungsdingen wesentlich heikler: Der Rote Stummelaffe mag beispielsweise nur junge Blätter. Da diese Mangelware sind, müssen sie mehr Zeit für die Nahrungssuche aufwenden als Mantelaffen und ein größeres Gebiet besetzen. Rote Stummelaffen auf Sansibar, gegenüber der Küste Tansanias, haben eine noch seltsamere Nahrungsvorliebe:

Diese Tiere kann man häufig dabei beobachten, wie sie rußige Kohleklumpen kauen. Scheinbar hilft Kohle dabei, Gifte zu neutralisieren, die sich in Blättern, der Hauptnahrungsquelle der Affen, befinden.

Meerkatzen, Grüne Meerkatzen und Husarenaffen

Die Schlank- und Stummelaffen Afrikas teilen ihren Lebensraum mit den kleineren fruchtessenden Affen der Meerkatzenfamilie. Jede Art hat eine besondere Fell- und Gesichtszeichnung (▷ S. 114). Obwohl ihre Hauptnahrungsquelle aus Früchten besteht, fressen Meerkatzen auch Insekten oder Blätter, um ihren Eiweißbedarf zu decken. Kleine Meerkatzen, wie die Rotschwanzmeerkatze aus Ostafrika, erhalten die meisten Proteine aus Insekten; größere Arten, wie die Diana-Meerkatzen, verlegen sich mehr auf Blätter, da sie zu groß sind, um allein aus Insekten ausreichend Eiweiß zu beziehen.

Die verschiedenen Meerkatzenarten fressen unterschiedliche Insekten und haben verschiedene Techniken, sie zu fangen. Diese Spezialisierung ermöglicht es, dass mehr als eine Art in einem Gebiet zusammenleben kann, ohne dass die Konkurrenz zu groß wird.

Nicht alle Meerkatzen leben in Wäldern. Die Grüne Meerkatze ist z. B. auf kleine Waldgebiete entlang von Flüssen beschränkt, so genannten Galeriewäldern, und Waldinseln in Savannen. Sie ernähren sich vom Saft der Akazienbäume, doch noch lieber mögen sie Früchte. Der Husarenaffe ist dagegen ein richtiger Savannenbewohner. Er lebt in kleinen Gruppen und hat lange Beine, mit denen er schnell laufen und so seinen Feinden in den afrikanischen Ebenen entkommen kann.

4. Eine männliche Sykes Meerkatze zeigt seine beeindruckenden Eckzähne. In Meerkatzengruppen gibt es in der Regel ein Männchen, das das alleinige Recht zur Paarung besitzt.

Die Hanumanlanguren sind nach dem Affengott Hanuman benannt und werden von den Hindus als heilig verehrt. Am Hanuman-Tag erhalten sie in den Tempeln Futtergaben.

 ## TEMPELAFFEN

Das Leben eines Affen kann hart sein. Nahrung zu finden und Gefahren zu vermeiden ist sehr aufreibend, besonders wenn die Lebensbedingungen karg sind. Einige Arten haben jedoch mehr Glück als andere, und die glücklichsten von allen sind wahrscheinlich die indischen Hanumanlanguren. Die Hindus betrachten diese Art als heilig, ihr Name stammt von dem Affengott Hanuman. Gemäß der hinduistischen Mythologie begleitete Hanuman den Gott Vishnu nach Sri Lanka auf der Suche nach Vishnus Frau, die entführt worden war. Dort stahl Hanuman den Mangobaum und brachte ihn zurück nach Indien, wo es keine Mangos gab. Doch er wurde für seinen Diebstahl bestraft und zum Tod auf dem Scheiterhaufen verurteilt. Als er versuchte, das Feuer auszutreten, wurden Hanumans Gesicht und Pfoten versengt und ganz schwarz. Heute sind die auffälligen schwarzen Gesichter und Füße der Hanumanlanguren Zeugnis dieser Bestrafung. Dank ihrer Heiligkeit werden sie nicht von Menschen gejagt, auch wenn sie häufig die Felder plündern. Und wenn einen Hanumanlangur ein zu früher Tod ereilt – sie kommen häufig durch Elektroschocks an Stromkabeln um oder werden von Autos überfahren –, dann widmen ihnen treue Ergebene ein komplettes hinduistisches Begräbnis.

MEERKATZEN – VON NATUR AUS VERSCHIEDEN

Die Meerkatzen sind eine der bemerkenswertesten Gruppen heutiger Primaten. Von diesen kleinen bis mittelgroßen Affen gibt es Fossilien, deren Alter gut zwei Millionen Jahre zurückreicht – etwa so alt wie unsere eigene Gattung *Homo*. Doch anders als Menschen, von denen es nur eine einzige lebende Art gibt, sind die Meerkatzen eine der artenreichsten Primatengruppen. Gut 24 Arten sind heute bekannt, von denen die meisten zu einer einzigen Gattung, *Cercopithecus*, gehören. Diese vielfältige Gruppe reicht von der winzigen, 1,5 Kilogramm schweren Zwergmeerkatze bis zu den zehn Kilogramm schweren Husarenaffen, den größten bekannten Mitgliedern.

Artenvielfalt durch Eiszeiten

Warum sind die Meerkatzen so artenreich? Der Grund liegt darin, dass der afrikanische Regenwald während der Eiszeiten in Europa und Asien in den letzten zwei Millionen Jahren immer wieder in kleinere Gebiete geteilt wurde. Als die Ausläufer des Eises sich von der Arktis herunterschoben, kam es in Afrika zu kühleren, trockeneren Perioden, die die üppigen Wälder Zentral- und Westafrikas sterben ließen. Sie überlebten nur in Form von kleinen, isolierten Waldgebieten. In jedem Waldstück überlebten kleine Populationen von Ur-Meerkatzen, die sich im Lauf der Zeit zunehmend in unterschiedliche Richtungen entwickelten. Als eine Eiszeit beendet war und die Wälder wieder zusammenwuchsen, waren die Meerkatzenpopulationen so unterschiedlich, dass sie sich nicht mehr miteinander paarten; verschiedene Arten entstanden. Mit jeder Eiszeit wiederholte sich dieser Prozess in Afrika und führte zur heutigen außergewöhnlichen Artenvielfalt.

Farbenfrohe Meerkatzen

Die Unterschiede der Meerkatzenarten zeigen sich aufs Eindrucksvollste in der Färbung ihres Fells, besonders im Gesicht. Einige, wie die Blaumaulmeerkatze (*Cercopithecus cephus*) und die Diadem-Meerkatze (*C. mitis*), sind etwas eintönig in der Farbe, andere hingegen, wie die Diana-Meerkatze (*C. diana*) und die Brazzameerkatze (*C. neglectus*), sind ziemlich auffällig. Der Husarenaffe verdankt seinen Namen übrigens dem roten, schwarzen und weißen Fell sowie dem sauberen weißen Schnurrbart, die seine europäischen Entdecker an einen Kavallerieoffizier aus dem 19. Jahrhundert erinnerten. Dieser Eindruck wird noch durch den schwungvollen Laufschritt unterstützt, in den er verfällt, wenn man ihn im Grasland aufstöbert. Ein Neuling in der Familie ist die Goldschwanz Meerkatze (*C. solatus*), die man erst 1986 im tiefsten afrikanischen Urwald entdeckte.

1. Husarenaffen leben in der Savanne. Sie haben sehr lange Beine und können Feinden schnell davonlaufen.

2. Das auffällige Gesicht einer Brazzameerkatze. Die meisten Meerkatzen haben eine besondere Gesichtszeichnung.

Anpassung und Verbreitung

Im Gegensatz zu den anderen Arten, die in begrenzten Gebieten leben, kommen die Husarenaffen und die Grünen Meerkatzen in einem großen Teil Afrikas südlich der Sahara vor. Beide sind für typische Meerkatzen eher ungewöhnlich, da sie an ein Leben am Boden angepasst sind (alle anderen Arten leben auf Bäumen) und lieber Savannen bewohnen als Wälder. Diese Anpassung könnte die Reaktion auf das schnelle Dahinschwinden ihrer Wälder im Laufe einer Eiszeit gewesen sein. Der neue, offene Lebensraum verhinderte eine genetische Isolierung von Populationen, da Tiere zwischen Gruppen wechseln konnten. So kam es hier nicht zur Bildung neuer Arten, wie sie bei ihren waldbewohnenden Verwandten stattfand.

Neue Arten entwickeln

Die Grünen Meerkatzen (erst vor kurzem mit dem eigenen Gattungsnamen *Chlorocebus* versehen) sind beispielhaft dafür, wie Populationen sich verzweigen können, wenn sie isoliert werden. Aller Wahrscheinlichkeit nach stammen sie aus der Nachbarschaft des Victoriasees in Uganda und verbreiteten sich von hier aus nach und nach in den Westen und Süden über das Grasland der Savanne. Obwohl sich die jeweils benachbarten Populationen sehr gleichen, sind die, die an dieser Expansionsachse genau entgegengesetzt voneinander leben, ziemlich verschieden. So bildeten sich diverse Unterarten, die sich im Lauf der Zeit zu verschiedenen Arten entwickeln könnten.

3. Diana-Meerkatzen leben in Westafrika. Sie sind sehr wachsam und erkennen immer als Erste eine mögliche Gefahr.

4. Diadem-Meerkatzen haben für Meerkatzen ein äußerst großes Verbreitungsgebiet. Es reicht von Äquatorialafrika bis zu den Küstenwäldern Südafrikas.

ZUM THEMA

1.1 Was ist ein Primat?
Die Arten definieren, S. 16

1.2 Ursprünge der Primaten
Der Aufstieg der Affen, S. 34

2.4 Die letzte Zuflucht der Lemuren
Lemurenvielfalt, S. 84

3.1 Lebensweisen der Affen
Meerkatzen, Grüne Meerkatzen und Husarenaffen, S. 113

3.5 Familienporträts: Affen
Einteilung der Affen, S. 159
Grüne Meerkatze, S. 167

3.1 LEBENSWEISEN DER AFFEN

Paviane

Die andere bekannte Affenart aus den Savannen Afrikas ist der Pavian. Er hat sich außergewöhnlich erfolgreich durchgesetzt und angepasst: Man findet ihn überall in Afrika, von den Feuchtsavannen Westafrikas bis ins Hochgebirge Südafrikas. Dass Paviane so erfolgreich waren, liegt zum Teil an ihrer breit gefächerten Ernährungsweise. Mit ihren Händen, die genauso geschickt sind wie unsere, können Paviane gut in der Erde nach Wurzeln, Zwiebeln und Knollen graben. Sie fressen auch Früchte und sogar Fleisch – eine Population in Ostafrika wurde berühmt durch die Art und Weise, wie ihre Männchen Antilopen jagten.

Paviane sind sehr auf ein Leben am Boden spezialisiert. Baumbewohner besitzen längere Beine als Arme, um so das Gleichgewicht zu halten, wenn sie sich langsam die Äste entlang bewegen. Sie halten ihre Hinterbeine nach vorne, auf denen so der Hauptteil ihres Körpergewichts lastet. Auf diese Weise können sie ihre Arme ausstrecken und auf allen vieren fressen, ohne umzufallen. Bodenbewohner können sich dagegen besser mit etwa gleich langen Armen und Beinen fortbewegen. Folglich haben Paviane wesentlich längere Arme als Baumbewohner, was ihre Schultern höher stehen lässt als ihr Becken. Beim Gehen sind ihre Finger ausgestreckt, die Hände halten sie vertikal, was ihre Schultern noch mehr nach oben drückt. So können Paviane auf ebenen Flächen besser gehen und nach Gefahren Ausschau halten, ohne sich den Hals zu verrenken. Husarenaffen können ihre Schultern nicht so hochdrücken, weshalb sie sich auf ihre Hinterbeine stellen müssen, um Ausschau zu halten. Pavianfüße sind platter als die von Baumbewohnern und deshalb weniger greiffähig. Für den Dschelada ist es tatsächlich schwierig, auf einen Baum zu klettern, so sehr ist er an ein Leben am Boden angepasst.

Der Mantelpavian ist an das Leben in der Halbwüste Nordäthiopiens, Eritreas und Arabiens angepasst und ernährt sich vor allem von Grassamen, Wurzeln und Knollen. Mantelpaviane sind kleiner als andere Paviane und haben ein graues Fell und rosa Gesicht. Eine weitere Pavianart ist der Dschelada, doch zählt er zur entfernteren Verwandtschaft der anderen Paviane. Er ist der einzige Überlebende der Theropithecinen, die vor fünf bis zwei Millionen Jahren lebten. Eine der ausgestorbenen Arten, der *Theropithecus oswaldi* (▷ S. 34), wog über 100 Kilogramm – etwa so viel wie ein Berggorillaweibchen. Als Grasfresser lebt der Dschelada nur im bergigen Hochland Äthiopiens. Der Dschelada – wie der Mantelpavian – bildet große und komplexe Gruppen.

1. Paviane ernähren sich von Wurzeln, Zwiebeln, Knollen, Früchten und sogar Fleisch.

2. Ein Bärenpavian frisst eine Wasserlilie. Bärenpaviane leben weit im Süden Afrikas und haben ein anderes Nahrungsspektrum als ihre ostafrikanischen Artgenossen.

Verwandte der Paviane

Mandrills und Drills leben in den Wäldern Westafrikas, sie sehen den Pavianen sehr ähnlich, doch sind sie eher mit den Mangaben verwandt. Mangaben sind die größten aller Baumbewohner und berühmt für das laute Kollern der Männchen. Sie besitzen sehr große Schneidezähne und können die härtesten Früchte aufbrechen. Obwohl man Mangaben gründlich erforschte, weiß man nur wenig über Mandrill und Drill. Den Mandrill kennt man wegen des großartig blau-rot gefärbten Gesichts der Männchen – und seinem hellblauen Hinterteil. Mandrills leben wie Paviane am Boden und bevorzugen Früchte. Ihre großen Gruppen bestehen aus bis zu 400 Tieren.

⭐ Pavianmännchen halten ihre großen Eckzähne rasiermesserscharf, indem sie sie an dafür bestimmten Zähnen im Unterkiefer wetzen.

3. Paviane sind sehr gesellig und leben in Gruppen aus bis zu 150 Tieren. Deshalb kann der Konkurrenzkampf um Nahrung innerhalb der Gruppe sehr heftig sein.

4. Dscheladas – hier ein Männchen – findet man nur im äthiopischen Hochland, wo sie sich fast ausschließlich von Gras ernähren.

3 DIE AFFEN

3.1 LEBENSWEISEN DER AFFEN

Makaken

Obwohl bereits die Paviane durch die Vielzahl ihrer Lebensräume beeindrucken, sind die Makaken Sieger, wenn es um die Anzahl besiedelter Lebensräume geht. Diese äußerst durchsetzungsfähige Affengruppe findet man in beinahe jedem vorstellbaren Lebensraum, vom marokkanischen Atlasgebirge bis zu den Wäldern Japans. Es gibt 19 Makakenarten, von denen viele einige der extremsten Lebensräume aller Primaten bewohnen. Der Berberaffe beispielsweise ist der einzige nichtmenschliche Primat in Europa mit einer kleinen Population auf Gibraltar, während der japanische Rotgesichtsmakak weiter im Norden und Osten lebt als irgendeine andere nichtmenschliche Primatenart. Das Fell der Rotgesichtsmakaken ist sehr dicht und buschig, um die frostige Kälte der Winter zu überstehen, und sie haben eine recht ungewöhnliche Verhaltensweise angenommen: Sie sitzen bis zum Hals in heißen Quellen, um so der beißenden Kälte zu entkommen (▷ S. 19).

Makaken sind Allesfresser, die sowohl am Boden als auch in den Bäumen leben. In Asien leben sie in ähnlichen Lebensräumen wie die Meerkatzen und Paviane in Afrika. Einige Arten wie der Bartaffe aus Südindien ähneln in Aussehen und Verhalten sehr den Meerkatzen. Andere wie der Rhesusaffe, der Indische Hutaffe und der Rotgesichtsmakak haben in Sachen Anpassung und Verhalten mehr Ähnlichkeit mit Pavianen.

Auch wenn Makaken insgesamt sehr anpassungsfähig sind, so beeindrucken vor allem der Javaneraffe, Rhesusaffe, Ceylon-Hutaffe und Indische Hutaffe, denn anders als die meisten Affen, deren Populationen bei Eingriffen in ihren Lebensraum schwinden, blühen diese in der Anwesenheit von Menschen richtig auf.

In manchen Gegenden füttert man Rotgesichtsmakaken als Touristenattraktion und verleiht der jährlichen Kirschblüte damit einen Hauch von Primatencouleur. Unterstützt durch die zusätzliche Nahrung schießt die Geburtenrate nach oben, und die Gruppen wachsen rasch. Gruppen von bis zu 1000 Tieren sind nicht ungewöhnlich. Diese riesigen Gruppen bestehen aus einer Reihe mütterlicherseits verwandter Tiere, die jeweils ein einziges Weibchen beherrscht. Die dominanteste mütterliche Linie ist auch die größte, und Weibchen, die hierzu gehören, bekommen als Erste die Leckerbissen, die gefüttert werden. Werden diese Gruppen jedoch zu groß, zerbricht unweigerlich die Sozialordnung und die Futterzeit wird zum chaotischen Durcheinander.

1. Rotgesichtsmakaken spielen im Schnee. Diese Affen haben sehr dickes, buschiges Fell, mit dem sie die Winterkälte ertragen können.

2. (gegenüber) Ein Rotgesichtsmakak im Schneesturm. Keine andere Affenart kann so hoch im Norden leben und derart extreme Temperaturen überstehen.

3.2 LEBEN IN DER GRUPPE

Typisch für Affen ist ihr intensives Sozialleben. Alle Affen leben auf die ein oder andere Weise in Gruppen oder Banden, innerhalb derer die einzelnen Tiere starke Bindungen untereinander ausbilden. Viele Affen verbringen ihre Tage zusammen mit ihren nächsten Verwandten, verstrickt in ein komplexes Netzwerk aus Beziehungen, einige freundlicher, andere rivalisierender Natur.

Wenn sie gerade nicht damit beschäftigt sind, Nahrung zu suchen, pflegen sich die Affen gegenseitig und zupfen sich Schmutz, Hautschuppen und Parasiten aus dem Fell. Das Fremdpflegen ist jedem Tier von Nutzen und scheint außerdem angenehm und entspannend zu sein. Doch diese Wohltaten sind nicht der einzige Grund, warum Affen sich gegenseitig pflegen. Das Leben in einer Gruppe kann hart sein, und viele Affen müssen ihre Pflegedienste als Währung für andere Gefallen einsetzen oder dazu, an Dinge zu kommen, die das Leben ein wenig erleichtern.

KONKURRENZ UND ZUSAMMENARBEIT

Tagaktive Affen bilden hauptsächlich deshalb Gemeinschaften, damit sie vor Feinden besser geschützt sind. Soziale Gruppen verleihen auf zwei Arten Schutz: Erstens, wenn ein Räuber eine Gruppe angreift, ist die Chance, von ihm ins Visier genommen zu werden, für jedes Tier geringer, als wenn es allein wäre; zweitens, je mehr Tiere an einem Ort zusammen sind, desto eher wird eines von ihnen einen Räuber ausmachen, bevor dieser angreifen kann. Da sich die meisten Räuber auf das Überraschungsmoment verlassen, nehmen sie die Verfolgung gar nicht erst auf, wenn sie entdeckt worden sind.

1. Das Gruppenleben hilft Affen, sich vor Angriffen zu schützen. Je mehr Augen und Ohren aufpassen, desto unwahrscheinlicher wird ein Überraschungsangriff.

2. Eine Gruppe Anubispaviane bei der gegenseitigen Fellpflege. Dieses Fremdpflegen stärkt das Gruppengefüge.

3 DIE AFFEN

3.2 LEBEN IN DER GRUPPE

⭐ In einigen Gegenden Japans legen Menschen den Makaken Futter aus. In der Folge steigt die Geburtenrate rasch an, und es bilden sich riesige Gruppen mit bis zu 1000 Affen.

1. Klammeraffen leben nicht in stabilen sozialen Gruppen. Die Tiere kommen zusammen und trennen sich wieder – abhängig vom Nahrungsangebot.

Genug zu fressen

Auch wenn das Gruppenleben mehr Tieren Sicherheit bietet, hat es einen Nachteil: den Konkurrenzkampf um Nahrung, da viele Tiere am gleichen Platz nach Fressbarem suchen. Der Kampf um die Nahrung erklärt, warum sich verschiedene Affenarten so unterschiedlich verhalten und warum einzelne Gruppen einer Art manchmal verschiedene Sozialsysteme besitzen.

Die sozialen Bindungen von Affen sind nicht nur rein freundschaftlicher Natur. Stattdessen sieht jedes Tier seinen eigenen Vorteil. Der Nutzen, sich mit anderen zusammen zu tun, ist für Weibchen dabei größer als für Männchen, denn der Zugang zu gutem Futter garantiert, dass sie ihren Nachwuchs in der Trächtigkeit und beim Säugen gut ernähren können. Die Beziehungen der Weibchen untereinander sind daher wesentlich vielschichtiger als die der Männchen, da verschiedene Umweltbedingungen und folglich verschiedene Grade an Konkurrenz unterschiedlicher sozialer Lösungen bedürfen.

Weibliche Beziehungen

Viele Altweltaffen leben in Gruppen verwandter Weibchen. Weibchen, die in solche Gruppen hineingeboren werden, verbringen ihr ganzes Leben dort. Bei einigen Arten, wie den Grünen Meerkatzen und Rotschwanz Meerkatzen, verteidigen Weibchen das Revier und verjagen mit vereinten Kräften andere Gruppen. Andere Arten, wie die Diana-Meerkatze, setzen das einzige Männchen in ihrer Gruppe als Aufpasser ein, der das Revier verteidigen muss. Viele Arten, einschließlich der Paviane und einiger Makaken, legen überhaupt kein Revierverhalten an den Tag, verhalten sich aber den Weibchen anderer Gruppen gegenüber feindselig.

Solche Gruppen von miteinander verwandten Tieren finden sich vor allem bei solchen Arten, die sich eher auf unregelmäßig, geklumpt vorkommende Futterquellen wie Früchte verlegt haben als auf gleichmäßiger verbreitete Nahrung wie etwa Gras. Wenn Nahrung nicht hauptsächlich geklumpt vorkommt, dann setzen sich die stärksten Tiere durch; das Ergebnis ist eine Hierarchie. Die größten oder aggressivsten Tiere – die sich in der Reihe vordrängeln können – dominieren die Gruppe. Tiere, die anderen nachgeben, sind untergeordnet oder niederen Ranges und sitzen am Ende der Hierarchie.

Erbliche Rangfolge

Weibchen, die sich in der Rangfolge nahe stehen, haben auch eine enge Beziehung zueinander. Das hängt damit zusammen, wie junge Weibchen in der Erwachsenenhierarchie zu ihrem Rang kommen. Wenn sie ihre sexuelle Reife erlangen, bedrohen die jungen die älteren Weibchen und verhalten sich ihnen gegenüber aggressiv. Normalerweise richten sie diese Angriffe gegen Weibchen, die niedriger als ihre eigenen Verwandten gestellt sind. Ihre erwachsene Sippe unterstützt sie dabei, die soziale Leiter hinaufzuklettern, und stellt so sicher, dass sich Niederrangigere den jüngeren Emporkömmlingen unterwerfen. Junge Weibchen verhalten sich gegenüber Höherrangigen, also ihren Verwandten, nicht aggressiv, da sie das dominante Weibchen selbst mit deren Unterstützung nicht zur Unterwerfung zwingen können. Diese jungen Weibchen sind schließlich in der Lage, niederrangige Weibchen ohne Hilfe ihrer Verwandten zu dominieren, wodurch sie zu voll integrierten Mitgliedern der erwachsenen Weibchenhierarchie werden und innerhalb der Hierarchie eine Position nahe ihrer weiblichen Sippe besetzen. Indem sie als Erwachsene die Bindungen zu ihren Verwandten beibehalten, können die Weibchen in diesen hierarchischen Gemeinschaften Koalitionen bilden, um ihren Nahrungsanteil zu erkämpfen, und haben so eine bessere Chance, an genug Fressen zu kommen.

Dominanzunterschiede

Die Stärke einer weiblichen Hierarchie innerhalb einer besonderen Gruppe hängt davon ab, um wie viel man kämpfen muss. Manchmal gibt es wenig zum Streiten, entweder, weil das Nahrungsangebot gleichmäßig weit verteilt ist oder weil es genug für jeden gibt. In solchen Fällen ist die Hierarchie schwach ausgeprägt und das Sozialleben gestaltet sich friedlich. Wenn es aber viel zum Streiten gibt, werden Hierarchien betont und es kommt häufiger zu Kämpfen, weil die dominanten Tiere sichergehen wollen, dass jedes Tier seinen Platz kennt.

Diesen Unterschied zwischen friedlichen und aggressiven Gruppen findet man in der ganzen Primatenwelt. Totenkopfäffchen-Weibchen verhalten sich beispielsweise sehr unterschiedlich, je nachdem, wo sie in Süd- oder Mittelamerika leben. In Costa Rica, wo sie sich auf sehr großen Obstbäumen ernähren können, gibt es wenig Aggressions- oder Dominanzverhalten, weil genug für alle da ist und weil die Früchte über den ganzen Baum verteilt sind. Folglich ist die Rangordnung nur schwach ausgeprägt. Im Gegensatz dazu ist die Rangordnung in Peru, wo die Futterquellen kleiner sind und leichter von einzelnen monopolisiert werden können,

2. Grüne Meerkatzen leben an Flussläufen in der Savanne. Sie formen Gruppen mit ausgeprägten Beziehungen zwischen den Weibchen und verteidigen ihre Reviere gegen Weibchen anderer Gruppen.

3. Die Weibchen verbringen viel Zeit damit, sich gegenseitig zu pflegen. Am meisten pflegen sich eng verwandte Tiere ähnlichen Ranges.

wichtiger, und die Affen haben ein ausgeprägtes Dominanzverhalten.

Unterschiede im Bindungsgrad zwischen den Weibchen lassen sich auch bei den verschiedenen Arten beobachten. Indischer Hutaffe und Bärenmakak leben beispielsweise eher in ruhigen, friedlichen Gruppen mit wenigen Bindungen innerhalb der Weibchensippe, während Rhesusaffen in sehr aggressiven Gruppen mit einer ausgeprägten Rangordnung leben und in der Weibchensippe starke Bindungen unterhalten.

Losere Beziehungen

Im allgemeinen kommen Gruppen mit loseren Bindungen unter den Weibchen eher bei den blattfressenden Affen, wie den Brüll- und den Stummelaffen, vor, da ihre Nahrung relativ frei verfügbar ist und es daher nichts gibt, worum es sich zu kämpfen lohnt. In solchen Fällen bilden die Weibchen keine engen Pflegebindungen aus, sie wandern sogar zwischen den Gruppen hin und her. Folglich sind die Weibchen jeder Gruppe weniger eng miteinander verbunden als in einer Gruppe verwandter Tiere, und ihr Rang hängt nicht eng mit ihrer Sippenzugehörigkeit zusammen. Rote Stummelaffen sind ein Beispiel für diese losen Beziehungen. Diese großen Blattfresser findet man vom Westen bis in den Osten Afrikas. Sie leben in großen Gruppen, und Männchen wie Weibchen wandern zwischen den Gruppen hin und her.

Dominanz der Männchen

Männchen formen ebenfalls Dominanzbeziehungen untereinander und stehen in einer Rangfolge zueinander, um die Paarungsangelegenheiten zu regeln. Ein Männchen, das anderen gegenüber dominant ist, paart sich im Allgemeinen am häufigsten – auch wenn das letzte Wort dabei die Weibchen sprechen.

1. (gegenüber) Indische Hutaffen zeichnen sich durch ihre friedlichen, nicht aggressiven Gruppen aus. Hier verbringen dominante Weibchen viel Zeit damit, rangniedere Weibchen zu putzen.

2. Rotgesichtsmakakenweibchen stellen sich in einem Kampf um die Führung voreinander auf. Die Größe einer weiblichen Rotgesichtsmakakensippe bestimmt ihren Rang innerhalb der Gruppe.

3. Ein Anubispavian zeigt seine Zähne, um Rivalen einzuschüchtern. Männchen rivalisieren hauptsächlich um den Zugang zu Weibchen und Paarungsmöglichkeiten.

3 DIE AFFEN

3.2 LEBEN IN DER GRUPPE

1. Ein Bärenpavian unterwirft sich einem stärkeren Tier. In den meisten Affengruppen sind die Dominanzbeziehungen streng ritualisiert und zu echten Aggressionen kommt es selten.

Bei manchen Arten, wie den Anubispavianen, bilden Männchen auch Koalitionen, um sich zu Partnerinnen zu verhelfen (▷ S. 208). Kämpft ein Männchen mit einem anderen um ein Weibchen, kann es vorkommen, dass es sich mit einer bestimmten Kopfbewegung um die Hilfe eines dritten Männchens bemüht. Dieser andere kommt ihm dann zur Hilfe, um den Rivalen zu besiegen und die Paarung des Weibchens mit seinem Koalitionspartner sicherzustellen. Einige Männchen sind dazu besser geeignet als andere. Sind sie so stark und so hochrangig, dass jedes Männchen, das sich mit ihnen zusammentut, eine gute Chance hat, in einem Wettstreit zu gewinnen, handelt es sich um „Veto-Geber". Sie allein entscheiden darüber, ob eine Koalition funktioniert oder nicht. Da ihre Teilnahme an einer Koalition absolut notwendig ist, um erfolgreich zu sein, paaren sich diese Männchen oft selbst mit dem Weibchen und ziehen ihre Unterstützung auch sofort zurück, wenn ihr Koalitionspartner nicht hin und wieder bereit ist, sie für ihre Beteiligung die Ernte einfahren zu lassen. Schwächeren Männchen bleibt bei einem solchen Partner keine andere Wahl. Der gelegentliche Nachteil, „den anderen ranzulassen", ist allemal besser als der langfristige Verlust seiner Unterstützung.

Unter den Steppenpavianen findet man ein solches Taktieren nur bei den ostafrikanischen Pavianmännchen. Bei den südafrikanischen hängt die Paarung allein von der Größe und Rangfolge eines Männchens ab und nicht davon, welche Freunde es hat. Der Grund für diesen Unterschied wird immer noch diskutiert.

2. (gegenüber) Ein Anubispavian zeigt seine enormen Eckzähne. Der Konkurrenzkampf unter den Männchen um Weibchen führte zur Entstehung dieser furchterregenden Waffen.

3.2 FREUNDE UND FEINDE

Verschiedene Affengruppen suchen bisweilen in gemischten Gemeinschaften nach Futter. In manchen Fällen sind diese Zusammenschlüsse rein zufällig, etwa wenn sich verschiedene Arten auf demselben Baum treffen. Sie fressen dann eine Weile zusammen, gehen danach aber wieder getrennt ihrer Wege. In anderen Fällen entstehen diese Gruppen wohl absichtlich. Sie werden jeweils von zwei bestimmten Arten gebildet, die 90 Prozent ihrer Zeit gemeinsam verbringen und ein gemeinsames Gebiet besetzen. Tamarinartenpaare in Peru und Brasilien verhalten sich beispielsweise so, ebenso wie Stummelaffen und Diana-Meerkatzen in Afrika. Der Hauptgrund dafür liegt wohl darin, dass größere Gruppen einen besseren Schutz vor Feinden bieten.

1. Schopfstummelaffen sind kleine und versteckt lebende Affen. Sie bilden gemischte Gruppen mit Diana-Meerkatzen.

2. Rote Stummelaffen tun sich häufig mit Diana-Meerkatzen zusammen, um sich gegen Feinde zu schützen.

Tamarine untereinander
Die Tamarinarten, die sich zusammenschließen, ernähren sich zum Großteil von derselben Nahrung, also Früchten, insbesondere Feigen, Nektar und Kautschuk. Das führt manchmal dazu, dass größere Arten kleinere verjagen, wenn der Zugang zur Nahrung versperrt ist. Der Zusammenschluss wird offensichtlich von der kleineren Tamarinart betrieben, die eine leichte Beute für große Greifvögel ist. Eine große Gruppe aber, bei der mehr Augen und Ohren auf Gefahren achten, bietet mehr Schutz und auch Vorteile bei der Nahrungsbeschaffung, denn durch die Bewegung als eine Gruppe vermeiden Tamarine unnütze Wege zu Bäumen, die bereits abgeerntet sind.

Einfach hinterher
An der Elfenbeinküste Westafrikas bilden Rote Stummelaffen mit den größeren und aggressiveren Diana-Meerkatzen gemischte Gruppen – aus gutem Grund: Vielerorts sind die Roten Stummelaffen nämlich die Lieblingsbeute von Schimpansen, und die wachsamen Diana-Meerkatzen machen jene weit schneller aus als die Stummelaffen. Es überrascht daher kaum, dass vor allem die Stummelaffen sich um den Zusammenhalt bemühen – wenn die Diana-Meerkatzen weiterziehen, folgen sie ihnen einfach.

Allein diese gemischten Gruppen bestimmen, in welchem Maß die Weibchen innerhalb der Gruppen zuziehen. Bei Roten Stummelaffen ist es nämlich so, dass die Weib-

chen sich mit Erreichen ihrer sexuellen Reife neuen Gruppen anschließen.

Die Männchen hingegen bleiben in den Gruppen, in denen sie geboren wurden. Gruppen mit den besten Revieren sind für die auswandernden Weibchen am interessantesten, und die besten Reviere sind, soweit das für die Weibchen von Belang ist, die mit einer Diana-Meerkatzengruppe und ausreichend Nahrung. Zu einer Konkurrenz zwischen den beiden Arten kommt es kaum, da Stummelaffen Blattfresser und Diana-Meerkatzen Fruchtfresser sind.

Sich bedeckt halten
Der äußerst kleine und versteckt im Wald lebende Schopfstummelaffe ist zur Verteidigung ebenfalls von den Diana-Meerkatzen abhängig. Die ruhigen und scheuen Schopfstummelaffen leben in Gruppen mit gerade einmal zehn Tieren. Warum sie in so kleinen Gruppen leben, ist nicht ganz klar, doch mag es ihnen dabei helfen, sich vor Fleischfressern zu verbergen.

Die Notwendigkeit, in der Nähe von Diana-Meerkatzen zu bleiben, hat einen genauso großen Einfluss auf ihr Sozialsystem wie bei den Roten Stummelaffen. Die Hauptsache, um die es beim Rivalisieren der Männchen geht, ist weder die Nahrung, noch sind es Paarungsgelegenheiten, sondern Diana-Meerkatzen. Ein Männchen mit einer Gruppe von Diana-Meerkatzen ist für ein Weibchen wesentlich attraktiver, da sie mit diesem Partner weniger Nachkommen an Räuber verlieren wird.

Stehlende Totenkopfäffchen
Noch ein Grund, warum sich eine Art an eine andere bindet, ist der, Futterstückchen von ihr zu stehlen. Dies ist bei den Totenkopfäffchen und den Kapuzineraffen in Peru der Fall. Die Kapuzineraffen können mit ihrem kräftigen Gebiss die harte Schale von Nüssen knacken. Deshalb gehen Totenkopfäffchen manchmal zusammen mit ihnen auf Nahrungssuche, um herabfallende Nussstückchen aufzufangen.

3. Ein junges Schopfstummelaffen-Weibchen putzt eine Diana-Meerkatze. Schopfstummelaffen bilden mit Diana-Meerkatzen gemischte Gruppen, um sich vor Beutegreifern besser zu schützen.

ZUM THEMA

1.1 Was ist ein Primat?
Ernährung und Verbreitung, S. 22

3.1 Lebensweisen der Affen
Fruchtfresser, S. 108
Schlank- und Stummelaffen, S. 110

3.2 Leben in der Gruppe
Kontaktrufe, S. 132

3.5 Familienporträts: Affen
Tamarine, S. 161

4.2 Leben in einer offenen Gemeinschaft
Jagd nach Fleisch, S. 189

3.2 LEBEN IN DER GRUPPE

1. Hanumanlanguren bei der sozialen Fellpflege. Diese Tätigkeit kann einen Großteil der Zeit eines Affen beanspruchen. Einige Arten verbringen am Tag über zwei Stunden damit.

SOZIALER KITT

Wird einem Affen der Zugang zur Nahrung verwehrt oder sieht er sich der Aggression eines dominanteren Tieres ausgesetzt, so ist ein freundliches Miteinander bei der Fellpflege höchst willkommen. Pflegen hilft beim Stressabbau, der durch den Konkurrenzkampf in einer Gruppe entsteht. Das ist insofern wichtig, als dass zu viel Stress die Fruchtbarkeit eines Weibchens beeinträchtigen kann. Stresshormone, die in Furcht erregenden oder unangenehmen Situationen ausgeschüttet werden, blockieren die Bildung von Geschlechtshormonen wie Östrogen und Progesteron. Ohne diese Hormone wird der Eisprung der Weibchen und damit eine mögliche Trächtigkeit verhindert. Fellpflege wirkt dem entgegen, indem sie das Freiwerden von opiatähnlichen Substanzen anregt, die die Produktion von Stresshormonen unterdrücken und ihre Wirkung neutralisieren.

Interessanterweise ist sozialer Stress nicht nur ein Problem niederrangiger Tiere, die am ehesten Opfer von Aggressionen werden. Auch die Dominanz selbst lässt Stress entstehen. Dominante Pavianweibchen im Gombe-Nationalpark in Tansania (der Heimat von Jane Goodalls berühmtem Schimpansenclan) hatten häufiger Fehlgeburten als niederrangige Tiere und damit weniger gesunde Nachkommen – trotz der Vorteile, die der hohe Rang hinsichtlich der Nahrung bringt. Dominant zu sein ist nicht notwendigerweise einfach für Weibchen, da sie um den Erhalt ihrer Position kämpfen müssen; es ist wohl fast genauso stressig, Aggressor zu sein, wie Opfer. Deshalb hilft die Fellpflege allen Weibchen.

Taktische Fellpflege

Niederrangige Weibchen können sich das Leben erleichtern, wenn sie dominanteren Tieren das Fell pflegen. So machen sie das dominantere Weibchen weniger aggressiv und schwächen die Möglichkeit ab, in nächster Zeit von ihm angegriffen zu werden. Pflegen kann ein dominantes Weibchen auch willig stimmen, die Rangniedere in die Nähe einer Futterquelle zu lassen, was dieser ermöglicht, leichter zu fressen.

Dass Pflegedienste gegen Gefallen getauscht werden können, bedeutet für die Hochrangigen, dass sie in den Genuss von reichlich Fellpflege kommen. Das allein kann einen Konkurrenzkampf auslösen, da die Pfleger um die Aufmerksamkeit dominanterer Weibchen miteinander wetteifern. Deshalb werden die dominantesten Weibchen eher von Hochrangigen gepflegt.

Obwohl alle Weibchen gerne ihre Zeit damit verbringen würden, mit Hochrangigen zusammen zu sein, landen die Pfleger in Wirklichkeit bei denen, die ihnen in der Rangfolge am nächsten stehen. Das bedeutet jedoch nicht, dass sie es nicht versuchen würden. Weibchen können wahre Meisterinnen darin sein, Gelegenheiten zu nutzen, sich mit anderen Tieren auszutauschen, die ihnen entweder am meisten nützen oder die etwas haben, was sie gerne hätten. Als rangniederen Javaneraffen-Weibchen beigebracht wurde, wie sie aus einem Automaten Popcorn bekommen konnten, während ihre ranghöheren Gruppenkameradinnen in Unwissenheit gehalten wurden, stellte sich heraus, dass die schlauen Weibchen mehr Pflegedienste erhielten als vor ihrem Training. Die Weibchen konnten erkennen, dass diese rangniederen Weibchen über besondere Fähigkeiten verfügten, und sie benutzten das Pflegen, um sich der Nähe der Trainierten zu versichern, wenn sie den Automaten öffneten.

Der hohe Stellenwert des Pflegens bedeutet, dass die wohl überlegte Auswahl seiner Pflegepartner der effektivste Weg zum Erreichen eigener Wünsche ist. Es gibt jedoch einige Arten, bei denen hochrangige Weibchen weniger gepflegt werden als niederrangige. Kapuzineraffen und Indische Hutaffen zeigen beide ein Verhaltensmuster der sozialen Fellpflege entlang der Rangfolge nach unten. Warum sie sich so verhalten, ist nicht ganz klar. Vielleicht ist die Fellpflege hier eher eine Beschwichtigungsgeste eines Tieres, um dem anderen zu versichern, dass es keine aggressiven Absichten hegt. Da die niederrangigen Tiere diese Art der Versicherung am meisten brauchen, putzen dominantere Weibchen häufiger Rangniedere.

Fellpflege-Beziehungen helfen den Weibchen sehr dabei, mit dem Stress und der Anspannung des Gruppenlebens fertig zu werden, und sie bemühen sich sehr darum, diese Beziehungen aufrechtzuerhalten.

Affen entspannen sich bei Putzsitzungen vollkommen.

PFLEGEN UND ENDORPHINE

Wenn Affen einander das Fell pflegen, werden in ihren Gehirnen Endorphine freigesetzt. Endorphine ähneln in ihrer chemischen Struktur Substanzen wie Opium und haben wohl denselben Effekt wie diese Drogen – die Affen werden im wahrsten Sinne „high" beim Pflegen. Beim Menschen werden Endorphine unter bestimmten Stresssituationen produziert, um Schmerzen zu stillen; auch das Hochgefühl der Jogger wird durch Endorphine verursacht. Das Ziehen und Zerren am Fell des Affen im Lauf einer intensiven Pflegesitzung scheint zu einem leichten Schmerzempfinden zu führen, das den Endorphinausstoß auslöst. Man kann dabei zusehen, wie sich die Tiere beim Pflegen immer mehr entspannen und manchmal regelrecht wegdösen, scheinbar völlig losgelöst von ihrer Umgebung. Meist pflegen sich befreundete Affen, denn ein Tier muss seinem Pflegepartner vertrauen können, wenn es sich in Gegenwart der anderen so völlig entspannt. Alle Affen sind zwanghafte Fellpfleger – man könnte sogar sagen, sie sind süchtig danach –, weshalb das Putzen durchaus eine wertvolle Währung darstellt. Einige Arten beschäftigen sich bis zu 20 Prozent ihres Tages mit dieser höchst erfreulichen Tätigkeit.

3.2 LEBEN IN DER GRUPPE

★ In der Affengemeinschaft wird die soziale Fellpflege als „Währung" benutzt, um sich Gefallen und den Zugang zu Nahrung zu erkaufen.

Wenn Nahrung spärlich ist und Pavianweibchen länger nach Futter suchen müssen, opfern sie ihre Ruhezeit, um ihre Pflegeverpflichtungen aufrechtzuerhalten. Nur wenn sie am absoluten Minimum an Ruhezeit angelangt sind, verkürzen sie die Zeit mit ihren Pflegepartnern. Ein weiteres Anzeichen für den Stellenwert von Pflegebeziehungen – und möglicherweise der Notwendigkeit, in einer großen Gruppe friedlich miteinander auszukommen – sind Versöhnungsversuche. Wenn zwei Tiere miteinander kämpfen, dann erweisen sie einander schon kurz danach Freundlichkeiten, als ob sie es wieder gutmachen wollten. Die gewöhnliche Erklärung hierfür ist, dass die Weibchen sich versichern wollen, nicht durch einen dummen Kampf einen wertvollen Partner verloren zu haben. Eine neuere Deutungsweise ist, dass die Versöhnung den Tieren einfach erlaubt zu signalisieren, dass der Kampf vorüber ist und sie keine weiteren Angriffe zu befürchten haben. Einige Arten benutzen dazu gewöhnliche Verhaltensweisen wie Fellpflege, bei anderen gibt es sogar gesonderte Verhaltensweisen, um ein Ende der Feindseligkeiten zu signalisieren. Bei Bärenmakaken klappst beispielsweise ein Tier dem anderen auf eine besondere Weise aufs Hinterteil, um ihm zu zeigen, dass sie sich wieder vertragen.

Größe der Gruppe

Der Konkurrenzkampf um Nahrung wirkt sich nicht nur auf die Sozialbeziehungen innerhalb einer Gruppe aus, er hat auch großen Einfluss auf die Gruppengröße. Wenn sich eine Gruppe im Lauf der Zeit vergrößert, wird das Gebiet, das die Tiere auf der Futtersuche durchstreifen, noch größer, und Kabbeleien um Nahrung häufen sich. Schließlich wird der Konkurrenzkampf um Nahrung

Ein Totenkopfäffchen ruft nach seinen „Freunden".

 KONTAKTRUFE

Totenkopfäffchen-Weibchen in den Wäldern Südamerikas wissen, wie wichtig es ist, miteinander in Kontakt zu bleiben, und sind eine der vernehmbarsten Affenarten. Wenn sie unterwegs sind, hängt die Häufigkeit ihrer Zurufe von der Entfernung zwischen den Weibchen ab: Je größer die Distanz – und je schwerer es ist, Blickkontakt zu halten –, desto häufiger rufen sie. Die Rufe, die die Weibchen dabei ausstoßen, sind hohe Piepser oder Quietscher. Sie beginnen zu piepsen, wenn sie den Blickkontakt zum Rest der Gruppe verlieren. Wenn andere Gruppenmitglieder diese Rufe hören, antworten sie genau so und führen so das verlorene Tier zurück zur Gruppe. Die Weibchen können auch Rufe wie ein Zwitschern ausstoßen. Das signalisiert, dass die Gruppe loszieht und dass die anderen in dieselbe Richtung folgen sollen. Der letzte Ruf, den Totenkopfäffchen benutzen, ist ein Glucksen. Er hat nichts mit Bewegung zu tun, sondern erhält soziale Beziehungen aufrecht. Weibchen tauschen Gluckser unter Freunden aus, und sie glucksen häufiger, wenn sie Blickkontakt verlieren. Gluckser können auch Trauer ausdrücken.

1. Rhesusaffen bei der sozialen Fellpflege. Wenn den Affen keine Zeit bleibt, alle anderen in ihrer Gruppe zu pflegen, zerfällt die Gruppe schließlich in kleinere Einheiten.

unerträglich, und die Affen teilen sich in zwei kleinere Gruppen. Doch müssen diese ausreichend groß sein, um die Tiere vor Feinden zu schützen, weshalb es lange dauern kann – manchmal Jahre –, bis sich eine Gruppe endlich aufspaltet.

Die Fellpflege spielt bei diesem Teilungsprozess insofern eine Rolle, als es die Pflegebeziehungen unter den Tieren sind, die die Gruppe zusammenhalten. Das Pflegen wird aus diesem Grund oft als „sozialer Kitt" bezeichnet. Solange die Gruppen klein sind und die Nahrungssuche einfach ist, können die Tiere jeden pflegen, den sie mögen. Wenn die Gruppen wachsen, wird es schwieriger, diese Beziehungen aufrechtzuerhalten. Das hängt zum Teil damit zusammen, dass die Tiere mehr Zeit für die Nahrungssuche aufbringen müssen und zum Teil damit, dass es mehr Tiere zum Pflegen gibt. Deshalb teilen sich große Gruppen eher in Cliquen, die sich alle gegenseitig putzen, aber nur wenig Zeit mit anderen Gruppenmitgliedern verbringen. Im Lauf der Zeit verbringen die einzelnen Cliquen immer weniger Zeit miteinander und ziehen getrennt umher, auch wenn sie weiter zusammen schlafen. Schließlich wird die Kombination aus Nahrungskonkurrenten und Pflegecliquen zu groß, und die Gruppe teilt sich entlang der Cliquen.

Größe des Gehirns

Im Verlauf der Primatenevolution wurde das Gehirn größer, besonders der Neocortex – der „denkende" Teil des Gehirns. Der Neocortex bildet die „grauen Zellen". Er besteht aus einer dünnen Zellschicht, die die beiden Hemisphären des Großhirns überzieht, und scheint umso größer zu sein, je größer die Gruppe ist, in der die Tiere leben. Scheinbar erlaubt ein großer Neocortex den Tieren, Sozialsysteme zu entwickeln und innerhalb dieser entsprechend zu agieren. In einer Gruppe zu leben erfordert einiges an sozialen Kenntnissen: Jeder muss wissen, was wer mit wem tut und wie die eigenen Handlungen dazu passen. Genau zu wissen, wen man wann pflegen sollte, kann den Tieren das Leben viel leichter machen und ihnen die übelsten Folgen des Konkurrenzkampfs ersparen. Je größer die Gruppe ist, über desto mehr Beziehungen muss sich ein Tier offensichtlich auf dem Laufenden halten. Die natürliche Auslese begünstigte daher Tiere mit der Fähigkeit, all diese Informationen im Kopf zu behalten und sich entsprechend zu verhalten.

3.3 DAS PAARUNGSSPIEL

Das Wichtigste im Leben eines Affen ist die Fortpflanzung. Männchen können den Fortpflanzungserfolg sichern, indem sie sich mit vielen Weibchen paaren, doch kann der Konkurrenzkampf um die Fortpflanzungspartner sehr heftig sein. Die Weibchen hingegen befassen sich mehr mit der Aufzucht der Jungen.

Verglichen mit den Halbaffen, entwickeln sich Affenbabies sehr langsam. Deshalb sind sie, was Ernährung und Schutz anbelangt, für eine wesentlich längere Zeit von ihren Müttern abhängig. Während ein Galagoweibchen schon mit neun Monaten selbst Mutter werden kann, kann ein Pavian- oder Klammeraffenbaby in diesem Alter noch saugen oder nimmt gerade erst feste Nahrung zu sich. Den Nachwuchs bis ins Erwachsenenalter zu begleiten ist für die Affenweibchen ein langer und kräftezehrender Prozess. Jedes Junge bedeutet eine große Investition an Zeit und Energie, und bisweilen werden sogar andere Tiere um Hilfe gebeten.

⭐ **Die Männchen der Grünen Meerkatze haben grellbunte Genitalien, die sie anderen Männchen bei aggressiven Zusammentreffen zeigen.**

MÄNNCHEN UND DIE PAARUNG

Der Konkurrenzkampf um Weibchen kann in einer Affengemeinschaft heftig sein. Da Weibchen in eng verstrickten Gruppen leben (▷ S. 122), sind Männchen oft bestrebt, eine ganze Gruppe an sich zu reißen. Ihre äußerst kurze Paarungszeit, in der alle Weibchen gleichzeitig fruchtbar sind, macht es den Männchen unmöglich, alle Weibchen allein zu begatten. Wesentlich flexibler ist der Fortpflanzungszyklus der Anthropoiden-Gruppe, deren Weibchen zu verschiedenen Zeiten fruchtbar sind. Das heißt für ein Männchen, dass es nur auf die Weibchen in seiner Gruppe aufpassen muss, die gerade fruchtbar sind. Doch auch bei den Arten, die bestimmte Fortpflanzungszeiten haben, wie die Grünen Meerkatzen und einige Makaken, dauert die Fortpflanzungszeit Monate im Gegensatz zu den Tagen oder Stunden bei den Halbaffen.

Gebunden an Paarungszeiten

Wenn es nur wenig Weibchen in einer Gruppe gibt, ist es für ein Männchen leicht, sie im Auge zu behalten. Doch je größer die Gruppen werden, desto schwieriger gestaltet sich dies. Bei Arten, die an Paarungszeiten gebunden sind, kann das zu einem Zustrom von Außenseitermännchen führen. Dies ist z. B. bei den Diadem-Meerkatzen der Fall. Da in jeder Diadem-Meerkatzen-Gruppe nur ein Männchen lebt, gibt es viele Junggesellen außerhalb der Gruppe, die in der Paarungszeit zeitweise zu Gruppenmitgliedern werden, um ein Weibchen zur Paarung zu finden.

Eine männliche Grüne Meerkatze zeigt ihre farbigen Genitalien.

▶ **DER KLEINE UNTERSCHIED**

Bei vielen Affenarten sehen Männchen und Weibchen sehr unterschiedlich aus. Die Männchen sind oft wesentlich größer – manchmal sogar doppelt so groß. Die meisten von ihnen besitzen sehr große Eckzähne, die sie durch Schleifen an den anderen Zähnen schärfen. Auch an der Fellfarbe und -länge kann man die Geschlechter unterscheiden. Dscheladamännchen tragen großartige Fellumhänge um ihre Schultern, die Männchen der Schwarzen Brüllaffen haben einen schwarz glänzenden Pelz und heben sich so von dem matt olivfarbenen Weibchen ab. Einige Affen weisen noch weitere Zierden auf: Das Nasenaffenmännchen hat eine riesige, nach unten hängende und zungenförmige Nase, das Gesicht des Mandrillmännchens leuchtet in Blau und Rot, es hat einen sauberen gelben Bart und als Tüpfelchen auf dem i einen leuchtend blauen nackten Oberkörper. Grüne Meerkatzen-Männchen besitzen faszinierenderweise einen roten Penis und hellblaue Hoden, mit denen sie vor anderen Männchen protzen.

Den Unterschied zwischen Männchen und Weibchen nennt man sexuellen Dimorphismus, und er hängt mit dem Konkurrenzkampf der Männchen um Weibchen zusammen. Das führte zur Entwicklung von großen Körpern und Zähnen, zur Verbesserung der Kampfstärke, genauso wie zu Fellumhängen und Mähnen, die Männchen größer aussehen lassen und Rivalen einschüchtern sowie die Weibchen gebührend beeindrucken.

3.3 DAS PAARUNGSSPIEL

Das Männchen aus der Gruppe kann kaum alle abwehren, doch oft wollen sich die Weibchen gar nicht mit dem Außenseiter paaren. In anderen Fällen paaren sich die Weibchen mit beiden. Der Hauptvorteil für das Männchen der Gruppe besteht darin, dass er seinen Nachwuchs besser beschützen kann als das Außenseitermännchen. So erreicht sein Nachwuchs vermehrt das Erwachsenenalter und kann sich seinerseits fortpflanzen.

Rivalen

Bei Affen, die nicht an Paarungszeiten gebunden sind, wie Paviane, Mangaben und einige Kapuzineraffenarten, kommt es nicht zu diesem Zustrom von Außenseitern. In kleinen Gruppen kann ein Männchen alle Weibchen gegen die Aufmerksamkeit anderer Männchen verteidigen, da meistens nur ein Weibchen gerade fruchtbar ist. Große Gruppen stehen da vor größeren Problemen. Oft sind mehrere Weibchen gleichzeitig paarungsbereit, was es dem Männchen schwerer macht, sie zu kontrollieren. Dann schließen sich andere Männchen der Gruppe an, da sie hier gute Paarungschancen sehen. Sie bleiben dann meistens ganz bei der Gruppe, da die Weibchen immer zu unvorhersehbaren Zeiten fruchtbar werden. Sie könnten einige Paarungschancen verpassen, wenn sie sich wieder von der Gruppe trennten. Fazit ist, dass bei mehr als etwa zehn Weibchen in einer Gruppe, die nicht an Paarungszeiten gebunden sind, immer mehr als ein Männchen dazugehört.

Bei bodenbewohnenden Affen wie den Pavianen, Rotgesichtsmakaken und einigen

1. Hanumanlanguren kauern zusammen auf einem Schlaffelsen. Sie leben normalerweise in kleinen Gruppen mit wenigen Weibchen und einem erwachsenen Männchen.

2. Rotgesichtsmakaken bei der Paarung. Ist ein Weibchen fruchtbar, wird ein Männchen versuchen, es ganz für sich zu behalten. Doch das hängt von der Anzahl der Rivalen ab und ob andere Weibchen in der Gruppe auch gerade fruchtbar sind.

3. Mantelpavianmännchen kidnappen junge Weibchen für ihren Harem, wenn sie noch bei ihren Müttern sind. Wenn die Weibchen weglaufen, werden sie mit einem festen Biss in den Nacken bestraft.

Hanumanlanguren haben Männchen einen weiteren guten Grund, in Gruppen zu leben: Es ist zu gefährlich alleine. In Gegenden mit vielen Feinden finden sich also eher mehr Männchen in Affengruppen.

Weibliche Loyalität

In kleinen Affengruppen mit vielen Männchen kämpfen diese um das Recht, sich mit allen Weibchen zu paaren. In größeren Gruppen kämpfen sie nur um die fruchtbaren Weibchen. Im ersten Fall tragen die Männchen oft spektakuläre Kämpfe um den Besitz der Herde aus und tragen schreckliche Wunden davon. Bisse und Fleischwunden, gebrochene Knochen und abgebrochene Zähne sind unvermeidliche Folgen dieses Wettbewerbs. Welches Tier bei den Dscheladas die Herrschaft erringt, kann dagegen mehr davon abhängen, wen die Weibchen unterstützen als von der Kampfkraft des Männchens. Dscheladas leben im äthiopischen Hochland und fressen vor allem Gras. Obwohl sie oft Gruppen mit bis zu 400 Tieren bilden, bestehen sie jeweils aus Einheiten mit einem Männchen und fünf oder sechs erwachsenen Weibchen mit ihren Jungen. Wird eine Einheit größer, hat das Männchen nicht genug Zeit, alle Weibchen zu pflegen, und bevorzugt die dominanten. Folglich werden die niederrangigen Weibchen in der Gruppe abgewiesen und zeigen ein gesteigertes Interesse an Männchen von außerhalb.

In manchen Fällen wird ein zweites Männchen, ein so genannter Mitläufer, eine Pflegebeziehung mit einer oder zwei dieser abgewiesenen Weibchen beginnen und sich der Gruppe ständig anschließen. Diese Männchen sind in der Regel jünger und haben noch nicht die Kraft, mit dem dominanten Männchen um die Herrschaft zu kämpfen. Der Folger und seine Weibchen leben friedlich in der Gruppe und spalten sich schließlich ab, um eine eigene zu bilden. Manchmal jedoch sieht sich das dominante Männchen der Bedrohung eines älteren starken Männchens ausgesetzt. Dann wird die Loyalität der Weibchen zum kritischen Punkt, denn das neue Männchen kann die Gruppe nur übernehmen, wenn die Weibchen ihn akzeptieren. Das ist so, auch wenn das neue Männchen das alte im Kampf besiegt. Hat das bisherige Männchen eine starke Pflegebeziehung zu all seinen Weibchen, dann ist ihm deren Loyalität mehr oder weniger sicher, und der Angreifer muss abziehen. Doch wenn das bisherige Männchen nicht alle seine Weibchen gepflegt hat, dann können sie zu dem Neuen überlaufen, und das alte Männchen wird abgesetzt. Geschieht das, kann er gezwungen sein, seine Einheit ganz zu verlassen, oder er bleibt als Mitläufer dabei.

SEXUALSCHWELLUNGEN

Um zu signalisieren, dass sie paarungsbereit sind, schwellen bei den Weibchen einiger Affenarten die Geschlechtsorgane und angrenzende Hautpartien an ihrem Hinterteil an. Bei einigen ist das kaum zu sehen; bei den meisten Arten jedoch entwickeln die Weibchen auffällige und farbig leuchtende Schwellungen. Die Größe der Schwellung hängt von den weiblichen Geschlechtshormonen ab. Sie vergrößert sich, wenn der Eisprung des Weibchens naht und erreicht ihren Höhepunkt, wenn er stattfindet und es am fruchtbarsten ist. Die Funktion ist möglicherweise mit dem Wunsch des Weibchens nach einem möglichst guten Fortpflanzungspartner und der sicheren Aufzucht des Nachwuchses gekoppelt.

Kämpfen, um zu gefallen

Einer der Gründe, mit denen man das Anschwellen des Geschlechts erklären will, ist der, dass die Weibchen ihre Fruchtbarkeit signalisieren und so die Konkurrenz unter den Männchen anstacheln, um sicherzugehen, dass sie einen hochwertigen Vater für ihren Nachwuchs bekommen. Wenn Männchen gezwungen sind, um fruchtbare Weibchen zu kämpfen, triumphieren die kräftigsten von ihnen und dürfen sich paaren. Weibchen ziehen ohne viel Anstrengung den Nutzen daraus und trennen die Spreu vom Weizen. Diese Strategie scheint aufzugehen: In Gruppen mit mehreren Männchen paaren sich rangniedere Männchen eher mit Weibchen im Frühstadium der Schwellung, während dominante Männchen zu diesem Zeitpunkt noch wenig Interesse zeigen. Doch wenn die fruchtbarste Phase naht und die Weibchen am ehesten trächtig werden können, bestehen die dominanten Männchen auf ihren Rechten und beanspruchen die Weibchen für sich.

Wer ist der Vater?

Vielleicht stellen Weibchen ihre Fruchtbarkeit aber auch deshalb so aufdringlich zur Schau, um das Risiko einer Kindstötung zu minimieren. Wenn alle Männchen über die Fruchtbarkeit des Weibchens Bescheid wissen und sie sich alle zum ein oder anderen Zeitpunkt der Schwellung mit ihm gepaart haben, dann wird es schwierig für sie zu unterscheiden, wer welches Junge gezeugt hat. So kann ein Männchen nicht riskieren, ein Junges zu töten, damit das Weibchen rascher wieder paarungsbereit wird, da es nicht sicher sein kann, ob es dabei nicht seinen eigenen Nachwuchs tötet.

Fruchtbarkeitsunterschiede

Man nimmt außerdem an, dass die weiblichen Schwellungen ein Gütezeichen sind, mit dessen

Hilfe die Männchen die beste Fortpflanzungspartnerin finden können. Größe und Farbe der weiblichen Schwellung können zeigen, wie fruchtbar das Weibchen ist und wie schnell sie nach einer Paarung trächtig wird.

Sehr junge Pavianweibchen sind beispielsweise weniger fruchtbar als ältere. Sie durchlaufen eine Periode so genannter „Adoleszenssterilität", bevor sie einen Eisprung haben, und zeigen weit kleinere und dunklere Schwellungen als die erwachsenen Weibchen. Erwachsene Männchen ignorieren diese jungen Weibchen eher, die sich dann mit kleineren, jüngeren Männchen paaren.

Andere Anzeichen

Nicht alle Weibchen zeigen ihre Fruchtbarkeit mit Schwellungen ihres Hinterteils. Da Dscheladaweibchen beispielsweise die meiste Zeit damit verbringen, im Sitzen Gras zu fressen, wäre ein sexuelles Signal an ihrem Hinterteil nur von geringem Nutzen. Stattdessen haben Dscheladaweibchen mehrere mit Flüssigkeit gefüllte Bläschen an ihrem Brustkorb. Diese schwellen an und färben sich stark, wenn das Weibchen fruchtbar ist und signalisieren ihren Zustand genauso wie die Sexualschwellungen anderer Arten.

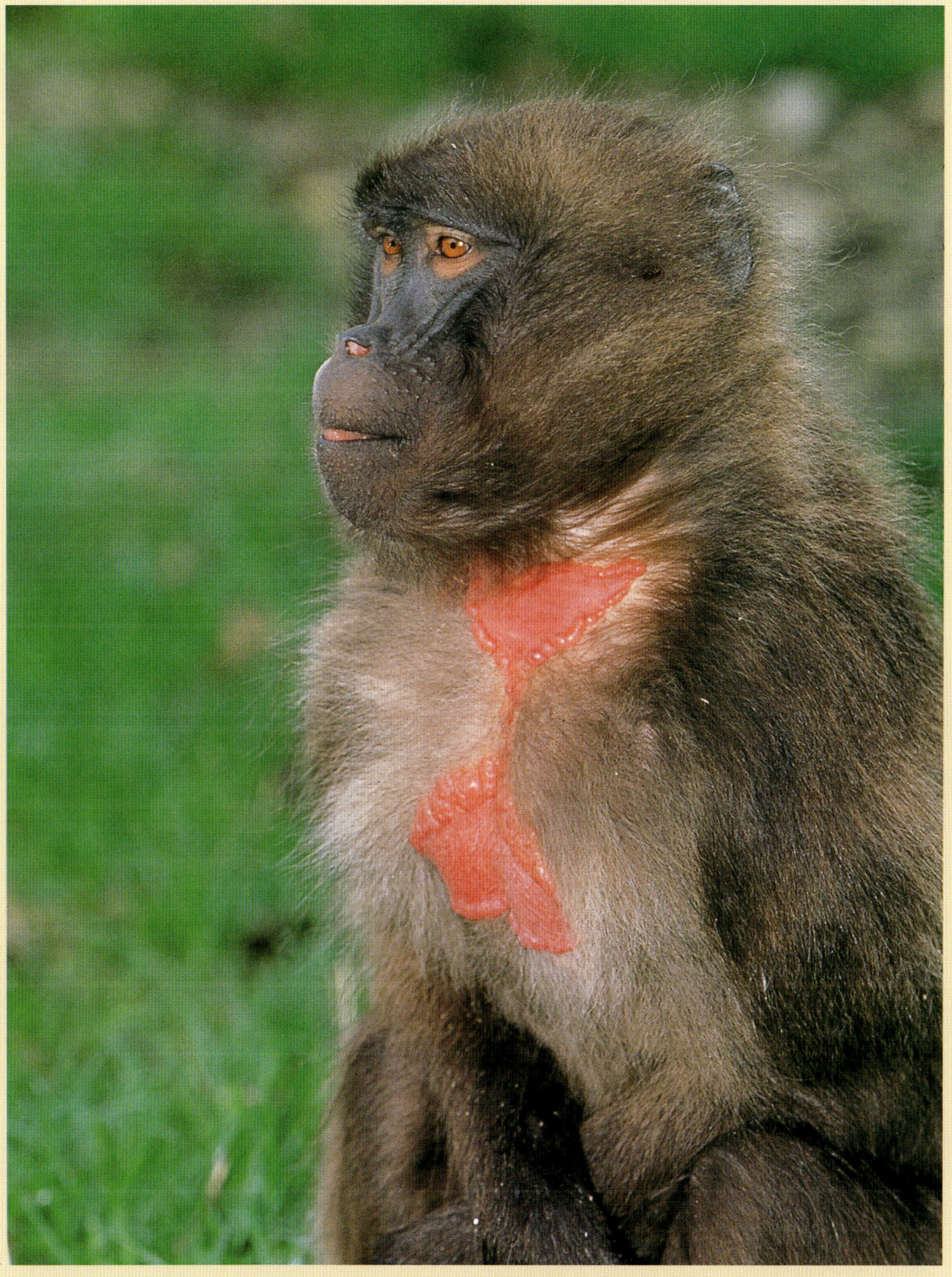

2
1. Pavianmännchen tun sich mit einem fruchtbaren Weibchen zusammen, um sich mit ihm zu paaren. Um das Weibchen immer in der Nähe zu haben, verbringen Männchen ihre Zeit damit, die Gefährtin zu pflegen.

2. Die Bläschen auf dem Brustkorb der Dscheladaweibchen schwellen jeden Monat an, um den Männchen ihre Fruchtbarkeit zu signalisieren. Da sie die meiste Zeit sitzen, sind die Bläschen an der Brust besser sichtbar als eine Schwellung am Hinterteil.

◆ ZUM THEMA

2.2 Düfte und Laute
Pheromone, S. 68

2.3 Weibchen an der Macht
Besondere Beziehungen, S. 76
Tötung von Jungen, S. 81

3.3 Das Paarungsspiel
Das Paarungsspiel, S. 134

3.5 Familienporträts: Affen
Paviane, S. 170
Dschelada, S. 171

4.2 Leben in einer offenen Gemeinschaft
Gründe, treu zu sein, S. 194
Sex und soziale Wirbel, S. 196

Besondere Freundschaften

Anubispavian-Männchen setzen die gleichen Taktiken wie Dschelada-Mitläufer ein, um sich bei den Mitgliedern einer neuen Gruppe einzuschmeicheln. Wenn Anubispavian-Männchen geschlechtsreif sind, verlassen sie ihre Geburtsgruppe und ziehen zu einer neuen. Man vermutet, dass auf diese Weise Inzucht vermieden wird. Um sich in einer neuen Gruppe zu integrieren, setzen die Männchen ihre sozialen Fähigkeiten ein. Ein neues Männchen wird sich am Rande einer Gruppe aufhalten und einem der Weibchen freundliche Avancen machen. Daraus erwächst nach und nach eine richtige Pflegebeziehung. Durch diese besondere Freundschaft wird das Männchen schließlich zu einem akzeptierten Gruppenmitglied, da sie ihm ermöglicht, auch mit den Freundinnen des Weibchens umzugehen. Es können sich sogar Gelegenheiten zur Paarung ergeben, da sich Weibchen manchmal lieber von Neuankömmlingen begatten lassen. Je sozial befähigter ein Männchen ist, desto sanfter wird es integriert. Ist es zu aggressiv, werden ihn die Weibchen als Freund und Paarungspartner gleichermaßen ablehnen. Aggression kann nützlich im Konkurrenzkampf mit anderen Männchen sein, doch führt sie zu nichts, wenn die Weibchen ihn nicht wollen. Für ein Männchen besteht der Erfolg im Paarungsspiel deshalb aus einer Mischung von Stärke und feineren sozialen Fähigkeiten.

1. Alle Pavianjungen fühlen sich zu erwachsenen Männchen hingezogen, sie folgen ihnen und fressen die Reste, die diese fallen lassen.

2. Dscheladamännchen müssen sich mit den Weibchen ihres Harems gut stellen. Ihre Position hängt zum Großteil von weiblicher Loyalität ab.

AFFENMÜTTER

Die Paarung ist natürlich nur die halbe Geschichte. Während sich für die Männchen alles darum dreht, ist die Hauptsorge der Weibchen, die Jungen großzuziehen. Affenjunge sind bei der Geburt recht gut entwickelt – ihre Augen sind geöffnet, und sie können sich gut im Fell ihrer Mütter festkrallen. Trotzdem sind sie völlig von ihnen abhängig. Auch wenn sie schon allein unterwegs sind und allein fressen, sind sie noch lange nicht selbstständig. Junge Affen brauchen ihre Mütter bis hin zum zwölften bis achtzehnten Lebensmonat: Halbaffen werden im Gegensatz dazu in diesem Alter schon zum ersten Mal selbst Eltern. Affenmüttern obliegt dagegen eine Rund-um-die-Uhr-Betreuung. Wie für alle arbeitenden Mütter ist es hart für sie, den Anforderungen des Alltags und denen ihrer Jungen gerecht zu werden.

Zehrende Mutterschaft

Affenweibchen haben kaum Fettreserven, weshalb sie mehr fressen müssen, um genug Milch zu produzieren. Doch Zeit zu finden, um genug Nahrung zu suchen, kann problematisch werden, denn Neugeborene sind ein Quell großen Interesses für alle anderen Gruppenmitglieder. Frischgebackene Mütter werden oft von anderen Tieren bestürmt, die das Baby halten und mit ihm spielen wollen. Auch werden junge Mütter mehr gepflegt als gewöhnlich. Bei Bärenpavianweibchen setzen andere Gruppenmitglieder das verstärkte Pflegen dazu ein, Zugang zum Baby zu bekommen, denn junge Pavianmütter schotten ihren Nachwuchs normalerweise ab. Unglücklicherweise kommt es gerade dann zu all diesen Extra-Aufmerksamkeiten, wenn die Weibchen am meisten Nahrung brauchen. Die ständigen Unterbrechungen haben zur Folge, dass die jungen Mütter nicht genug fressen können und oft abnehmen. Um wert-

★ Männliche Totenkopfäffchen legen kurz vor Beginn der Paarungszeit Gewicht zu. So gepolstert stehen sie die anstrengende Zeit des Werbens und der Konkurrenzkämpfe durch.

3. Ein Kleideraffe mit einem Jungen. Langurenweibchen sind sehr entspannt, wenn es darum geht, anderen Weibchen ihre Jungen zu überlassen. Das hilft ihnen dabei, Energie zu sparen, und unterstützt so die Milchproduktion.

4. Anubispavian-Weibchen inspizieren einen Neuankömmling ihrer Gruppe. Neugeborene Junge sind ein Quell großen Interesses für alle anderen Gruppenmitglieder.

volle Kalorien zu sparen, ruhen sie sich deshalb die meiste Zeit aus.

Tanten und Babysitter

Einige Affen sind entspannter im Umgang mit ihren Kindern als Paviane und haben keine Bedenken, sie anderen zu überlassen. Der Nachwuchs von Grünen Meerkatzen, Stummelaffen und vielen asiatischen Languren wird die meiste Zeit seines jungen Lebens von anderen Weibchen umsorgt. So können junge Weibchen Erfahrungen mit Babies sammeln, was ihnen dabei helfen kann, zum entsprechenden Zeitpunkt selbst gute Mütter zu werden. Das Babysitten entlastet die Mutter, da sie Energie spart, die sie sonst beim Herumtragen des Jungen verbrauchen würde. Diese Energieersparnis führt wahrscheinlich dazu, dass die Weibchen rascher neuen Nachwuchs haben als Weibchen anderer Arten, bei denen Babysitten nicht üblich ist.

Die Champions unter allen, die ihre Verantwortung als Mütter delegieren, sind jedoch mit Sicherheit die Marmosetten und Tamarine aus Süd- und Mittelamerika. Diese Arten werfen Zwillinge, deren Gewicht bis zu 25 Prozent des Körpergewichts der Mutter ausmachen kann. Das ist für ein Weibchen eine ganz schöne Last, besonders wenn der Hauptteil ihrer Energie in die Milchproduktion fließen soll. Folglich lässt das Weibchen die anderen Gruppenmitglieder den Nachwuchs herumtragen, vor allem den Vater der Babies, der ihr die Kleinen nur zum Säugen reicht. Im Allgemeinen sind die Helfer mit den Babies verwandt – ältere Geschwister helfen dabei, ihre jüngeren Brüder und Schwestern großzuziehen.

1. Im Alter von zwei bis drei Monaten verbringen Pavianjunge allmählich ihre Zeit außerhalb des Dunstkreises ihrer Mütter und erkunden die Welt.

2. Pavianjunge hängen in den ersten Lebenswochen mit dem Kopf nach unten fest an die Mutterbrust geklammert. Später können sie dann auf dem Rücken reiten.

3. Dominante Weibchen entreißen Müttern oft ihre Jungen. Die Mutter kann nichts tun, als zu warten, bis es dem dominanten Weibchen langweilig wird und es das Junge, hoffentlich unversehrt, gehen lässt.

3 DIE AFFEN

3.3 DAS PAARUNGSSPIEL

⭐ **Nasenaffenbabies werden mit einem hellblauen Gesicht geboren. Die Farbe verschwindet im Lauf ihrer ersten Lebensmonate.**

1. Tamarinweibchen werfen Zwillinge. Um die Mutter zu entlasten, trägt der Vater die Kinder. Nur zum Säugen übergibt er sie der Mutter.

Manchmal jedoch wurden auch nicht verwandte Marmosetten-Männchen dabei beobachtet, wie sie Junge herumtrugen.

Diese Männchen scheinen auch auf die Jungen aufzupassen. Die Fürsorge und Energie, die sie für das Baby aufwenden, mag der Preis dafür sein, dass sie in der Gruppe bleiben dürfen. Es kann auch ihre Chancen erhöhen, sich mit dem Weibchen zu paaren, wenn es das nächste Mal fruchtbar ist.

Da die Aufzucht von Jungen die ganze Gruppe einbezieht, unterdrückt das dominante Marmosetten-Weibchen die Fruchtbarkeit der anderen Weibchen. Das stellt sicher, dass es nur ein Paar Zwillinge gibt – ihre –, das aufgezogen werden muss. Es bedeutet auch, dass jeder dabei helfen kann. Das dominante Weibchen erreicht dies dadurch, dass es Pheromone in den Duftdrüsen der Genitalien produziert und mit diesem speziellen Duft Baumstämme, Äste und sogar andere Weibchen markiert (▷ S. 68). Die Pheromone unterbrechen bei rangniederen Weibchen die Produktion von Geschlechtshormonen und machen sie so unfruchtbar. Da sie sich nicht fortpflanzen können, ist das Beste, was die rangniederen Weibchen tun können, dem dominanten Weibchen bei der Aufzucht ihres Nachwuchses zu helfen. Da alle Weibchen miteinander verwandt sind, helfen rangniedere Weibchen dabei, ihre Geschwister, Nichten oder Neffen großzuziehen, und haben zumindest ein familiäres Interesse daran, dass die Kleinen erfolgreich heranwachsen.

Den Weg freimachen

Ähnlich wie bei den Halbaffen droht den Affenmüttern die Tötung der Jungen durch Männchen, die darauf aus sind, selbst Nach-

▷ WUTANFÄLLE

Ein Wutanfall ist bei jungen Affen nicht ungewöhnlich. Meist treten sie auf, wenn das Weibchen versucht, seine Jungen abzustillen, und sie dazu ermutigt, sich selbst zu ernähren. Es gibt aber auch Fälle, in denen es eher darum geht, wann die Kinder nuckeln dürfen, anstatt darum, wie viel Milch die Mutter ihnen zugesteht. In den ersten Lebensmonaten klammern sich die Babies eng an die Brust ihrer Mutter und saugen ständig. Da sie sehr klein sind und sich nicht bewegen, kann die Mutter ungestört mit der Nahrungssuche fortfahren. Wenn die Kinder größer und aktiver werden, wird das Saugen zum Hindernis. Die Mutter muss um das Kind herumgreifen und das schränkt ihre Bewegungsfreiheit ein und macht sie langsamer. Viel zu essen ist für stillende Weibchen jedoch dringend erforderlich, um ausreichend Milch zu produzieren. Wenn das Kind beginnt im Weg zu sein, während die Mutter frisst, stößt sie es weg und verweigert ihm das Nuckeln. Das führt zu Wutanfällen bei den Kleinen. Nach ein paar Tagen begreifen sie jedoch allmählich, dass die Mutter sie nicht ablehnt, sondern sie bloß daran gewöhnt, nur dann zu saugen, wenn sie sich ausruht oder putzt.

wuchs zu zeugen (▷ S. 81). Dieses Verhalten wurde bei vielen Arten beobachtet, darunter Paviane, Diadem-Meerkatzen, Brazzameerkatzen und Brüllaffen. Die berüchtigsten Kindsmörder sind jedoch die indischen Hanumanlanguren.

Sie leben sowohl in Gruppen mit einem Männchen als auch in Gruppen mit mehreren Männchen, je nachdem, in welchem Teil Indiens sie zu Hause sind. In Gebieten mit überwiegend Gruppen mit nur einem Männchen sind Übernahmekämpfe an der Tagesordnung, und es kommt öfter zum Wechsel des dominanten Männchens. Diese bleiben oft nur ein Jahr an der Spitze der Gruppe. Da ein Männchen durchschnittlich nur ein Jahr Zeit hat, Junge zu zeugen, macht es für es Sinn, die Kinder seines Vorgängers zu töten, da dann die Mütter schneller wieder empfängnisbereit werden und es selbst Nachwuchs zeugen kann.

Weibchen mit jungen Kindern sind unfruchtbar, weil das Säugen des Nachwuchses die Freisetzung der Hormone verhindert, die für den Eisprung sorgen. Wenn die Kinder abgestillt sind, wird diese Unterbindung gestoppt und die Weibchen können wieder schwanger werden. Das dauert normalerweise bis zu zwei Jahren. Für ein Männchen, das nur ein Jahr Gruppenführer ist, ist das zu lange. Der einzige Weg, um selbst die Gelegenheit zu erhalten, den eigenen Nachwuchs großzuziehen, ist das Töten aller nichtverwandten Säuglinge, die zur Zeit seiner Gruppenübernahme zugegen sind. Das wollen die Weibchen natürlich verhindern und schließen sich häufig zu großen Koalitionen zusammen, um ihre verwundbaren Kinder zu schützen. Sie sind oftmals in der Lage, aggressive Männchen für einige Wochen in Schach zu halten, doch meist nicht länger, denn der Einsatz ist für die Männchen einfach zu hoch. Sie weigern sich, nachzugeben und den Nachwuchs eines anderen Männchens am Leben zu lassen. Selbst wenn alle Weibchen sie bewachen, werden die meisten Babies schließlich getötet. Den Müttern bleibt keine andere Wahl, als sich mit dem neuen Männchen ihrer Gruppe zu paaren.

2. Die Tötung der Jungen kommt bei Hanumanlanguren vor allem dann vor, wenn ein neues Männchen das Reviermännchen verdrängt und eine Gruppe Weibchen übernimmt.

Ein Haubenlanguren-Baby ist heller als seine Mutter.

 BUNTE BABIES

Neugeborene Affen haben oft nackte Gesichter und ein Fell mit einer ganz anderen Farbe als das der Erwachsenen. Dieser „Geburtspelz" ist je nach Art sehr unterschiedlich, und es dauert zwischen neun Monaten und einem Jahr, bis er allmählich die Farbe der Erwachsenen annimmt. Paviane kommen mit tiefschwarzem Fell und hellrosa Gesichtern und Ohren zur Welt, Brillenlanguren werfen Junge, deren zartes Apricot erheblich mit dem braunen Pelz der Mutter kontrastiert. Die Babies des Roten Langurs sind weiß mit einem dunklen Streifen am Rücken und unterscheiden sich deutlich vom Orange des Fells der Erwachsenen. Bärenmakaken sind bei der Geburt ebenfalls weiß und werden nach und nach dunkelbraun.

Die Ursache für solche dramatischen Farbunterschiede ist unbekannt. Vielleicht sollen die Geburtsfarben junger Affen bei den Erwachsenen Schutzinstinkte auslösen, so dass sie die Jungen akzeptieren. Das würde erklären, warum sich die auffälligsten Unterschiede in der Fellfarbe bei asiatischen Schlankaffen finden, wo Neugeborene vom ersten Lebenstag an von jedem Weibchen betreut werden.

(umliegende Seite) Weibliche Hanumanlanguren putzen einander. Langurenweibchen tun sich oft gegen mörderische Männchen zusammen, um ihre Jungen zu schützen – leider oft vergeblich.

3.4 EINE EINZIGARTIGE INTELLIGENZ

Ihr zielgerichtetes Verhalten, die klare Mimik und das neugierige Naturell lässt auf eine hohe Intelligenz der Affen schließen. Das Gehirn der Primaten wuchs, um mit den einzigartigen Anforderungen fertig zu werden, die das Gruppenleben an sie stellt. So sind Affen Meister darin, Probleme der sozialen Welt zu lösen, wie Freundschaften zu schließen und Feinden aus dem Weg zu gehen.

Ein komplexes Sozialleben erfordert große Denkfähigkeit, da es dynamisch und schnelllebig ist. Die Tiere müssen rasch Entscheidungen treffen, wie zu handeln ist, und dabei die Absichten anderer Gruppenmitglieder berücksichtigen, die allerdings auch ohne Vorwarnung wieder geändert werden können. Schnelles Denken ist geboten, um mit den ständigen Änderungen, die im Leben einer Gruppe stattfinden, Schritt zu halten – und, noch wichtiger, um die Nase vorn zu haben. Affen müssen immer einen klaren Kopf behalten.

ÜBER JEDEN BESCHEID WISSEN

In einer Gruppe zurecht zu kommen, hängt sehr davon ab, wen man kennt, und nicht davon, was man kennt. Eine Affengruppe verändert sich ständig, Tiere kommen und gehen und bewegen sich in der Rangordnung nach oben oder unten. Es ist äußerst wichtig, darüber auf dem Laufenden zu sein, mit wem man es zu tun hat und welchen Rang er innehat – Entscheidungen darüber, wen man pflegt oder bekämpft, können sich von einem Tag auf den anderen aufgrund unvorhersehbarer Änderungen im sozialen Gefüge wandeln. Der größte Teil des Alltags eines Affen besteht daher aus Intrigen und Plänen, was man wann und mit wem tut. Hier den Überblick zu behalten erfordert ein gut entwickeltes Gehirn und die Fähigkeit, nicht nur zu erkennen, wer jemand ist, sondern auch, wie er zu den anderen steht.

Den Rang erkennen

Die Fähigkeit, Dominanzbeziehungen zwischen anderen Tieren zu erkennen – sich selbst ausgenommen –, ist der Hauptunterschied zwischen Affen und anderen Säugern, einschließlich der Halbaffen. Während viele Säuger in der Lage sind zu erkennen, wer höher- oder niederrangiger als sie selbst ist, können nur Affen (und Menschenaffen) einen Schritt weiter denken und die Rangfolge zwischen anderen sowie die Auswirkung solcher Beziehungen herausarbeiten.

Experten wissen dank Experimenten, bei denen man Pavianrufe aufnahm und anderen Gruppenmitgliedern vorspielte, dass sie Rangbeziehungen zwischen anderen erkennen können. Erwachsene Weibchen beachteten den Lautsprecher länger, wenn sie etwas Unplausibles hörten, wie etwa ein hochrangiges Weibchen, das einer Niederrangigen einen Unterwerfungslaut zugrunzte. Wenn sie dagegen den Unterwerfungslaut einer Rangniederen zu einer Dominanten hörten, schenkten sie dem Lautsprecher kaum Aufmerksamkeit. Das lässt vermuten, dass die Paviane von Ersterem verstört waren und dass sie die betreffenden Tiere erkannten und deren Beziehung verstanden.

Männchen des Indischen Hutaffen nutzen ihr Wissen von Rangbeziehungen, um zu koalieren. Im Kampf braucht ein Männchen oft die Hilfe eines anderen, um einen Gegner zu besiegen. Kämpfende Männchen gehen vor allem höherrangige Männchen als sie selbst und ihre Gegner um Hilfe an, weil hochrangige Verbündete ihre Siegchancen verbessern. Das zeigt, dass sie nicht nur ihren Rang anderen Gruppenmitgliedern gegenüber einschätzen können, sie wissen auch, wie die Ränge

1. Ein Rotgesichtsmakakenmännchen spaziert zu einer menschlichen Beobachterin, um in ihren Taschen nach Erdnüssen zu suchen. Es nähert sich mit dem arroganten, unverfrorenen Gang eines hochrangigen Männchens, und die anderen Tiere machen ihm Platz.

3 DIE AFFEN

3.4 EINE EINZIGARTIGE INTELLIGENZ

anderer Männchen zueinander in Beziehung stehen.

Indische Hutaffenweibchen sind mindestens genauso gerissen: Wenn zwei Weibchen sich pflegen, kann ein dominantes Weibchen das Paar trennen, um selbst gepflegt zu werden. Normalerweise muss das rangniedrigste Weibchen das Feld räumen, doch manchmal bewegt sie sich nicht vom Fleck, und ihre Partnerin geht.

Das geschieht, wenn das niederrangige Weibchen attraktiver ist – wenn sie beispielsweise viel Zeit damit verbringt, andere Weibchen zu pflegen, und freundlich mit ihnen umgeht. Jedes Weibchen muss daher nicht nur die Rangfolgebeziehungen zwischen den einzelnen Tieren erkennen können, sondern auch die Grade von sozialer Attraktivität. So können sie einschätzen, welche Partnerin bei der sozialen Fellpflege ein sich näherndes Weibchen zu einer bestimmten Gelegenheit bevorzugen wird.

Beziehungen erkennen

Affen erkennen nicht nur Beziehungen auf Grundlage von Rang oder sozialer Attraktivität, sie erkennen ebenfalls die Mutter-Kind-Beziehungen in ihrer Gruppe. Bei einem Experiment mit in Gefangenschaft lebenden Javaneraffen zeigte man den Weibchen Fotos von Müttern und ihren Kindern in der Gruppe und Fotos von anderen bekannten, aber nicht miteinander verwandten Paaren. Die Affen konnten die Fotos mit Müttern und Kindern unterscheiden, auch wenn es sich dabei um Mütter mit erwachsenen Jungen handelte. Javaneraffen verstehen augenscheinlich wie

1. Javaneraffen können die Mutter-Kind-Beziehung ihrer Artgenossen erkennen, selbst wenn der Nachwuchs bereits erwachsen ist und nicht mehr die ganze Zeit bei seiner Mutter verbringt.

 GUTE RECHNER

Affen können nicht nur soziale Situationen gut einschätzen, sie sind scheinbar auch Meister im Zählen. Bei einem Experiment zeigte man Rhesusaffen eine Aubergine, die sich auf der Bühne eines Puppentheaters befand. Dann zog man den Vorhang zu, und entweder ließ man die Aubergine dort, wo sie war, oder legte heimlich eine weitere Aubergine daneben. Als man den Vorhang lüftete, schauten die Affen länger auf die Bühne, wenn eine zweite Aubergine hinzugekommen war. Man nahm an, dass die Affen so etwas wie ein Zahlenverständnis besäßen – sie waren überrascht, zwei Auberginen vorzufinden, wo nur eine sein sollte. Um zu testen, ob die Affen wirklich den Unterschied zwischen eins und zwei erkannten oder lediglich einen Mengenunterschied, veränderte man das Experiment. Diesmal wurde die Aubergine nach dem ersten Herzeigen zurückbehalten oder durch eine doppelt so große ersetzt. Die Affen, die die doppelt so große Aubergine sahen, schienen nicht zu merken, dass etwas Merkwürdiges geschehen war, da die Anzahl der Dinge gleich geblieben war. Anders ausgedrückt, scheinen Affen ein Gefühl für die Anzahl von anwesenden Gegenständen zu haben. Weitere Experimente lassen vermuten, dass sich dieses auf die Zahl drei beschränkt.

Menschen die Beziehung zwischen Mutter und Nachwuchs als eine, die bis in das Erwachsenenalter reicht, auch wenn diese Vorstellung kaum identisch mit der menschlichen ist, da unsere Vorstellung im Gegensatz zu Affen auf gesprochener Sprache beruht.

Grüne Meerkatzen scheinen ebenfalls Mutter-Kind-Beziehungen erkennen zu können. Als die Aufnahme eines schreienden Jungen einer Mutter und anderen Weibchen vorgespielt wurde, schaute die Mutter wie erwartet durchdringend zu dem Geräusch. Interessanterweise schauten die anderen Weibchen jedoch nicht zu dem Geräusch, sondern zur Mutter hin. Das lässt vermuten, dass sie das Junge und seine Beziehung zu dem Weibchen neben ihnen erkannten.

Bindungen respektieren

Bei Mantelpavianen fand man heraus, dass sie eine subtile Art der Beziehung zwischen Männchen und Weibchen erkennen konnten. Diese Paviane leben in Gruppen mit einem dominanten Männchen, und die Weibchen verbringen lange Zeit damit, diesem Männchen das Fell zu pflegen. Andere Männchen erkennen und „respektieren" diese Beziehung: Wenn ein Männchen ein anderes Männchen und ein Weibchen bei der Fellpflege und freundlichem Umgang miteinander sieht, versucht es nicht, mit dem Weibchen in Kontakt zu treten, auch wenn es anschließend die Möglichkeit dazu haben sollte. Wenn es jedoch das Männchen und das Weibchen zusammen, aber nicht freundlich miteinander sieht, versucht es, den Kontakt aufzunehmen und das Weibchen möglichst selbst zu pflegen.

Steppenpaviane zeigen derlei Rücksichten nicht. Stattdessen tun sie ihr Bestes, den Umgang eines festen Pärchens zu stören, in der Hoffnung, das Weibchen für sich selbst zu ergattern. Männchen tun sich sogar oft zusammen, um das zu erreichen.

2. Weibliche Mantelpaviane konzentrieren all ihre Aufmerksamkeit auf das Männchen des Harems. Andere Männchen, die das sehen, „respektieren" die Beziehung und versuchen nicht, mit den Weibchen Kontakt aufzunehmen.

Im Kampf leiten Grüne Meerkatzen Aggression oft auf unbeteiligte Dritte.

 DREIECKSBEZIEHUNGEN

Die beschriebene soziale Kompetenz ist die geistige Fähigkeit, die Affen und Menschen von anderen Säugern unterscheidet. Diese Fähigkeit entwickelte sich nicht nur, um den Affen zu harmonischen Freundschaften innerhalb der Gruppe zu verhelfen, sie entstand auch, um im Konkurrenzkampf zu bestehen. Viele Arten nutzen ihr Wissen um die Beziehungen in der Gruppe gegen konkurrierende Artgenossen, die sie nicht direkt angreifen können. Anstatt mit ihrem Gegner zu kämpfen, leiten sie ihre Aggression auf einen unschuldigen Dritten. Rhesusaffen, Paviane und Grüne Meerkatzen greifen beispielsweise häufig Tiere an, die enge Verwandte oder Freunde ihrer Feinde sind. Bei Grünen Meerkatzen gehen diese Familienfehden sogar noch einen Schritt weiter: Ein Weibchen bedroht oft ein anderes einfach deshalb, weil ihrer beiden Verwandte vor kurzem miteinander gekämpft haben. Sehr junge Affen scheinen dagegen noch nicht zu begreifen, dass man sich für einen Angriff auch indirekt durch Ausnutzen der Verbindungen in dieser Gruppe „rächen" kann, denn man beobachtete nur Tiere über drei Jahre bei solchen indirekten Attacken.

FELDDIEBE UND ERNTEHELFER

Ihre besondere Neugier und hohe Intelligenz, die den Affen dabei halfen, so erfolgreich zu sein, werfen aber auch Probleme auf: In vielen Regionen Afrikas, Asiens und Südamerikas sind Affen eine wahre Plage. Sie verwüsten die sorgsam angelegten Felder von Kleinbauern, durchwühlen die Mülltonnen in Naturreservaten, dringen bisweilen in menschliche Behausungen ein und bedienen sich in deren Speisekammern. Doch manche Arten fanden auch Wege, mit dem Menschen zu kooperieren.

1. Viele Makakenarten gedeihen in der Nähe von Siedlungen. Sie erreichen in solchen Lebensräumen ihre höchste Dichte und können zur Plage werden.

2. Junge Berberaffen bei dem Versuch, durch einen Zaun zu schlüpfen. Um an Futter zu kommen, verwenden die Affen viel Zeit und Anstrengung darauf, menschliche Hindernisse zu überwinden.

Fast Food
Vielerorts setzte man ausgeklügelte Maßnahmen ein, die Primaten aus Wohngebieten fern zu halten. Im Krüger-Nationalpark in Südafrika sind die Campingplätze von großen elektrischen Zäunen umgeben. Unglücklicherweise ist die reichhaltige Beute innerhalb der Plätze so verführerisch, dass die Paviane tatsächlich einen Elektroschock auf sich nehmen, um an ein Lunchpaket zu kommen. Aus ihrer Sicht macht das durchaus Sinn: Eine Scheibe Brot aus der Tasche eines Touristen oder ein paar Yams aus dem Garten eines Farmers deckt ihren täglichen Energiebedarf. Sie würden viele Stunden auf der Suche nach natürlicher Nahrung verbringen, um die Energie hereinzuholen, die in einer einzigen Banane steckt. Natürlich können Touristen das Problem der Tierplage durch ihr eigenes Verhalten eindämmen. Sie können sorgsamer bei der Aufbewahrung ihres Essens sein und darauf achten, dass Türen und Fenster fest verschlossen bleiben. Vor allem sollten sie der Versuchung widerstehen, die wilden Affen zu füttern. Es ist unfair, den Affen Vorwürfe zu machen, wenn sie Zelte oder Ferienunterkünfte ausplündern, wenn es doch die Menschen sind, die sie als Erste auf den Geschmack brachten.

Feldplünderungen
Auch auf Feldern finden Affen leicht Nahrung. Zwar versuchen Kleinbauern, die Tiere durch Zäune davon abzuhalten, doch diese Hindernisse überwinden die schlauen Tiere rasch. So gibt es oft keine Alternative, als die Tiere zu erschießen.

Oftmals ärgert die Bauern auch, dass die Affen dabei sehr verschwenderisch mit ihrer Beute umgehen. Wie in der Wildnis nehmen sie nur ein oder zwei Bissen von einer Frucht, bevor sie sie wegwerfen und die nächste nehmen. Doch im Gegensatz zur weit verbreiteten Ansicht sind Affen nicht destruktiv, sondern transportieren nur natürliches Verhalten in eine ihnen unnatürliche Umgebung.

Den Menschen helfen
Doch Affen können für uns auch von Nutzen sein. In einigen Regionen Malaysias brachten Menschen beispielsweise Makaken bei, Kokosnüsse von hohen Palmen zu ernten. Der Trainer schickt den Affen in die Baumkrone, und dieser wirft dann die Nüsse hinunter. Da Affen wesentlich beweglicher als Menschen sind, ist die Ernte von Nüssen oder anderen Früchten so wesentlich schneller und effizienter. Die südamerikanischen Kapuzineraffen vollbringen Erstaunliches: Sie werden manchmal für Leute trainiert, die gelähmt sind oder im Rollstuhl sitzen. Sie können Dinge bringen und tragen und sogar das Telefon „beantworten", indem sie ihren Besitzern den Hörer reichen.

3. Ein Makake erntet Kokosnüsse für seinen Besitzer. Auch wenn der Affe gut dressiert ist, muss er angekettet werden, um nicht mit der Beute davonzulaufen.

4. Paviane sind Meister darin, menschliche Vorräte zu plündern. Da sie so groß sind, fürchten sich Menschen oft, sie zu verjagen.

ZUM THEMA

1.3 Primaten heute
Affenplagen, S. 42
Naturschutz contra Naturerhaltung, S. 44

3.5 Familienporträts: Affen
Kapuzineraffen, S. 162
Rhesusaffe, S. 168
Paviane, S. 170

4.3 Menschenaffen mit Intellekt
Menschenaffen mit Intellekt, S. 198

GRENZEN DER INTELLIGENZ

Auch wenn Affen Beziehungen erkennen und auf das Verhalten anderer Tiere reagieren können, bleiben sie weit hinter dem Menschen mit seinen geistigen Fähigkeiten zurück. Im Gegensatz zum Menschen, der weiß, dass man Gedanken und Verhaltensweisen von anderen beeinflussen kann, scheint Affen noch nicht einmal bewusst zu sein, dass andere Tiere überhaupt denken können. Sie können sich nicht in die Lage eines anderen hineinversetzen, wenn sie einer Situation ausgesetzt sind, die jeder unterschiedlich wahrnimmt. Grüne Meerkatzen z. B., die in Sicherheit sind, warnen ihre Jungen nicht vor einer möglichen Gefahr, selbst wenn sie diese im Gegensatz zu den Kleinen herannahen sehen.

Siehst du Affe, was du tust?

Genauso wenig verstehen sie, dass Sehen auch Wissen bedeutet:

Bei einem Experiment sah ein in Gefangenschaft gehaltener Affe dabei zu, wie in Gegenwart seines Trainers Futter in einem von

 Affen können bis drei zählen. Sind es mehr Gegenstände, erkennen sie keinen Unterschied.

Anubispaviane in Kenia jagen manchmal Gazellenkälber. Das Fleisch ist heiß begehrt, doch Paviane teilen es nicht. Deshalb müssen die anderen Tiere taktisch vorgehen, um etwas abzubekommen.

1. (gegenüber) Pavianjunge ziehen nach ihrer Geburt viel Aufmerksamkeit auf sich. Junge Mütter werden weit öfter gepflegt als normal; so versuchen die anderen Tiere, dem Baby nahe zu sein.

▶ IST ES TÄUSCHUNG?

Ein Pavianweibchen, das gerne Fleisch mag, sieht ein erwachsenes Männchen, das ein Gazellenkalb erlegt hat. Das Männchen gibt freiwillig keinem anderen Mitglied der Gruppe etwas von seiner Beute ab. Deshalb macht sich das Weibchen an ihn heran und pflegt ihn. Allmählich entspannt sich das Männchen und lehnt sich lässig unter den Zärtlichkeiten des Weibchens zurück. Sofort schnappt das Weibchen dem dösenden Männchen das Wild weg und rennt davon. Ein klares Täuschungsmanöver sollte man meinen.

Doch was geschieht hier wirklich? Zugegeben, der Schluss ist verführerisch, dass das Weibchen das Männchen nur deshalb pflegt, um es in einem falschen Gefühl von Sicherheit zu wiegen und so das Fleisch in die Hände zu bekommen. Tatsächlich mag seine eigentliche Zielsetzung jedoch die gewesen sein, so nahe wie möglich an das Fleisch heranzukommen, und die Fellpflege könnte der einzige Weg gewesen sein, sich dem Männchen zu nähern. Als es einnickte, gab es dem Weibchen zufällig die Gelegenheit, sich etwas Fleisch zu schnappen. Das ist vielleicht spielverderberisch, doch wenn man Aussagen wie „Täuschung" trifft – die eine Absicht beinhaltet – und andere geistige Phänomene, die man nicht beobachten kann, dann sollten wir vorsichtig damit sein und nicht unsere Denkweisen als Grundlage nehmen. Für die meisten so genannten Täuschungsversuche gibt es eine Erklärung wie die obige, die den Affen keine böse Absicht zuschreibt, sondern eine glaubwürdige Betrachtung ihres Verhaltens ist. Die meisten Forscher sind heute der Ansicht, dass Affen kaum beabsichtigen, ihre Gruppenmitglieder zu täuschen.

3.4 EINE EINZIGARTIGE INTELLIGENZ

1. Kapuzineraffen kann man in Gefangenschaft dazu trainieren, „Werkzeug" zu verwenden. Trotzdem scheinen sie nicht wirklich zu verstehen, wie ein Werkzeug funktioniert.

2. Paviane lieben Vogeleier, und Straußeneier sind buchstäblich der größte Festschmaus überhaupt. Trotz ihrer Intelligenz scheinen Bärenpaviane nicht zu wissen, wie man Eier öffnet – sie tun es eher aus Versehen.

mehreren Kästen versteckt wurde. Der Affe schien nicht zu verstehen, dass der Trainer wusste, wo das Futter versteckt war. Als er die Wahl hatte, war der Affe ebenso bereit dazu, einen anderen Trainer, der nichts von dem Versteck wusste, zu veranlassen, einen der Kästen zu öffnen, um das Futter zu finden.

Affen können sich auch nicht so wie Menschen und Schimpansen im Spiegel erkennen (▷ S. 200), was zur Annahme führt, dass ihnen eine Einsicht fehlt, die wir als selbstverständlich betrachten: Selbsterkenntnis. Stattdessen verhalten sie sich immer so, als ob sie einen anderen Affen sehen würden. Aber vielleicht ist diese fehlende Selbsterkenntnis gar kein Zeichen niederer Intelligenz, denn einem anderen Affen in die Augen zu schauen ist eine Drohgeste, und genau das erblicken die Affen im Spiegel. Mag sein, dass es ihnen nicht gelingt, mehr über Spiegel und Spiegelbilder zu lernen, weil sie sich nur ungern der Bedrohung eines „anderen" Tieres aussetzen.

Doch Affen kommen offenkundig auch sehr gut ohne die Erkenntnis zurecht, dass andere Tiere ebenfalls denken. Sie achten stattdessen auf die Hinweise, die ihre Artgenossen durch ihr Verhalten geben. Diese Fingerzeige ermöglichen es den Affen vorauszusehen, was die anderen Tiere in einer bestimmten Situation tun werden, ohne wirklich dem gedanklichen Prozess der Tiere zu folgen. Anders ausgedrückt sind Affen keine sehr guten Psychologen, aber sehr gute Beobachter tierischen Verhaltens.

NAHRUNG FÜRS GEHIRN

Zwar ist die Intelligenz der Affen eher daran angepasst, die sozialen Anforderungen zu meistern, dennoch setzen einige Arten ihre Geisteskräfte auch zu anderen Zwecken ein. So sind Kapuzineraffen für ihre innovativen Techniken bei der Futtersuche bekannt: In der Wildnis knacken sie Nüsse, indem sie sie gegen Bäume schmettern. In Gefangenschaft können sie bald die verschiedensten Werkzeuge handhaben, um geschickt verstecktes Futter zu finden.

Dumme Fehler

Doch Kapuzineraffen sind nicht so schlau, wie es auf den ersten Blick scheint. Einer Gruppe in Gefangenschaft zeigte man, wie man mit Stöcken Futter aus einem Rohr herausstoßen konnte, was die Affen sehr schnell beherschten. Doch als man ihnen andere Werkzeuge zur Lösung desselben Problems anbot, zeigte ihre Reaktion, wie wenig sie verstanden hatten, was sie eigentlich taten. Als man ihnen ein Stück Schnur gab, versuchten sie genauso wie mit einem Stock, das Futter herauszustoßen. Sie erkannten offenbar nicht, dass ein Werkzeug zum Anschieben hart sein musste. Als nächstes gab man ihnen zwei kurze Stöcke. Um an das Futter zu kommen, musste man einen nach dem anderen vom selben Ende der Röhre aus hineinlegen. Wieder verstanden die Affen nicht, was sie mit den Werkzeugen anstellen sollten. Schließlich kamen sie zufällig auf die Lösung, konnten die Aufgabe aber nicht ohne unnötige Irrtümer wiederholen, was den Erfolg minderte.

Südafrikanische Bärenpaviane zeigen ein ähnlich „dummes" Verhalten beim Versuch, Straußeneier zu öffnen. Paviane lieben diesen nahrhaften Schmaus und rauben Straußennester aus, wann immer sie eines finden. Sie wissen scheinbar, dass sie das Ei fallen lassen müssen, um es zu zerbrechen, aber nicht, dass das Ei auf etwas Hartes treffen muss. Bärenpaviane können bis zu einer halben Stunde in einem Straußennest sitzen und immer wieder das Ei aufheben und ohne Erfolg fallen lassen. Zufällig trifft dann das Ei ein anderes, zerbricht und wird gierig verschlungen. Doch lernen die Paviane nicht, warum das Ei zerbrochen ist. Beim nächsten Ei geht das Ganze wieder von vorne los.

Gescheite Maßnahmen

Andere Affen haben jedoch gelegentlich wahre Geistesblitze. Rotgesichtsmakaken z. B. zeigte man, wie sie an Apfelstückchen in einer Röhre kommen konnten, wenn sie Steine hineinwarfen, um den Apfel hinauszustoßen. Die Makaken hatten die Technik bald raus und erfanden darüber hinaus eine eigene Lösung, nämlich mit Stöcken in der Röhre herumzustochern. Ein Weibchen tat sich besonders hervor, indem es eine noch geschicktere Methode fand, um an den Apfel zu kommen. Es holte sein Junges, trug es zu der Röhre und schob es ohne zu zögern in die Röhre hinein. Hatte das Baby den Apfel ergriffen, zog das Weibchen es mit einem Ruck wieder heraus und nahm ihm das Apfelstückchen weg. Andere Weibchen machten den „Schieb-das-Baby-in-die-Röhre-Trick" nach, nahmen aber eher irgendein Junges, das gerade da war. Nur das erste, erfinderische Weibchen wählte ihr eigenes Baby für diese Aufgabe.

Kartoffeln waschen

Rotgesichtsmakaken sind bekannt dafür, dass sie im Umgang mit Nahrung neue Wege gehen. Ein berühmtes Beispiel ist das Kartoffelwaschen. 1950 fütterten japanische Forscher eine Gruppe wilder Makaken mit

3. Ein Weißschulterkapuziner. Kapuzineraffen sind die Affenart mit den größten Gehirnen in Südamerika. Sie fanden als einzige heraus, wie man hartschalige Nüsse knacken kann.

3.4 EINE EINZIGARTIGE INTELLIGENZ

Süßkartoffeln, um sie zu einem Strand zu locken, an dem sie leichter zu beobachten waren.

Ein junges, 18 Monate altes Weibchen namens Imo brachte seine Kartoffel zum Meer und wusch den Sand ab, bevor es sie aß. Dieses Verhalten nahmen nach und nach andere Gruppenmitglieder an, und bald wuschen die meisten von ihnen Kartoffeln. Zuerst dachte man, dass die anderen Affen Imo nachmachten und dass Kartoffelwaschen eine Art kulturellen Verhaltens sei. Doch stellte sich rasch heraus, dass die anderen Imo nicht imitierten, sondern ihr nur zum Wasser folgten. Waren sie erst einmal dort, stellten sie selbst zufällig fest, dass gewaschene Kartoffeln weniger sandig waren und so besser schmeckten.

Kartoffelwaschen verbreitete sich jedoch nur unter den jungen Affen. Fünf Jahre nach Imos ersten Versuchen wuschen 80 Prozent der zwei bis sieben Jahre alten Gruppenmitglieder ihre Kartoffeln, doch nur zwei der elf erwachsenen Weibchen. Das änderte sich jedoch mit der Zeit. Als die Kartoffelwäscher älter wurden, gaben sie die Technik an ihren Nachwuchs weiter, und das Verhalten wurde von da an immer mehr zur Regel.

Zweifelsohne war Imo eine sehr gescheite junge Makakin. Als sie vier war, erfand sie noch etwas, was ihr das Leben erleichterte. Die japanischen Forscher gaben den Affen nicht nur Kartoffeln, sondern auch Weizenkörner. Es dauerte lange, bis sie diese aus dem Sand aufgepickt hatten, weshalb sie lange am Strand bleiben mussten. Imo musste das jedoch keineswegs, sie nahm eines Tages eine Handvoll Sand mit Weizen und warf sie in einen kleinen Bach, der am Strand verlief. Der schwere Sand sank ab, doch der Weizen blieb oben und Imo konnte die sauberen Weizenkörner schnell herausholen.

Diese Technik, auch als „Goldwaschen" bekannt, setzte sich nie so durch wie das Kartoffelwaschen. Nach fünf Jahren übten sie nur zwölf andere Affen aus. Goldwaschen ist wahrscheinlich schwerer zu erlernen, da es ein komplexeres Verständnis der Verhältnisse zwischen Gegenständen voraussetzt. Kartoffelwaschen besteht lediglich darin, die Kartoffel zu halten und ins Wasser zu tauchen. Goldwaschen jedoch erforderte, dass ein Tier sein Futter „wegwirft", bevor es es fressen kann. Das machte es so schwierig, diese Technik zu erlernen, weil die Tiere verständlicherweise ihr Futter nicht aus der Hand geben wollten. Vielleicht konnten nur die schlauesten der Tiere verstehen, dass die Belohnung für das Wegwerfen größer war als das resolute Festhalten.

1. Imo, eine junge Rotgesichtsmakakin, erfand das Kartoffelwaschen. Diese Technik setzte sich durch.

2. Forscher glauben, dass andere Affen das Kartoffelwaschen durch das Versuch-und-Irrtum-Prinzip lernten.

3.5 FAMILIENPORTRÄTS: AFFEN

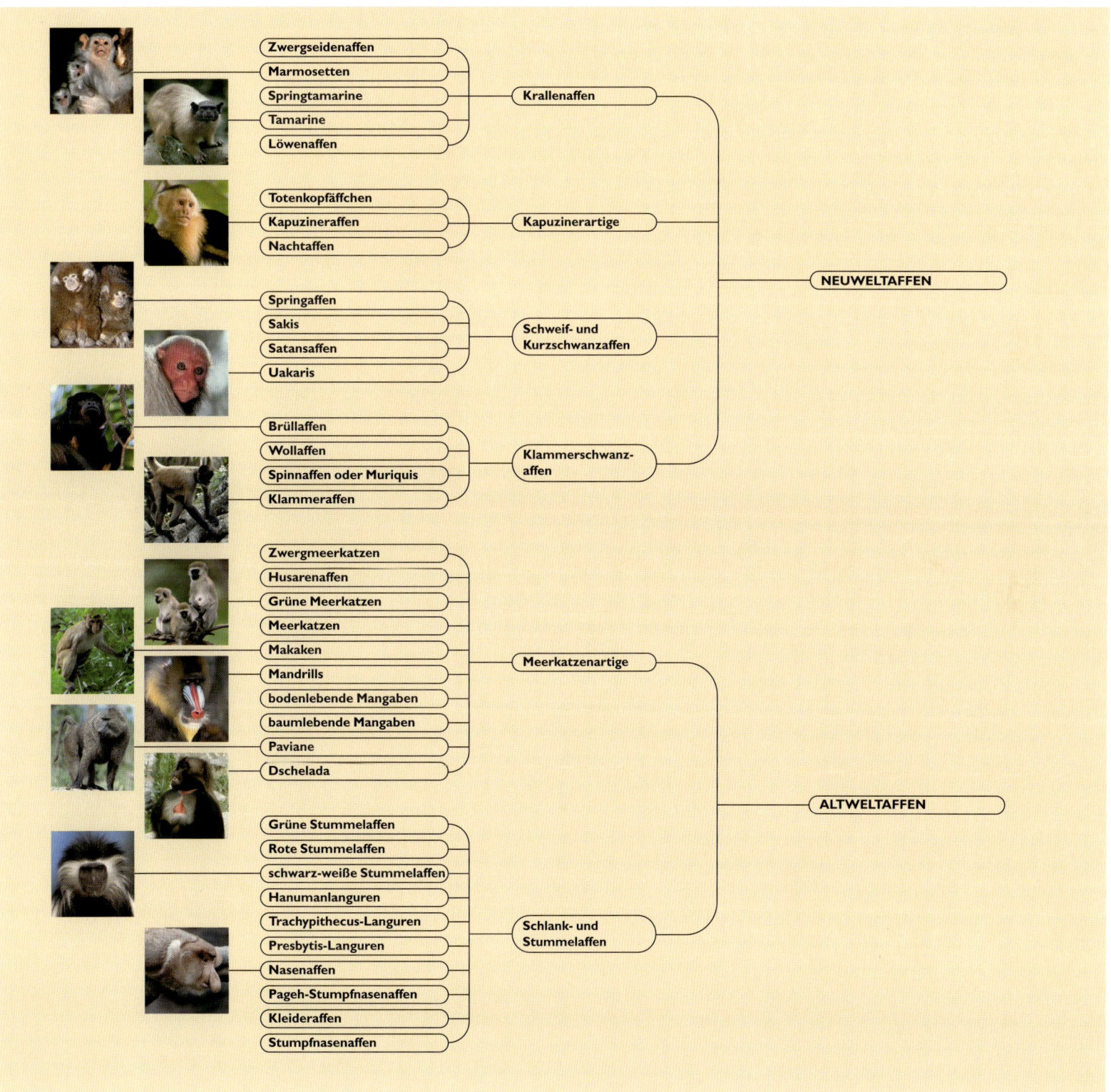

3.5 MARMOSETTEN

Marmosetten sind die kleinsten der südamerikanischen Affenarten, das Zwergseidenäffchen ist mit gerade 100 Gramm das kleinste von allen. Ihr Fell ist hell, und ihre Bewegungen und Stimmen erinnern an Vögel. Marmosetten sind auf das Fressen von Baumsäften spezialisiert. Sie besitzen sehr lange scharfzackige Schneidezähne, mit denen sie Löcher in die Rinde meißeln und so die Baumsäfte zum Fließen bringen. Statt Plattnägeln haben sie Krallen (außer an ihren großen Zehen), mit denen sie an Baumstämmen gut Halt finden.

Anders als bei anderen Affenarten unterscheiden sich Marmosettenmännchen und -weibchen weder in der Größe noch in der Farbe. Sie leben in kleinen Familien und werfen meist Zwillinge. Das Männchen schleppt die Jungen meistens mit sich herum und reicht sie der Mutter nur zum Säugen.

Silberaffe mit Zwillingen. Marmosetten werfen Zwillinge, die die Männchen mit sich herumtragen, damit die Weibchen entlastet werden, um Energie für die weitere Fortpflanzung zu sparen.

⊕ ZUM THEMA

Lebensweisen der Affen 3.1
Neuweltaffen, S. 105
Marmosetten und Tamarine, S. 107

Das Paarungsspiel 3.3
Tanten und Babysitter, S. 143

⊕ VERBREITUNG

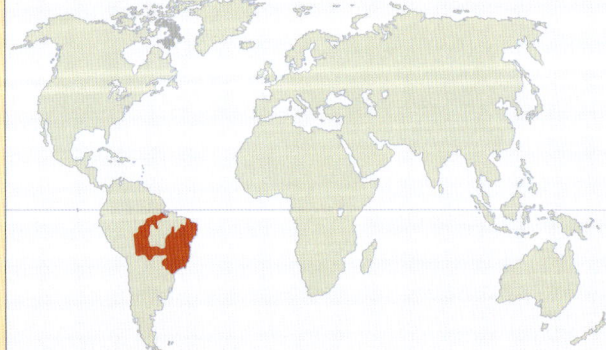

Marmosetten sind kleine südamerikanische Affen. Sie kommen im Großteil Brasiliens und Amazoniens vor.

FAKTEN	
Verbreitung	Südamerika (ganz Brasilien und Amazonien)
Arten	Silberaffe (*Callithrix argentata*) Weißschulterseidenaffe (*Callithrix humeralifer*) Weißbüschelaffe (*Callithrix jacchus*) Weißohrseidenaffe (*Callithrix aurita*) Gelbkopfbüschelaffe (*Callithrix flaviceps*) Geoffroy Perückenaffe (*Callithrix geoffroyi*) Schwarzpinselaffe (*Callithrix penicillata*) Zwergseidenaffe (*Cebuella pygmaea*) Springtamarin (*Callimico goeldii*)
Körpergewicht	Weibchen: 100 bis 300 g Männchen: 100 bis 300 g
Aktivitätsmuster	Baumbewohner; tagaktiv
Lebensraum	Primärer und sekundärer Regenwald
Fortpflanzung	Erster Wurf mit etwa 12 bis 24 Monaten; dann alle sechs Monate; zwei Junge pro Wurf (Ausnahme: Springtamarin mit einem Jungen)
Gruppengröße	2 bis 13
Gruppentyp	Familien aus Männchen, Weibchen und Nachwuchs; evtl. mit einigen erwachsenen „Helfern"
Max. Alter	12 bis 13 Jahre
Schutzbedürftigkeit	Mehrere Arten gefährdet durch weiträumige Zerstörung der Lebensräume

3.5 TAMARINE

Alle Tamarine haben ein auffallendes Äußeres mit hellem Fell, Kämmen und Mähnen. Dieses Manteläffchen lebt in Brasilien.

Tamarine gehören ebenfalls zu den kleinsten Affen der Neuen Welt. Sie haben ein helles Fell mit einer Vielzahl an verschiedenfarbenen Haarschöpfen, Mähnen und Bärten. Die Farb- und Größenunterschiede zwischen den Geschlechtern sind gering. Tamarine ernähren sich von Insekten, Früchten und Baumsäften. Die Weibchen werfen Zwillinge, und die Männchen entlasten die Mütter, indem sie den Nachwuchs herumtragen, so dass die Weibchen genug fressen können, um ihren enormen zusätzlichen Energiebedarf in der Stillzeit zu decken.

Tamarine weisen flexible Sozialstrukturen auf. Meist leben sie in Gruppen, in denen mehrere erwachsene Männchen zusammenleben und sich mit einem einzigen geschlechtsreifen Weibchen paaren. Es gibt jedoch auch Gruppen mit mehreren erwachsenen Tieren beiderlei Geschlechts. In den meisten Fällen helfen die sich nicht selbst fortpflanzenden Tiere den Eltern beim Tragen und Aufziehen ihres Nachwuchses. Diese Form der Zusammenarbeit bei der Aufzucht findet man bei Affen nur bei den Marmosetten und den Tamarinen.

FAKTEN

Verbreitung	Südamerika (in ganz Amazonien bis zu den Guayanas, Kolumbien und Mittelamerika)
Arten	Schwarzrückentamarin (*Saguinus nigricollis*) Braunrückentamarin (*Saguinus fuscicollis*) Goldmanteltamarin (*Saguinus tripartitus*) Schnurrbarttamarin (*Saguinus mystax*) Rotbauchtamarin (*Saguinus labiatus*) Kaiserschnurrbarttamarin (*Saguinus imperator*) Rothandtamarin (*Saguinus midas*) Marmorgesichtstamarin (*Saguinus inustus*) Manteläffchen (*Saguinus bicolor*) Lisztaffe (*Saguinus oedipus*) Geoffroy-Perückenaffe (*Saguinus geoffroyi*) Weißfußaffe (*Saguinus leucopus*)
Körpergewicht	Weibchen: 345 bis 585 g Männchen: 360 bis 575 g
Aktivitätsmuster	Baumbewohner; tagaktiv
Lebensraum	Primärer und sekundärer Regenwald; einige bevorzugen Randhabitate zwischen beiden Waldarten
Fortpflanzung	Erster Wurf mit 15 bis 23 Monaten; dann alle elf bis zwölf Monate; zwei Junge pro Wurf
Gruppengröße	4 bis 6
Gruppentyp	Mehrere Männchen, ein Weibchen oder mehrere Männchen und Weibchen
Max. Alter	13 Jahre
Schutzbedürftigkeit	Verschiedene Arten gefährdet durch Zerstörung der Lebensräume und durch Lebendexporte

⊕ VERBREITUNG

Tamarine sind kleine, auffällig gefärbte Affen aus Südamerika. Man trifft sie überall in Amazonien und bis hinauf nach Mittelamerika an.

ZUM THEMA

3.1 Lebensweisen der Affen
Neuweltaffen, S. 105

3.2 Leben in der Gruppe
Freunde und Feinde, S. 128

3.3 Das Paarungsspiel
Tanten und Babysitter, S. 143

KAPUZINERAFFEN

Kapuzineraffen sind stämmig und robust und haben kurze Greifschwänze. Sie ernähren sich vorwiegend von Früchten, ihren Proteinbedarf aber decken sie durch Insekten. Sie wurden sogar schon dabei beobachtet, wie sie Schnecken fraßen. Kapuzineraffen leben in Gruppen weiblich verwandter Tiere: Die Weibchen bleiben in der Gruppe, in die sie hineingeboren wurden, die Männchen wechseln zwischen den Gruppen, sobald sie geschlechtsreif sind. Bei den Gehaubten Kapuzinern bevorzugen es die Weibchen, sich nur mit dem dominanten Männchen in der Gruppe zu paaren. Wenn sie fruchtbar sind, folgen sie dem dominanten Männchen bis zu vier Tagen und paaren sich des öfteren mit ihm.

Kapuzineraffen haben, gemessen an ihrer Körpergröße, sehr große Gehirne und sind sehr neugierig und aktiv. Manche Kapuzineraffen sind besonders findig, wenn es darum geht, an Nahrung zu gelangen. So wurden sie sogar dabei beobachtet, wie sie Palmfrüchte durch das Schlagen gegen Baumstämme aufbrechen. In Gefangenschaft wurde Kapuzineräffchen der erfolgreiche Umgang mit Werkzeugen beigebracht.

Kapuzineraffen sind quirlig und neugierig. Gemessen an ihrer Körpergröße haben sie große Gehirne.

ZUM THEMA

Lebensweisen der Affen 3.1
Große und kleine Fruchtfresser, S. 108

Leben in der Gruppe 3.2
Freunde und Feinde, S. 128

Eine einzigartige Intelligenz 3.4
Siehst du Affe, was du tust?, S. 155
Nahrung fürs Gehirn, S. 157

VERBREITUNG

Kapuzineraffen findet man in ganz Süd- und Mittelamerika. Sie leben im Laubwerk aller Arten von tropischen Wäldern.

FAKTEN

Verbreitung	Süd- und Mittelamerika
Arten	Gehaubter Kapuziner (*Cebus apella*) Brauner Kapuziner (*Cebus nigrivittatus*) Weißstirn-Kapuzineraffe (*Cebus albifrons*) Weißschulterkapuziner (*Cebus capucinus*)
Körpergewicht	Weibchen: 1,9 bis 2,5 kg Männchen: 3,2 bis 3,7 kg
Aktivitätsmuster	Baumbewohner; tagaktiv
Lebensraum	Wipfel aller Tropenwälder
Fortpflanzung	Erster Wurf mit vier bis sechs Jahren, dann alle 14 bis 26 Monate; ein Junges pro Wurf
Gruppengröße	10 bis 35
Gruppentyp	Gemischte Gruppen aus mehreren Männchen bzw. Weibchen
Max. Alter	40 Jahre
Schutzbedürftigkeit	Offenbar bedroht durch weiträumige Zerstörung des Lebensraumes und Jagd

3.5 SPRINGAFFEN

Springaffen sind klein und leben monogam. Die Pärchen verteidigen ihre Reviere mit langen Gesängen in der Morgendämmerung, die bis zu 15 Minuten dauern können.

Springaffen sind kleine, monogam lebende Affen aus Südamerika. Sie haben lange, flaumige Schwänze, die Männchen und Weibchen der Sumpfspringaffen ineinander schlingen als Zeichen sozialer Bindungen. Springaffen werfen nur ein Junges, das bereits nach einer Woche ausschließlich vom Männchen getragen wird.

Die verschiedenen Arten der Springaffen leben in ganz verschiedenen Lebensräumen. Der Witwenaffe lebt im Baldachin hoher Wälder, während der Sumpfspringaffe Dickicht bevorzugt und häufig im Bambusdickicht angetroffen wird. Alle Springaffen sind sehr revierbezogen: Erwachsene Pärchen verteidigen ihre Reviere durch einen langen zweistimmigen Gesang in der Morgendämmerung, der bis zu 15 Minuten dauern kann. Die benachbarten Springaffen-Gruppen antworten mit ihren eigenen Reviergesängen. Sollten andere Gruppen in das Revier eindringen, verteidigt das Pärchen sein Gebiet vehement.

FAKTEN

Verbreitung	Südamerika (Amazonasgebiete in Brasilien, Venezuela, Kolumbien, Peru, Südostbrasilien)
Arten	Sumpfspringaffe (*Callicebus moloch*) Witwenaffe (*Callicebus torquatus*) Maskenspringaffe (*Callicebus personatus*)
Körpergewicht	Weibchen: 955 bis 1400 g Männchen: 1000 bis 1300 g
Aktivitätsmuster	Baumbewohner; tagaktiv
Lebensraum	Hochwald, Flachlandwald und Bambusdickicht
Fortpflanzung	Erster Wurf mit 2,5 bis 3 Jahren, dann alle zwölf Monate; ein Junges pro Wurf
Gruppengröße	3 bis 4
Gruppentyp	Monogame Familien
Max. Alter	12 Jahre
Schutzbedürftigkeit	Gefährdet durch weitläufige Zerstörung des Lebensraumes

VERBREITUNG

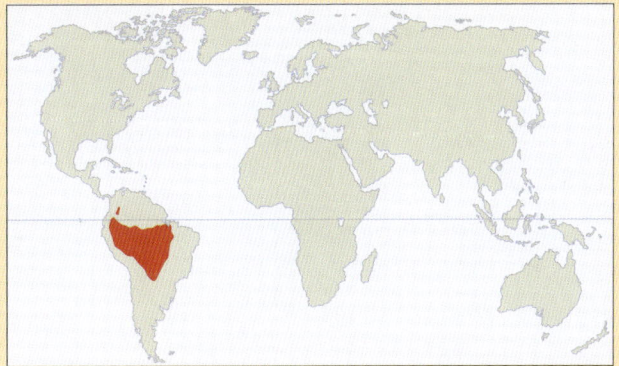

Die verschiedenen Arten der südamerikanischen Springaffen bevorzugen alle unterschiedliche Lebensräume.

ZUM THEMA

3.1 Lebensweisen der Affen
Große und kleine Fruchtfresser, S. 108

3.5 UAKARI

Der sehr seltene Schwarzkopf-Uakari lebt in den trockenen Wäldern rund um die Schwarzwasserflüsse des oberen Amazonas. Die andere Uakari-Art, mit zwei Unterarten, lebt in den überfluteten Wäldern der Weißwasserflüsse des oberen Amazonas. Uakaris haben scharlachrote Gesichter und kahle Köpfe. Die beiden Unterarten haben unterschiedliche Felle: Die eine hat einen hellroten struppigen Pelz, die andere ein weißes Fell.

Uakaris haben sich auf hartschalige Früchte spezialisiert, die andere Affen nicht knacken können. Ihr Gebiss ist entsprechend angepasst. Sowohl die Schwarzkopf-Uakaris als auch die Uakaris leben in großen, 20- bis 30-köpfigen Gruppen mit mehreren Männchen und Weibchen. Weiße Uakaris teilen sich zur Nahrungssuche manchmal in kleinere Gruppen, die oft mehrere Tage getrennt verbringen, bevor sie sich wieder zusammenschließen.

Der weiße Uakari oder Scharlachgesicht hat einen struppigen, weißen Pelz, der sich auffallend von seinem hellroten Kopf abhebt.

ZUM THEMA

Lebensweisen der Affen 3.1
Blatt- und Samenfresser, S. 108

VERBREITUNG

Uakaris sehen sehr außergewöhnlich aus. Sie leben in einem begrenzten Gebiet am oberen Amazonas.

FAKTEN

Verbreitung	Südamerika (Amazonien)
Arten	Schwarzkopf-Uakari (*Cacajao melanocephalus*) Uakari (*Cacajao calvus*)
Körpergewicht	Weibchen: 2,7 bis 2,8 kg Männchen: 3,2 bis 3,5 kg
Aktivitätsmuster	Vornehmlich Baumbewohner; tagaktiv
Lebensraum	Schwarzkopf-Uakari: Schwarzwasserwälder, Uakari: von Weißwasser überflutete Wälder (beide können nur in unberührtem Wald leben)
Fortpflanzung	Erster Wurf mit etwa vier Jahren; ein Junges pro Wurf
Gruppengröße	Schwarzkopf-Uakari: 15 bis 25 Uakari: 5 bis 30
Gruppentyp	Gemischte Gruppen mit mehreren Männchen und Weibchen
Max. Alter	Unbekannt
Schutzbedürftigkeit	Möglicherweise gefährdet

3.5 BRÜLLAFFEN

Der Schwarze Brüllaffe kann einen der lautesten Schreie im gesamten Tierreich ausstoßen. Er hat einen besonderen Kehlknochen, der als Resonanzkörper funktioniert und die Lautstärke des Gebrülls erhöht.

Brüllaffen sind große, blattfressende Affen aus Südamerika. Die Arten unterscheiden sich äußerlich hauptsächlich durch ihre Fellfarbe. Die Männchen sind in der Regel größer als die Weibchen, und beide weisen verschiedene Fellfärbungen auf (Dichromatismus). Brüllaffenweibchen gebären ein Junges, wobei die Kleinen häufig auch von anderen Weibchen bemuttert werden. Brüllaffenmännchen wurden bei der Kindstötung beobachtet, wenn sie zu einer neuen Gruppe stoßen.

Brüllaffen haben ihren Namen aufgrund ihrer lauten Rufe erhalten, mit dem sie ihre Reviere verteidigen. Diese Rufe sind außergewöhnlich laut und über mehrere Kilometer zu hören. Der Kehlknochen der Brüllaffenmännchen hat sich zu einer großen hohlen Kammer entwickelt, die Töne widerhallen lässt und damit die Lautstärke des Rufes erhöht. Brüllaffen liefern sich manchmal lange Geräuschkämpfe, an denen Männchen und Weibchen teilnehmen. Im Notfall werden die aggressiven Rufe durch körperliche Attacken unterstützt.

FAKTEN

Verbreitung	Südamerika (vom Süden Mexikos bis Nordargentinien)
Arten	Roter Brüllaffe (*Alouatta seniculus*) Rothandbrüllaffe (*Alouatta belzebul*) Brauner Brüllaffe (*Alouatta fusca*) Mantelbrüllaffe (*Alouatta palliata*) Yucatán Brüllaffe (*Alouatta pigra*) Schwarzer Brüllaffe (*Alouatta caraya*)
Körpergewicht	Weibchen: 4,3 bis 6,4 kg Männchen: 6,4 bis 11,4 kg
Aktivitätsmuster	Baumbewohner; tagaktiv
Lebensraum	Primärer Regenwald, sekundäre Wälder, trockene Falllaubwälder
Fortpflanzung	Erster Wurf mit 3,5 bis 4,5 Jahren, dann alle 22 Monate; ein Junges pro Wurf
Gruppengröße	6 bis 15
Gruppentyp	Gemischte Gruppen mit mehreren Männchen bzw. mehreren Weibchen
Max. Alter	13 Jahre
Schutzbedürftigkeit	Gefährdet durch Zerstörung des Lebensraumes und Jagd; einige Arten (z. B. der Braune Brüllaffe) stehen kurz vor dem Aussterben

VERBREITUNG

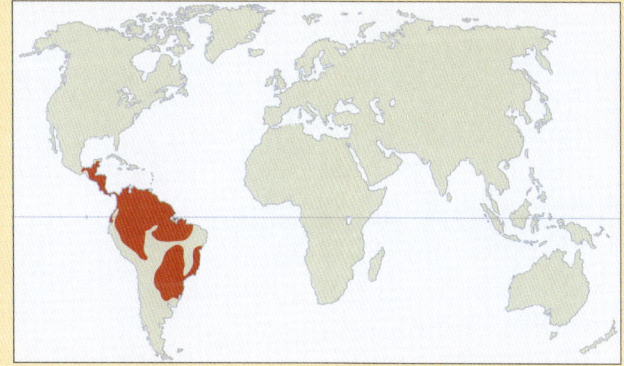

Brüllaffen gehören zu den größten südamerikanischen Affen. Ihre Verbreitung erstreckt sich vom südlichen Mexiko bis zum nördlichen Argentinien.

ZUM THEMA

3.1 Lebensweisen der Affen
Blatt- und Samenfresser, S. 108

3.3 Das Paarungsspiel
Der kleine Unterschied, S. 135

3.5 KLAMMERAFFEN

Klammeraffen sind die größten der südamerikanischen Affen. Sie haben lange Gliedmaßen und einen Greifschwanz, der bei der Nahrungsaufnahme als fünfte Extremität benutzt wird. Männchen und Weibchen sind etwa gleich groß und von gleicher Farbe, weshalb sie schwer zu unterscheiden sind. Der Umstand, dass Klammeraffenweibchen sehr große, hängende Genitalien haben, erschwert die Unterscheidung zusätzlich. Die meisten Klammeraffenarten haben keinen Daumen, da das Schwingen durch die Bäume Hände erfordert, die wie Haken arbeiten, weshalb ein Daumen nur im Weg wäre.

Klammeraffen sind auf das Essen reifer Früchte spezialisiert, auch wenn sie dafür bekannt sind, Unmengen an Blättern zu vertilgen, falls weniger Früchte verfügbar sind. Sie leben in relativ großen Gruppen von bis zu zwölf Tieren mit einem ständigen Kommen und Gehen. Die Gruppen teilen sich in kleinere Grüppchen, um tagsüber auf Nahrungssuche zu gehen, und nur selten sind wirklich alle Tiere einer Gruppe zusammen.

Klammeraffen, wie dieser Schwarze Klammeraffe, sind groß und beweglich. Sie leben in flexiblen sozialen Systemen mit kleinen Gruppen, die sich tagsüber trennen und später wieder zusammenfinden.

ZUM THEMA

Was ist ein Primat? 1.1
Größe und Ernährung, S. 20

Lebensweisen der Affen 3.1
Neuweltaffen, S. 105
Fruchtfresser, S. 108

Leben in der Gruppe 3.2
Genug zu fressen, S. 122

VERBREITUNG

Klammeraffen haben sich auf das Fressen reifer Früchte spezialisiert. Man findet sie von der mexikanischen Halbinsel Yucatán bis nach Argentinien.

FAKTEN

Verbreitung	Südamerika (von der mexikanischen Halbinsel Yucatán durch Amazonien)
Arten	Geoffrey-Klammeraffe (*Ateles geoffroyi*) Braunkopf-Klammeraffe (*Ateles fusciceps*) Schwarzer Klammeraffe (*Ateles paniscus*) Goldstirn-Klammeraffe (*Ateles belzebuth*)
Körpergewicht	Weibchen: 7,3 bis 9,2 kg Männchen: 8,3 bis 9,1 kg
Aktivitätsmuster	Baumbewohner; tagaktiv
Lebensraum	Primärer Regenwald
Fortpflanzung	Erster Wurf mit vier bis fünf Jahren, dann alle 22 bis 50 Monate; ein Junges pro Wurf
Gruppengröße	15 bis 17
Gruppentyp	Gemischte lose Gruppen aus mehreren Männchen bzw. mehreren Weibchen
Max. Alter	20 Jahre
Schutzbedürftigkeit	Einige Arten und Unterarten gefährdet durch Zerstörung des Lebensraumes und mancherorts am Rand der Ausrottung (z. B. Braunkopf-Klammeraffe)

GRÜNE MEERKATZE

Grüne Meerkatzen werden nur einmal im Jahr fruchtbar und werfen ein einziges Junges.

Grüne Meerkatzen haben die Wälder verlassen und die Savanne besiedelt. Sie sind an diese Umgebung nicht so gut wie Paviane und Husarenaffen angepasst und deshalb auf Gebiete in Flussnähe oder Sumpfwälder beschränkt. Im Gegensatz zu den meisten anderen Meerkatzen weisen die Grüne-Meerkatzen-Gruppen meist mehr als ein erwachsenes Männchen auf. Die Männchen haben sehr ritualisierte Dominanzbeziehungen, die für ein friedliches Gruppenleben sorgen und die Rivalität um Partnerinnen verhindern.

Grüne Meerkatzen haben längere Tragezeiten als andere Meerkatzen (165 Tage im Vergleich zu 140 Tagen bei Diadem-Meerkatzen), und ihre Kinder entwickeln sich nach der Geburt wesentlich schneller. Vermutlich weil eine erhöhte Gefahr von in der Savanne lebenden Räubern ausgeht.

Die Grünen Meerkatzen wurden ursprünglich zusammen mit anderen Meerkatzen zur Gattung *Cercopithecus* gezählt, aber aufgrund der Unterschiede führen Experten die Grünen Meerkatzen seit einiger Zeit als eigene Gattung *Chlorocebus*.

FAKTEN

Verbreitung	Afrika, südlich der Sahara, außer Regenwälder und sehr trockene Gebiete
Arten	Grüne Meerkatze (*Chlorocebus aethiops*)
Körpergewicht	Weibchen: 3,0 kg Männchen: 4,3 kg
Aktivitätsmuster	Semi-terrestrisch; tagaktiv
Lebensraum	Savanne, Uferwald, halbtrockene Savanne
Fortpflanzung	Erster Wurf mit 4 bis 4,5 Jahren, dann alle 16 Monate; ein Junges pro Wurf
Gruppengröße	10 bis 40
Gruppentyp	Gruppen mit mehr Männchen; territorial
Max. Alter	31 Jahre
Schutzbedürftigkeit	Nicht bedroht oder gefährdet, außer in Gegenden in Südafrika

VERBREITUNG

Grüne Meerkatzen leben in großen Gebieten Afrikas südlich der Sahara.

ZUM THEMA

1.1 Was ist ein Primat?
Größe und Ernährung, S. 20

1.2 Ursprünge der Primaten
Von der Frühzeit bis heute, S. 32

1.3 Primaten heute
Affenplagen, S. 42

3.1 Lebensweisen der Affen
Meerkatzen – von Natur aus verschieden, S. 114

3.2 Leben in der Gruppe
Dominanzunterschiede, S. 123

3.3 Das Paarungsspiel
Der kleine Unterschied, S. 135

3.4 Eine einzigartige Intelligenz
Beziehungen erkennen, S. 150
Dreiecksbeziehungen, S. 151

3.5 RHESUSAFFE

Makaken haben die weiteste Verbreitung aller Primatengattungen, und der Rhesusaffe ist wiederum die Art mit der größten Ausdehnung. Es gibt ihn von Pakistan und Afghanistan im Westen bis nach China und Vietnam im Osten. Auf dem indischen Subkontinent ist er im Norden verbreitet. Rhesusaffen können sich Menschen anpassen und nutzen von Menschenhand beeinflusste Umgebungen mit großer Effizienz aus. Daher ist ihre Population dort am dichtesten, wo sich ihre Gebiete mit denen von Menschen überschneiden.

Rhesusaffen werden nur saisonal fruchtbar und können, sofern die Bedingungen stimmen, ein Junges pro Jahr werfen. In kälteren Gegenden, wie den gemäßigten Wäldern Chinas, leben Rhesusaffen in größeren Gruppen, haben größere Reviere und geringere Geburtenraten als Populationen in tropischen Gefilden. In kargeren Lebensräumen tragen die Weibchen nicht jedes Jahr, sondern können nur alle zwei Jahre Nachwuchs bekommen. Rhesusaffenweibchen haben sehr strenge Rangordnungen, und hochrangige Weibchen können mitunter sehr aggressiv sein. Weibchen sind auch gegenüber anderen Gruppen aggressiv und rotten sich zusammen, um ihre Nahrungsquellen gegen Fremde zu verteidigen.

Da Rhesusaffen in der Nähe von Menschen gut gedeihen, können sie schnell zur Plage werden. In Indien leben sie oft in Tempeln, und Gäste füttern sie mit Gaben.

ZUM THEMA

Primaten heute — 1.3
Affenplagen, S. 42

Lebensweisen der Affen — 3.1
Makaken, S. 118

Leben in der Gruppe — 3.2
Dominanzunterschiede, S. 123
Taktische Fellpflege, S. 130

Eine einzigartige Intelligenz — 3.4
Gute Rechner, S. 150
Dreiecksbeziehungen, S. 151
Felddiebe und Erntehelfer, S. 152

VERBREITUNG

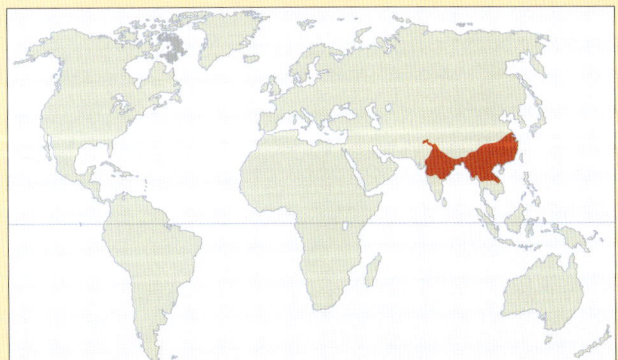

Rhesusaffen sind in Asien – von Pakistan im Westen bis China und Vietnam im Osten – verbreitet.

FAKTEN

Verbreitung	Asien von Afghanistan bis Vietnam einschließlich eines großen Teils des indischen Subkontinents
Arten	Rhesusaffe (*Macaca mulatta*)
Körpergewicht	Weibchen: 4 bis 10 kg Männchen: 6 bis 11 kg
Aktivitätsmuster	Semi-terrestrisch; tagaktiv
Lebensraum	Tropische und gemäßigte Wälder
Fortpflanzung	Erster Wurf mit 3,5 bis 5,5 Jahren, dann alle 12 bis 24 Monate; ein Junges pro Wurf
Gruppengröße	ca. 40
Gruppentyp	Gemischte Gruppen mit mehreren Männchen und mehreren Weibchen
Max. Alter	21,6 Jahre
Schutzbedürftigkeit	Nicht gefährdet

MANDRILL

Das Mandrillmännchen hat eine sehr auffällige Gesichtszeichnung. Wenn die Männchen sexuell aktiv sind, werden die Farben noch leuchtender.

Mandrills sind am Boden lebende Waldaffen und vom Aussehen den Pavianen sehr ähnlich (auch wenn sie nicht besonders eng verwandt sind). Mandrills leben in sehr dichten Primärwäldern, weshalb sie schwer zu beobachten sind und nur wenig über ihr Verhalten bekannt ist. Mandrillmännchen haben sehr beeindruckende rote, weiße und blaue Gesichtszeichnungen. Diese Farben finden sich auch im Genitalbereich, und der hellblaue Spiegel der Männchen ist sehr markant.

Mandrills fressen hauptsächlich Früchte, Samen, Nüsse und Sprösslinge. Die Männchen ernähren sich vor allem am Boden, da sie sich in den Bäumen aufgrund ihres Gewichts nur schwer bewegen können. Die kleineren Weibchen und Jungtiere kann man oft beim Fressen in der mittleren Schicht des Laubwerkes sehen. Mandrills bewegen sich häufig in sehr großen Gruppen von bis zu 700 Tieren, die aber wahrscheinlich nicht sehr stabil sind. Zur Nahrungssuche lösen sie sich in kleinere Grüppchen auf. Wenn sich ein einzelnes Männchen einer Gruppe anschließt und sexuell aktiv wird, legt es an Gewicht zu, und die Zeichnung im Gesicht und am Oberkörper leuchtet stärker.

FAKTEN

Verbreitung	Westafrika, Kamerun, Gabun
Arten	Mandrill (*Mandrillus sphinx*)
Körpergewicht	Weibchen: 12,9 kg Männchen: 31,6 kg
Aktivitätsmuster	Bodenlebend (Weibchen und Junge auch teilweise auf Bäumen); tagaktiv
Lebensraum	Primärer Regenwald
Fortpflanzung	Ein Junges pro Wurf
Gruppengröße	250 bis 700; auch wenn diese aus Untergruppen aus etwa 40 Tieren bestehen können
Gruppentyp	Gemischte Gruppen mit vielen Männchen und Weibchen
Max. Alter	29 Jahre
Schutzbedürftigkeit	Gefährdet durch Zerstörung des Lebensraumes und Jagd

VERBREITUNG

Mandrills sind große Waldaffen.

ZUM THEMA

1.1 Was ist ein Primat?
Was macht Primaten so besonders?, S. 13

1.2 Ursprünge der Primaten
Der Aufstieg der Affen, S. 34

3.1 Lebensweisen der Affen
Verwandte der Paviane, S. 117

3.3 Das Paarungsspiel
Der kleine Unterschied, S. 135

3.5 PAVIANE

Paviane sind die größten und durchsetzungsstärksten aller afrikanischen Affen. Man findet sie in den verschiedensten Lebensräumen, von den namibischen Wüsten bis hin zu den Tropenwäldern in Westuganda. Die beiden Paviangeschlechter unterscheiden sich sehr – die Weibchen sind nur halb so groß wie die Männchen, die darüber hinaus noch größere Eckzähne besitzen.

Paviane werden bisweilen in fünf Arten unterschieden, da sich jedoch alle Arten miteinander kreuzen können und dies auch tun, geht man dazu über, sie als eine Art mit einigen Unterarten zu betrachten. Der Gelbe, der Anubis-, der Guinea- und die Bärenpavian-Varietäten – bekannt als die „Steppen"-Paviane – leben alle in großen gemischten Gruppen mit 40 bis 80 Tieren. Guinea- und Bärenpavian unterscheiden sich jedoch in ihrem Verhalten von anderen Steppen-Pavianen, und jüngste genetische Beweise deuten darauf hin, dass sie sich zu früherer Zeit aus der *Papio*-Ahnenlinie abgezweigt haben und sich unabhängig von den anderen entwickelten. Der Mantelpavian lebt in Trockengebieten und unterscheidet sich auch sonst von den anderen Pavianen: Er ist kleiner, hat ein graues Fell statt eines braunen und eine rosa Gesichtshaut; und er lebt in einer komplizierten Gesellschaft mit vielen Rangstufen basierend auf Gruppen mit dominanten Männchen.

Pavianmännchen sind doppelt so groß wie die Weibchen und haben ausgeprägtere Schnauzen.

ZUM THEMA

Ursprünge der Primaten 1.2
Was steckt in einem Zahn, S. 28

Lebensweisen der Affen 3.1
Paviane, S. 116

Leben in der Gruppe 3.2
Konkurrenz und Zusammenarbeit, S. 121
Dominanz der Männchen, S. 125

Das Paarungsspiel 3.3
Weibliche Loyalität, S. 137
Besondere Freundschaften, S. 140
Affenmütter, S. 141

Eine einzigartige Intelligenz 3.4
Bindungen respektieren, S. 151
Ist es Täuschung?, S. 155

VERBREITUNG

Paviane findet man in Afrika südlich der Sahara. Einige kommen sogar auf der arabischen Halbinsel vor.

FAKTEN

Verbreitung	Afrika südlich der Sahara außer Regenwälder
Unterarten	Mantelpavian (*Papio hamadryas hamadryas*) Gelber Pavian (*Papio hamadryas cyncocephalus*) Anubispavian (*Papio hamadryas anubis*) Guineapavian (*Papio hamadryas papio*) Bärenpavian (*Papio hamadryas ursinus*)
Körpergewicht	Weibchen: 10 bis 15 kg Männchen: 17 bis 30 kg
Aktivitätsmuster	Bodenlebend; tagaktiv
Lebensraum	Wüste, Grasland, Forst, Wald und Bergland
Fortpflanzung	Erster Wurf mit vier bis sechs Jahren, dann alle 20 bis 38 Monate; ein Junges pro Wurf
Gruppengröße	22 bis 80
Gruppentyp	Gemischte Gruppen aus vielen Männchen bzw. Weibchen
Max. Alter	Unbekannt
Schutzbedürftigkeit	Nicht gefährdet

3.5 DSCHELADA

Der rote Fleck nackter Haut auf dem Brustkorb des Dschelada ist ein Kennzeichen dieser Art.

Dscheladas sind eine besondere Art, die man nur im äthiopischen Hochland findet. Sie sind die einzigen Überlebenden einer großen Gruppe aus der Zeit vor fünf Millionen bis 100 000 Jahren. Dscheladas sind von allen Affen am erdverbundensten und passten sich so gut an ein Leben am Boden an, dass sie nicht mehr auf Bäume klettern können. Stattdessen sind sie spezialisierte Grasfresser mit einem besonderen Verhalten: Sie sitzen aufrecht, pflücken Grashalme und rutschen auf ihren Hinterteilen vorwärts, während sie den Boden vor sich abgrasen.

Dscheladas leben in Gruppen aus etwa zehn Tieren mit einem Männchen. Diese Gruppen schließen sich oft zu Banden und dann zu großen Herden mit bis zu 600 Tieren zusammen. Descheladamännchen sind weit größer als die Weibchen und besitzen einen sehr auffälligen, langen Haarmantel um Kopf und Schultern. Dscheladaweibchen haben an ihrem Brustkorb einige kleine weiße Bläschen, die während ihrer fruchtbaren Zeit anschwellen.

FAKTEN

Verbreitung	Afrika (äthiopisches Hochland)
Arten	Dschelada (*Theropithecus gelada*)
Körpergewicht	Weibchen: 11,7 kg Männchen: 19 kg
Aktivitätsmuster	Bodenlebend; tagaktiv
Lebensraum	Bergiges Grasland
Fortpflanzung	Erster Wurf mit vier bis sechs Jahren, dann alle 24 bis 38 Monate; ein Junges pro Wurf
Gruppengröße	Ein-Mann-Gruppen: 10; Banden: 30 bis 300; Herden: bis zu 600 Tiere
Gruppentyp	Ein Männchen mit mehreren Weibchen
Max. Alter	Unbekannt
Schutzbedürftigkeit	Gefährdet durch den Menschen

VERBREITUNG

Dscheladas findet man nur auf dem Hochland-Plateau der äthiopischen Simen-Berge.

ZUM THEMA

1.1 Was ist ein Primat?
Was macht Primaten so besonders?, S. 13
Größe und Ernährung, S. 20

1.2 Ursprünge der Primaten
Der Aufstieg der Affen, S. 34

3.1 Lebensweisen der Affen
Paviane, S. 116

3.3 Das Paarungsspiel
Der kleine Unterschied, S. 135
Weibliche Loyalität, S. 137
Sexualschwellungen, S. 138

3.5 MANTELAFFEN

Mantelaffen oder Guerezas sind große und besonders schöne Affen. Sie sind Blatt- und Samenfresser und leben in sehr verschiedenen bewaldeten Lebensräumen in Afrika, vom primären Regenwald bis hin zu isolierten Trockenwaldflecken. Guerezas leben in kleinen Gruppen mit einem Männchen, das mit einem lauten Rufen sein Revier und seine Weibchen gegen andere Männchen verteidigt.

Mantelaffen leben in Bäumen, auch wenn sie gelegentlich herunterkommen, um Erde zu fressen, mit der sie ihren Mineralstoffbedarf abdecken. Wie andere Stummelaffen auch haben sie sehr spezialisierte Mägen, in denen ihre Nahrung fermentiert und entgiftet wird. Guerezas können in sehr kleinen Gebieten überleben, da ihre Nahrung aus Blättern nur weniger Baumarten mit reichlich Laub besteht; wo diese Bäume stehen, geht es ihnen gut.

Wie alle Stummelaffen besitzt der Mantelaffe einen komplexen Magen, der auf die Fermentierung und Entgiftung von Blättern spezialisiert ist.

ZUM THEMA

Ursprünge der Primaten 1.2
Räumliches Sehen, S. 29

Primaten heute 1.3
Ein tödliches Quartett, S. 43

Lebensweisen der Affen 3.1
Schlank- und Stummelaffen, S. 110

VERBREITUNG

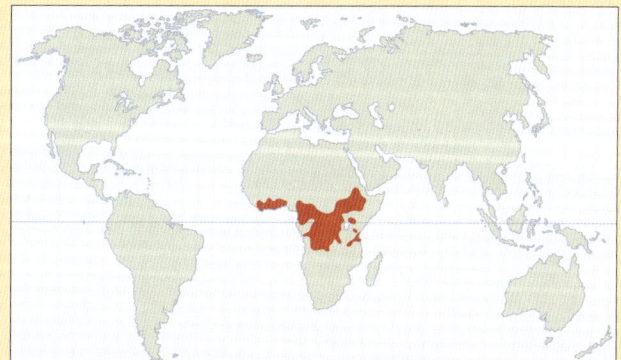

Mantelaffen sind große afrikanische Blattfresser, die über Zentralafrika von West nach Ost verbreitet sind.

FAKTEN

Verbreitung	Afrika
Arten	Guereza oder Mantelaffe (*Colobus guereza*) Bärenstummelaffe (*Colobus polykomos*) Angola Stummelaffe (*Colobus angolensis*)
Körpergewicht	Weibchen: 7,5 bis 9,2 kg Männchen: 9,7 bis 13,5 kg
Aktivitätsmuster	Baumbewohner (kommen gelegentlich herunter, um Erde zu fressen); tagaktiv
Lebensraum	Verschiedene Waldarten
Fortpflanzung	Alle 12 bis 18 Monate; ein Junges pro Wurf
Gruppengröße	12 bis 15
Gruppentyp	Ein Männchen mit mehreren Weibchen
Max. Alter	Unbekannt
Schutzbedürftigkeit	Bedroht durch Zerstörung des Lebensraumes und Jagd

3.5 NASENAFFE

Nasenaffen findet man in Mangrovenwäldern. Sie gehören zu den wenigen Primatenarten, die schwimmen können.

Um nachzuvollziehen, warum diese Affen so heißen, genügt ein Blick auf ein Nasenaffenmännchen. Der große rote Affe aus Borneo hat eine riesige, nach unten hängende Nase, die eher einer Zunge ähnelt. Weibchen besitzen kleinere, niedlichere, nach oben weisende Nasen und wiegen auch nur halb so viel wie Männchen.

Nasenaffen findet man nur in Waldgegenden entlang von Flüssen oder Küsten. Sie schlafen auf Bäumen am Fluss, um sich dadurch zusätzlich vor Feinden zu schützen. Sie können gut schwimmen, und man sieht sie oft dabei, wie sie Flüsse auf diese Weise überqueren. Wie bei anderen Schlankaffen besteht ihre Ernährung zur Hälfte aus Blättern, der Rest aus Früchten und Samen. Nasenaffen sind auf interessante Weise sozial organisiert. Sie leben in mäßig großen Gruppen mit Männchen und Weibchen oder allein stehenden Männchen – zwei Drittel ihrer Zeit verbringen sie jedoch als Teil einer „Bande", in der sich einige Gruppen zusammentun, um eine größere Gemeinschaft zu bilden.

FAKTEN

Verbreitung	Borneo
Arten	Nasenaffe (Nasalis larvatus)
Körpergewicht	Weibchen: 9,8 kg Männchen: 20,4 kg
Aktivitätsmuster	Baumbewohner; tagaktiv
Lebensraum	Küsten- und Uferwälder
Fortpflanzung	Ein Junges pro Wurf
Gruppengröße	Die Größe nahrungssuchender Teilgruppen variiert von 2 bis 63
Gruppentyp	Ein Männchen mit mehreren Weibchen
Max. Alter	Unbekannt
Schutzbedürftigkeit	Gefährdet durch Zerstörung des Lebensraumes

VERBREITUNG

Nasenaffen leben in den Mangrovenwäldern auf Borneo in Südostasien.

ZUM THEMA

3.1 Lebensweisen der Affen
Schlank- u. Stummelaffen, S. 110

3.3 Das Paarungsspiel
Der kleine Unterschied, S. 135

4

DIE MENSCHENAFFEN

4.1 PLANET DER AFFEN   176

Einst die artenreichsten Vertreter der Primaten bringen es die Menschenaffen heute gerade noch auf sechs Arten.

EXTRA: Schwindende Wälder

4.2 LEBEN IN EINER OFFENEN GEMEINSCHAFT   186

Menschenaffen müssen aufgrund ihrer Nahrung in verstreuten Gruppen leben. Ihre Gemeinschaften gestalten sich daher anders als die der Affen.

EXTRA: Gründe, treü zü sein

4.3 MENSCHENAFFEN MIT INTELLEKT   198

Aufgrund ihrer hohen Intelligenz können Menschenaffen einfache Werkzeuge herstellen und einfache Sprachen erlernen.

EXTRA: Kommunikative Menschenaffen

4.4 EIN AFFE AUF ZWEI BEINEN   210

Der menschliche Affe setzte sich von allen Primatenarten am erfolgreichsten durch – doch nicht ohne Konsequenzen für die verbliebenen Mitglieder der Ordnung.

EXTRA: Der Faktor Humor; Evas Töchter

4.5 FAMILIENPORTRÄTS: MENSCHENAFFEN   225

Menschenaffenfamilien und -arten unter der Lupe.

Gibbon • Orang-Utan • Gorilla • Schimpanse • Bonobo • Mensch

4.1 PLANET DER AFFEN

Die Morgennebel über den Hängen der Virungavulkane in Ruanda lösen sich zögerlich auf. Als der Himmel aufbricht, bewegt sich ein riesiger, grauschwarzer Gorilla im Schlaf. Um ihn herum schlummern seine drei Weibchen und ein jüngeres Männchen in der Wärme ihrer Schlafnester. In den Armen der Weibchen liegen die Jungen. Eines späht vorsichtig über den Nestrand, klettert heraus und weckt seine Halbschwester. Es streckt ihr vorsichtig die Hand entgegen und fordert sie zum Spielen auf.

Langsam vertreibt die Sonne den Nebel, und in die Gruppe kommt Bewegung. Die Erwachsenen rekeln sich, leises Grunzen und die Antworten darauf sind in der Morgenstille zu vernehmen. Zeit zum Frühstück: Ein Weibchen beginnt damit, wilden Sellerie zu essen. Ein neuer Tag in dem endlosen Zyklus aus Nahrungsaufnahme und Schlafen, der das Leben in der kalten Bergluft ausmacht, beginnt.

(vorhergehende Seite) Wie alle anderen Menschenaffen auch gehören die Orang-Utans zu den gefährdetsten Primaten, weil sie nur wenige Junge in ihrem Leben gebären.

EINE URZEITLICHE ERFOLGSGESCHICHTE

Vor 20 bis zehn Millionen Jahren erlebten die Menschenaffen den Höhepunkt ihrer Entstehungsgeschichte. Gut 30 Arten durchstreiften die riesigen Tropenwälder Afrikas und Asiens. Die Menschenaffen besetzten beinahe jede ökologische Nische – auch die, die heute von den Altweltaffen besiedelt werden. Menschenaffen gab es in allen Größen, von dem katzengroßen, drei Kilogramm schweren *Dionysopithecus* bis hin zum riesigen *Gigantopithecus* (▷ S. 32), der mit 300 Kilogramm Körpergewicht der größte jemals lebende Primat war. In ihrer Blütezeit waren 90 Prozent der Anthropoiden in Afrika Menschenaffen.

Vor zehn Millionen Jahren wurde das Klima jedoch plötzlich trockener und kälter. Die üppigen Wälder, die so lange die tropischen Landstriche bedeckt hatten, wichen zurück. Zuletzt schrumpften sie auf ihr heutiges Maß zusammen, und dort, wo sie sich zurückgezogen hatten, spross Grasland. Dieser Entwicklung waren die Menschenaffen der Alten Welt nicht gewachsen, und ihr Abstieg begann. Entwicklungsgeschichtlich jüngere Affenarten lösten sie ab und besiedelten den neuen Lebensraum.

Überlebende

Vor etwa fünf Millionen Jahren gab es nur noch eine Handvoll Menschenaffenarten. Viele von ihnen waren Hominide – Abkömmlinge eines Stammbaums, der letztendlich auch den Menschen hervorbrachte. Heute werden die Menschenaffen von fünf großen Menschenaffenarten (einschließlich des Menschen) und acht bis neun Gibbonarten aus der Familie der *Hylobatidae* repräsentiert. Zu den großen Menschenaffen gehören der Orang-Utan, der nur auf Sumatra und Borneo beheimatet ist; der Gorilla aus den afrikanischen Tropen; zwei Schimpansenarten, beide aus Zentral- und Westafrika; und wir. Die Gibbons leben ausschließlich in Südostasien, ihr Gebiet erstreckt sich von Bangladesh und der Halbinsel Indochinas bis zu den indonesischen Inseln.

Vom Menschen abgesehen beschränken sich die existierenden Menschenaffenarten auf kleine Nischen in den tropischen Wäldern und Waldrandgebieten. Auch wenn die Abholzung der Wälder und die Jagd in den letzten Jahrzehnten ihren Tribut gefordert haben, so war der eigentliche Auslöser für das Verschwinden der Menschenaffen das dramatische Schrumpfen der afrikanischen Regenwälder in den letzten zehn Millionen Jahren.

1. Eine Schimpansin drückt ihr Junges an sich. Schimpansen fühlen sich auf Bäumen ebenso zu Hause wie auf dem Boden.

PLANET DER AFFEN

Jüngere Geschichte

Wir wissen nur wenig über die tatsächliche damalige Verbreitung der Menschenaffen, doch können wir mit Sicherheit davon ausgehen, dass Orang-Utans bis vor gerade einmal 10 000 Jahren (etwa zu der Zeit, als der Mensch zum Ackerbau überging) in China vorkamen. Und wenn wir noch weiter zurückgehen, dann gab es den zweifellos dem Orang-Utan ähnlichen *Sivapithecus* im gesamten südostasiatischen Raum, von China im Osten bis nach Europa im Westen. Heute steht der Orang-Utan am Rande des Abgrunds, denn es gibt gerade noch einige tausend Tiere seiner Art. Auch die Gibbons waren einst weit verbreitet: Gibbon-ähnliche Affen fand man in Südeuropa und ostwärts in ganz Asien bis nach China. Heute gibt es außerhalb der südostasiatischen Wälder keine dieser Arten mehr, und auch dort schrumpfen die Populationen immer weiter zusammen.

Die Herkunft der afrikanischen Gorillas und Schimpansen ist weit geheimnisumwitterter. Fossile Funde aus den letzten fünf bis sechs Millionen Jahren sind rar, da Versteinerungen im Regenwald kaum möglich sind. Tatsächlich ist die fossile Lücke zwischen den prähistorischen afrikanischen Menschenaffen und den heutigen Arten so groß, dass es fast so scheint, als ob unsere heutigen Menschenaffen aus dem Nichts entstanden wären. Diese merkwürdige Eigenheit ihrer Entwicklungsgeschichte steht in krassem Gegensatz zu den fossilen Zeugnissen der menschlichen Abstammungslinie:

Da unsere Vorfahren sich früh an die offe-

Bigfoot gebannt auf Zelluloid am Bluff Creek in Kalifornien, 1967.

Ein angeblicher Yeti-Skalp, gefunden in einem nepalesischen Kloster.

GIBT ES DEN YETI WIRKLICH?

Gerüchte von riesigen affenähnlichen Kreaturen, die die abgelegenen Gegenden unseres Planeten durchstreifen, sind nichts Neues. Der Berühmteste unter ihnen ist wohl der Yeti oder Schneemensch aus dem Himalaya. 1951 kehrte eine Expedition vom Mount Everest mit Bildern von seinen Fußspuren zurück; auch ein Skalp mit langem rötlichen Haar, angeblich von einem Yeti, wurde in einem Kloster entdeckt.

Ähnliche Geschichten von Affenwesen dringen aus den Wäldern rund um den Malawisee in Zentralafrika und dem tropischen Urwald Borneos, wo man sie Orang Pendek nennt, um sie vom Orang-Utan und den Orang Asli – den menschlichen Ureinwohnern des Waldes – zu unterscheiden. Aus den Kiefernwäldern des Nordwestens der USA stammt Bigfoot oder Sasquatch – berühmt durch einen Film, der seine Existenz beweisen soll, bei dem es sich aber mit ziemlicher Sicherheit um eine Fälschung handelt.

Von all diesen Kreaturen ist Bigfoot am wenigsten wahrscheinlich. Abgesehen vom Menschen (den es in ganz Amerika erst seit etwa 20 000 Jahren gibt) existieren für die letzten 30 Millionen Jahre keine Hinweise auf Primaten in Nordamerika. Auch der Yeti gehört mit Sicherheit ins Reich der Mythen, denn ein Leben im kalten und kargen Himalaya wäre für Menschenaffen relativ unwahrscheinlich. Vielleicht stammt der Glaube an den Yeti aus mündlich überlieferten Volksmärchen, die vom vor 10 000 Jahren auf dem chinesischen Festland bis hin zum östlichen Fuß des Himalayas beheimateten Orang-Utan erzählten.

Im Gegensatz dazu könnte an den Geschichten aus Malawi sogar etwas Wahres sein. Vielleicht wurde beim Zurückweichen der prähistorischen Wälder eine Schimpansenpopulation isoliert und zum Ausgangspunkt der haarigen Riesen von Malawi.

nere Savanne anpassten, wo Knochen besser versteinern, ist unser entstehungsgeschichtlicher Stammbaum weit vollständiger. Doch auch er verliert sich im Dunkel, wenn wir uns fünf Millionen Jahre zurück an die Fersen unserer Vorfahren bis in die Regenwälder zurück heften. Doch wo fossile Funde fehlen, helfen unsere Gene (▷ S. 40). Vergleiche zwischen der DNA moderner Menschen und der der Menschenaffen weisen ganz deutlich auf einen gemeinsamen Vorfahren von Schimpansen und Menschen hin, der im afrikanischen Urwald vor fünf Millionen Jahren lebte. Sie sind also unsere nächsten Verwandten. Die beiden Schimpansenarten – der Bonobo (oder Zwergschimpanse) und der Schimpanse – zweigten sich erst in jüngerer Zeit, vor etwa einer Million Jahren, von ihrem gemeinsamen Vorfahren ab. Noch weit früher, vor sechs Millionen Jahren, laufen die Linie, die zum Gorilla führte, und die Schimpansen-Menschen-Linie auseinander – eine Million Jahre, bevor sich der Weg von Mensch und Schimpanse trennte.

1. Ein Orang-Utan-Männchen ruht sich im Gunung-Leuser-Nationalpark in Indonesien aus. Der Orang-Utan ist die gefährdetste Art unter den Menschenaffen.

2. Die moderne Genetik zeigt den gemeinsamen entwicklungsgeschichtlichen Weg des Menschen und anderer Menschenaffenarten.

3. Ein Gorillababy ruht sich auf dem Rücken eines Männchens aus. Das Benehmen ihres Nachwuchses scheint den Gorillamännchen oft gleichgültig zu sein.

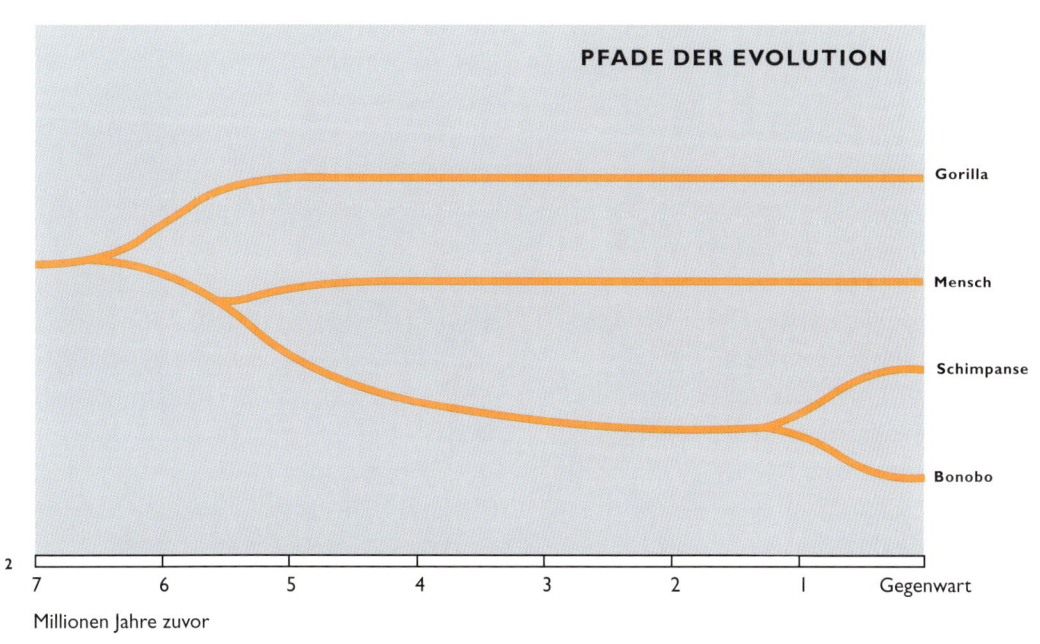

4 DIE MENSCHENAFFEN

SCHWINDENDE WÄLDER

In ganz Afrika, Asien und Südamerika holzt man uralten Baumbestand ab, um die nicht nachlassende Nachfrage nach Bauholz und Ackerland zu befriedigen. Allein in den achtziger Jahren des letzten Jahrhunderts verlor die Welt schätzungsweise acht Prozent ihres Tropenwaldes. Mindestens die Hälfte des jährlichen Raubbaus geht auf das Konto von nur zwei Ländern: Brasilien und Indonesien. Auch viele afrikanische Länder vernichteten im letzten Jahrhundert gut die Hälfte ihres ursprünglichen Waldbestands. In Uganda und Nigeria geht man sogar von weit mehr aus: Etwa 90 Prozent des Tropenwaldes scheinen hier verschwunden zu sein. Eine Katastrophe für die Menschenaffen.

1. Werden abgeholzte Waldflächen landwirtschaftlich genutzt, können sich die Wälder nicht regenerieren.

2. Nur wenige Stunden braucht ein Mann, um einen Baum zu fällen, der mehrere hundert Jahre alt ist.

Der Kampf ums Überleben

Wie groß die Menschenaffenpopulation in Afrika früher gewesen sein mag, wissen wir nicht, doch wenn die geographische Verbreitung der Tiere mit der des Waldes in West- und Zentralafrika zusammenfällt, dann haben die Tiere eine tragische Geschichte hinter sich. Das gilt vor allem für den Gorilla und den Schimpansen, deren Lebensräume in jenen Gebieten (vor allem in Westafrika) liegen, die am meisten von der Entwaldung betroffen waren. Der nur im Kongo lebende Bonobo hatte bisher mehr Glück, doch könnte sein Bestand durch den Bürgerkrieg, der das Land in den letzten zehn Jahren erschütterte, in Gefahr geraten.

Menschenaffen leiden letzten Endes aus drei Gründen eher unter der Entwaldung als Affen: Zum einen können sie sich aufgrund ihrer Körpergröße nur schwer vor dem Menschen verbergen, wenn es zu einer Begegnung kommt; zum Zweiten haftet den Menschenaffen der (unverdiente) Ruf der Aggressivität an, und Gorillas wie Schimpansen beschuldigte man sogar, Menschenbabies zu rauben und zu fressen. So werden sie von den Menschen getötet, um eine vermeintliche Gefahr zu beseitigen. Auch die große Nachfrage nach Menschenaffenfleisch ist ein Grund, die Tiere zu töten. Zum Dritten werden die Menschenaffen durch die Entwaldung dazu gezwungen, ein größeres Gebiet zu nutzen, um ausreichend Nahrung zu finden. Doch je weiträumiger das Gebiet ist, desto häufiger kommt es zu Ernteplünderung und Zusammenstößen mit Menschen.

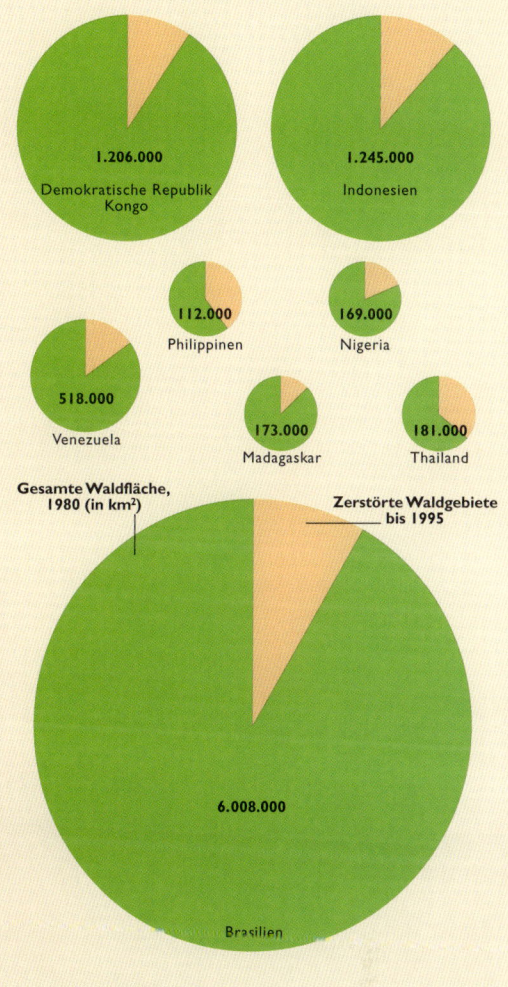

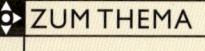

Nutzholzgewinnung

Die meisten Bäume werden zur Nutzholzgewinnung geschlagen. Selbst wenn Wälder nicht völlig ausgebeutet werden, entsteht durch die Straßen, auf denen man das Holz abtransportiert, beträchtlicher Schaden. Noch lange, nachdem die Holzgesellschaften weitergezogen sind, bleiben die Wälder durch sie für brandrodende Bauern zugänglich, die noch mehr Wald vernichten. Auch die Jäger nutzen das Straßennetz im Dschungel, um ihr Buschfleisch in einem weiteren Umkreis zu verkaufen. Das vermehrte Angebot führt zu einer stärkeren Nachfrage, ein Teufelskreis, der die Jagd noch lohnenswerter macht.

Schuldenkrise

Eine kürzliche Untersuchung zum Entwaldungsproblem in Afrika (südlich der Sahara) führte zu einer sehr beunruhigenden Erkenntnis: Das jährlich geschlagene Holz besitzt nämlich einen Geldwert in Höhe der Schuldzahlungen an ausländische Banken. Offensichtlich betreiben die afrikanischen Länder den Ausverkauf ihres natürlichen Erbes, um die Zinsen ihrer Auslandskredite zu bezahlen. Abgesehen von dem Verlust einer ihrer wichtigsten natürlichen Ressourcen verlieren sie damit auch die Primaten dieser Wälder.

3. Waldbrände können tausende Quadratkilometer an Tropenwald vernichten. Einige Brände werden absichtlich gelegt, um Ackerland zu gewinnen; andere entstehen durch Blitzschlag.

4. Weltweit verlieren Länder in unterschiedlichem Maß an Wald. Die Diagramme zeigen das Abnehmen der Waldflächen über einen Zeitraum von 15 Jahren, 1980 bis 1995.
(Quelle: FAO)

ZUM THEMA

1.3 Primaten heute
Auf Messers Schneide, S. 43
Handel mit Affenfleisch, S. 46

2.4 Die letzte Zuflucht der Lemuren
Bedrohtes Leben, S. 90

3.4 Eine einzigartige Intelligenz
Felddiebe und Erntehelfer, S. 152

4.1 Planet der Affen
Überlebende, S. 177

PLANET DER AFFEN

DIE ANATOMIE DER MENSCHENAFFEN

Durch ihren flachen Brustkorb (anders als der hundeähnliche Brustkorb der Affen), ihre Zahnstruktur, ihr größeres Gehirn, ihre Schwanzlosigkeit und ihr menschenähnlicheres Aussehen lassen sich Menschenaffen gut von den Affen unterscheiden (▷ S. 40). Ihr letzter gemeinsamer Vorfahre lebte vor 25 Millionen Jahren, und in mancher Hinsicht ähneln die heutigen Menschenaffen diesem mehr als die Altweltaffen, die sich in der Zwischenzeit sehr verändert haben (▷ S. 32).

Ein flacher Brustkorb

Die Menschenaffen zeigen einige anatomische Anpassungen an das Leben im Wald: Die wichtigste ist wahrscheinlich der flache Brustkorb, der eine Anpassung an das Klettern in Bäumen zu sein scheint, das sich von dem Laufen von Ast zu Ast der Altweltaffen deutlich unterscheidet. Die großen Menschenaffen haben außerdem im Vergleich zu anderen Primaten kurze Beine und lange Arme. Mit diesen ziehen sie ihren Oberkörper beim Klettern nach oben und umklammern gleichzeitig mit ihren Füßen den Baumstamm. Aus dieser Position heraus können sie mit den Armen wieder nach oben greifen. So erklimmen die schweren Tiere selbst höchste Bäume. Diese Bewegungsart macht auch den Übergang zum aufrechten Gang leicht nachvollziehbar – tatsächlich laufen viele der Menschenaffen kurze Strecken in aufrechter Haltung. Auf diese Weise waren unsere Vorfahren an den aufrechten Gang, der für uns Menschen so typisch ist, bereits „vor-angepasst".

Große Menschenaffen laufen auch ganz anders auf allen vieren. Die meisten Affen stützen sich mit den Händen flach am Boden ab, so dass das Gewicht der Schultern auf den ausgestreckten Fingern ruht. Im Gegensatz dazu stützen sich die großen Menschenaffen beim Gehen auf ihren Knöcheln ab, jede Art auf ihre Weise: Schimpansen auf der Rückseite der Knöchel, Gorillas auf den beiden oberen Fingergliedern und Orang-Utans auf der Faust, wobei es unklar ist, wie sich die Unterschiede ausprägten.

Schwingend durch die Bäume

Möglicherweise aufgrund der stärker werdenden Konkurrenz mit den Altweltaffen setzten die Gibbons dem langarmigen, flachbrüstigen Körperbauplan sogar noch eins drauf: Sie entwickelten die Fähigkeit, an ihren Händen in den Ästen zu hängen. So entdecken sie eine Nische, die weder den Affen (die auf Ästen sitzen oder laufen) noch anderen Menschenaffen (die dazu zu schwer sind) zugänglich ist. Da die heutigen Gibbons nur halb so groß sind wie ihre Vorfahren vor über zehn Millionen Jahren, können sie sogar an den äußersten Ästen der höchsten Bäume hängen – sicher vor kletterkundigen Feinden, wie dem Leopard, und mit unbegrenztem Zugang zu den Früchten, die an den dünnen Astenden wachsen.

Zwei weitere Anpassungsmerkmale der Menschenaffen sicherten den Gibbons diese Nische zur Gänze: Als sich der flache Brustkorb ausprägte, wanderten die Schulterblätter von den Seiten des Brustkorbs auf ihren Rücken. Das beeinflusste die Beweglichkeit des Schultergelenks so stark, dass die Arme frei kreisen konnten.

1. Ein männlicher Flachland-Gorilla benutzt seine Füße als Halt, um sich an einem Baumstamm hochzuziehen.

2. Ein Schimpanse läuft mit abgeknickten Fingern auf den Knöcheln.

3. (gegenüber) Ein junger Orang-Utan zeigt weit oben in den Baumwipfeln sein akrobatisches Können. Im Gegensatz zu den anderen großen Affen scheinen Orang-Utans vier Arme zu besitzen.

4.1 PLANET DER AFFEN

1. Der Körper des Gibbons ist perfekt an ein Leben in den äußersten und höchsten Astwipfeln des Walds angepasst. Hier ist er beim Fressen sicher vor Angreifern.

Im Gegensatz dazu können Affen ihre Schultern nur eingeschränkt bewegen und ihre Arme nur schwer kreisen lassen. Durch die Veränderung sind die Menschenaffen in der Lage, über ihren Kopf nach oben zu greifen, wenn sie sich an einem Baumstamm hochziehen – was ein Affe nicht kann. Bei den Gibbons hat die Evolution das Kugelgelenk der Schulter und das Handgelenk sogar noch beweglicher gemacht. Insbesondere die Handgelenke sind so beweglich, dass ein am Ast hängender Gibbon seinen Arm um 360 Grad drehen kann, ohne loslassen zu müssen. Sollten wir Menschen dies versuchen, käme dabei eine 270-Grad-Drehung heraus. Bei den Gibbons wirkt es so, als ob ihr Arm gar nicht mit ihrem restlichen Körper verbunden ist.

Durch ihre außergewöhnliche Beweglichkeit in Kombination mit ihrer flachen Brust können Gibbons sich auf unverwechselbare und höchst spektakuläre Weise fortbewegen. Jeder, der sie einmal im Zoo oder in der Wildnis beobachtet hat, bewundert, wie sie an ihren Händen von Ast zu Ast schwingen und auf diese Weise in rasantem Tempo durch die Baumwipfel fliegen. Um in Schwung zu kommen, setzt ein Gibbon seinen Körper als Pendel ein. Wenn er am Ast schwingt, holt er wie ein Kind auf der Schaukel mit den Beinen nach oben und nach unten aus. Der ganze Ablauf ist ein bemerkenswertes Beispiel dafür, wie die Evolution einen Körperbauplan, der auf einen bestimmten Zweck (zum Klettern) hinausgerichtet war, an einen ganz anderen (Schwingen) anpassen kann.

★ Schimpansen haben von allen Primaten im Verhältnis zur Körpergröße die größten Hoden; die der Gorillas sind am kleinsten.

LEBEN UND TOD

Als die ehrwürdige Schimpansin Flo im Gombe-Nationalpark im Norden Tansanias 1972 verschied, war sie der erste nichtmenschliche Primat, dem eine große Tageszeitung (die britische *Sunday Times*) eine Todesanzeige widmete. Flo wurde um 1929 herum geboren. Sie war einer der ersten Schimpansen in Gombe, die die junge Jane Goodall vor mehr als vierzig Jahren, als diese dort mit ihrer Arbeit begann, in ihrer Nähe duldeten. Flo war zu diesem Zeitpunkt bereits zum ersten Mal Mutter eines Sohnes, Faben, ein ausgelassener Teenager. Als Flo starb, war sie Großmutter.

Große Menschenaffen haben in Gefangenschaft eine durchschnittliche Lebenserwartung, die nur einige Jahre unter der unseren liegt. Dementsprechend verläuft ihre ganze Entwicklung langsamer als die der kurzlebigeren Primaten. Schimpansen haben wie Menschen eine längere Kindheit und erreichen erst mit etwa zehn Jahren die Pubertät. Bei den Menschen der alten Jäger- und Sammler-Populationen setzte die Pubertät im Alter zwischen 16 und 18 Jahren ein, bei der wohlgenährten westlichen Bevölkerung jedoch schon weit früher. Werfen die meisten Affen alle ein oder zwei Jahre, bekommen die großen Menschenaffen nur alle vier bis fünf Jahre Junge – praktisch im selben Abstand wie die frühen Menschen. So haben Menschen- wie Schimpansenmütter nur fünf bis sechs Kinder in ihrem Leben.

Ein langsamer Fortpflanzungszyklus hat natürlich auch seine Vorteile: Die Jungen haben mehr Möglichkeiten zu lernen, was die Evolution einer größeren Intelligenz und längeren Lebenszeit begünstigt. Doch trägt die geringe Zahl von Nachkommen bereits die Saat des eigenen Untergangs in sich, denn sieht sich eine Art einem plötzlichen katastrophenähnlichen Wandel ihrer Umweltbedingungen ausgesetzt, kann sie sich nicht rasch genug vermehren, um sich an neue Bedingungen anzupassen.

Wahrscheinlich war dieser Umstand auch bei den Dinosauriern der Grund, der zu ihrem Aussterben führte. Nur Arten, die sich rasch genug an veränderte Umweltbedingungen anpassen, können ihrem unerbittlichen Untergang und letztlich dem Aussterben entgehen. So gesehen sind Menschen die einzige Menschenaffenart, die dieser Entwicklungsfalle entkommen konnte. Doch wie lange noch wird es auch uns gelingen, unser drohendes Schicksal abzuwenden?

2. Ein neugeborenes Flachland-Gorillababy klammert sich an den Rücken seiner Mutter. Neugeborene haben einen sehr festen Greifreflex, den man auch noch bei Menschensäuglingen beobachten kann.

Das Schicksal Jane Goodalls ist seit mehr als 40 Jahren untrennbar mit dem ihrer geliebten Schimpansen in Gombe verknüpft.

GOMBE: EIN LEBEN FÜR DIE FORSCHUNG

1960 folgte die junge Jane Goodall, noch etwas unsicher, erstmals den wilden Schimpansen aus Gombe, einem Nationalpark am Ostufer des Tanganjikasees. Die Arbeit gestaltete sich schwierig und frustrierend, denn die scheuen Schimpansen konnten sich rasch und weit in das bergige Terrain zurückziehen, um die hochgewachsene fremde Äffin abzuschütteln, die sich ihnen angeschlossen hatte. Es sollte fünf Jahre dauern, bis die Schimpansen so weit an sie gewöhnt waren, dass sie ihnen folgen und sie ständig beobachten durfte.

Fast ein halbes Jahrhundert später blicken wir auf das großartige Werk minutiöser Aufzeichnungen von Jane Goodall, ihren Assistenten und einer Gruppe ausgewählter Studenten und Wissenschaftler aus aller Welt, die ihre Forschungsdiplome durch das Studium verschiedener Umwelt- und Verhaltensaspekte von Schimpansen erwarben.

Gombe stellt heute eine der längsten und umfassendsten Studien einer einzelnen Säugetier-Population dar, mit der Dokumentation des Lebenslaufs jedes Tieres – von der Geburt bis zu seinem Tod sowie seinem Aufstieg und Niedergang in der Rangordnung. In Gombe war es, wo man erstmals das Termitenfischen und die Werkzeugherstellung dokumentierte und entsetzte Beobachter zum ersten Mal Kindstötung und Mord mitansahen.

4.2 LEBEN IN EINER OFFENEN GEMEINSCHAFT

Verbinden wir mit der Affengemeinschaft große Gruppen und intensive Sozialbeziehungen, so scheinen sich die Menschenaffen auf den ersten Blick weniger sozial zu verhalten. Gibbons, die kleinen Menschaffen, sind monogam, während die großen Menschenaffen für sich oder in kleinen Gruppen mit nicht mehr als sechs oder sieben Tieren leben. Es scheint paradox, dass ausgerechnet die intelligentesten Primaten ein so karges Sozialleben führen sollen. Doch der Schein trügt, denn in Wirklichkeit gestaltet sich die Gemeinschaft der Menschenaffen unerwartet komplex. Das betrifft vor allem die Schimpansen, die in einer offenen Gemeinschaft leben – bekannt unter dem Begriff „Sich trennen – Sich treffen". Einzelne Tiere bilden innerhalb einer Gemeinschaft besondere Beziehungen zueinander aus, sind aber dazu nicht notwendigerweise ständig zusammen. Das erinnert doch sehr an menschliches Verhalten.

LEBENSWEISEN DER MENSCHENAFFEN

Menschenaffen haben eine Vorliebe für Früchte, insbesondere für reifes Obst. Das schränkt ihre Anpassungsfähigkeit ein, denn sie können im Gegensatz zu Affen unreifes Obst nicht verdauen. Ihnen fehlt ein Verdauungsenzym zur Aufspaltung der Bitterstoffe, der so genannten Tannine, mit deren Hilfe Bäume ihre Früchte so lange schützen, bis die darin enthaltenen Samen keimfähig sind. Für alle Menschenaffen, einschließlich uns selbst, ist unreifes Obst wenig genussversprechend. Wenn wir zu viel davon essen, bekommen wir Bauchschmerzen und sogar Durchfall.

Die Suche nach Früchten

Ihre Abhängigkeit von Früchten hat die Nahrungssuche der Menschenaffen und damit ihr Sozialleben geprägt. Aufgrund ihrer Größe brauchen sie jeden Tag reichlich Nahrung, um ihren Energiebedarf zu decken; doch Früchte gibt es immer nur vereinzelt. In den Tropen tragen die Bäume nie zur selben Zeit Früchte; auch wenn es irgendwo im Wald immer einen fruchttragenden Baum geben wird, kann die Entfernung zum nächsten durchaus beträchtlich sein. So sind die Menschenaffen schließlich gezwungen, auszuschwärmen und entweder allein oder in kleinen Gruppen auf Nahrungssuche zu gehen.

Schimpansen sind die bei weitem mobilsten aller Menschenaffen. Es kommt durchaus vor, dass sie fünf Kilometer oder mehr auf ihrer täglichen Suche nach Nahrung zurücklegen.

1. Menschenaffen können im Gegensatz zu Affen unreifes Obst nicht verdauen. Hier greift ein Orang-Utan-Weibchen nach einer Durianfrucht – trotz ihres unangenehmen Geruchs ein Hochgenuss.

Orang-Utans und Gorillas sind dagegen sesshafter und legen kaum mehr als einen Kilometer am Tag zurück. Gorillas ernähren sich von blätterreichen, krautigen Pflanzen, die auf dem Boden wachsen. Und da es davon reichlich gibt, können sie in aller Ruhe essen, ohne weite Wege zurücklegen zu müssen. Orang-Utans bleiben eher für sich. Das hängt damit zusammen, dass in den südostasiatischen Regenwäldern vor allem so genannte Flügelfruchtbäume wachsen, deren Früchte aufgrund ihre starken Abwehrstoffe nicht essbar sind. Da ein Drittel der Bäume in ihrem Lebensraum zu den Flügelfruchtbäumen gehören, müssen sie sich über ein größeres Gebiet verteilen als die meisten anderen Menschenaffen, um genügend Bäume mit essbaren Früchten zu finden.

Freunde in guten Tagen

Bei den mobileren Schimpansen hängt ihr Hang zur Gemeinschaft stark davon ab, wie viele Früchte ein Baum trägt. In der Trockenzeit, wenn Früchte rar sind, streifen Schimpansen oft allein oder in kleinen Gruppen umher. Tragen mehrere große Bäume Früchte, z. B. Feigenbäume, kommen hier viele Tiere zu großen Gruppen zusammen. Wenn sie einen neuen fruchttragenden Baum entdecken, tun Schimpansen das Kund: Durch Trommeln auf Brettwurzeln und lautes Heul-Johlen, das durch den Wald schallt, kann ein Schimpanse auch noch viele Kilometer entfernt Aufmerksamkeit erlangen. Bald darauf begeben sich ganze Schlangen aufgeregter Schimpansen zur Quelle dieser Geräusche.

1. Ein Schimpanse sucht im Geäst nach Früchten.

2. Ein Berggorilla inmitten der üppigen Krautvegetation der Virungavulkane in Ruanda.

3. Ein junger Schimpanse ruft, um seine Freunde um sich zu scharen.

DIE OFFENE GEMEINSCHAFT

Dass sie zur Futtersuche ausschwärmen müssen, hat für die Menschenaffengemeinschaft ernsthafte Konsequenzen: Sie können nicht in solch großen Gruppen mit intensivem Kontakt leben, wie es typisch für die Altweltaffen ist (▷ S. 120).

Gibbons leben z. B. monogam, was bei Primaten selten ist. Gibbon-Weibchen scheuen die engen Freundschaften, die man bei Affenweibchen beobachten kann; stattdessen geht jedes für sich in einem eigenen Territorium auf Nahrungssuche, nur begleitet von seinem Männchen und seinen abhängigen Jungen. Die Territorien der Weibchen überlappen sich nie, und Nachbarinnen stehen sich im Falle einer Begegnung an den Territorialgrenzen feindlich gegenüber.

Orang-Utan-Weibchen und einige Schimpansenweibchen sind ebenfalls territorial gebunden, doch werden die Territorien lockerer gehandhabt. Die Gebiete dieser Weibchen können sich bis zu einem gewissen Grad überschneiden, und bei einer Begegnung ignorieren sich die Weibchen eher. In anderen Fällen, wie bei den Bonobos, können die Weibchen sogar gemeinsam auf Futtersuche gehen und sich zu Gruppen mit bis zu zehn Weibchen und ihren Jungen zusammenschließen. Männchen sind im Gegenzug nur sozial, wenn die Gruppen der Weibchen groß sind.

Gorillas scheinen engere Bande zu Artgenossen zu entwickeln, denn sie leben in kleinen, dauerhaften Gruppen. Doch bei genauerem Hinsehen ähneln ihre Gruppen denen der monogamen Gibbons: Die typische Gorilla-Gruppe besteht aus zwei oder drei Weibchen mit Jungen und einem oder gelegentlich zwei erwachsenen Männchen.

Schimpansen sind – außer dem Menschen – die einzigen Primaten, die regelmäßig Wirbeltiere jagen. Rote Stummelaffen sind ihre Lieblingsbeute.

 ## AUF DER JAGD NACH FLEISCH

Schimpansen sind neben den Menschen die einzigen Primaten, die organisiert und überlegt auf die Jagd nach anderen Säugetieren gehen. Ihre Lieblingsbeute sind Rote Stummelaffen, wahrscheinlich weil diese recht langsam und in den Bäumen leicht zu fangen sind. Wo es keine Stummelaffen gibt, sind kleine Waldantilopen, wie die Ducker oder junge Buschböcke, eine beliebte Alternative.

Das Jagen besorgen bei den Schimpansen ausschließlich die Männchen. Die Jagd beginnt häufig damit, dass ein Tier eine mögliche Beute ausmacht. Ist das z. B. eine Gruppe von Affen in einem Baum, schließen sich dem Jäger schnell andere Schimpansen an, die auf die benachbarten Bäume ausschwärmen, um den Affen die Fluchtwege abzuschneiden. Dann greifen ein oder zwei Schimpansen plötzlich an, und die Affen wenden sich zur Flucht, dabei kann es den Affen dann passieren, direkt in die Arme eines wartenden Schimpansen zu laufen.

Eine Jagd erregt bei allen Schimpansen in der Nachbarschaft beträchtliches Aufsehen. Sie sehen vom Rande aus zu und erzeugen eine Kakophonie aus schrillen Johlern, je weiter die Jagd fortschreitet. Das Jagen findet sehr jahreszeitenabhängig statt, vor allem zur Trockenzeit, wenn die Versorgung mit pflanzlicher Nahrung knapp ist. Das lässt vermuten, dass Fleisch eine Art Notration darstellt. Doch auch wenn es in der Nahrungspalette der als Jäger bekannten Schimpansenpopulationen nur einen Bruchteil ausmacht, kann es in kargen Zeiten trotzdem überlebenswichtig sein.

4.2 LEBEN IN EINER OFFENEN GEMEINSCHAFT

Männliche Anhänglichkeit

Die Anzahl ihrer Paarungsgelegenheiten scheint der Antrieb für das Sozialverhalten männlicher Menschenaffen zu sein. Die Weibchen der großen Menschenaffen gebären in der Regel nur alle vier bis fünf Jahre. So lange es sein Junges säugt, kann das Weibchen nicht erneut empfangen, denn das Säugen unterbindet die Produktion der Hormone, die den Menstruationszyklus steuern. Da die Zeiträume zwischen zwei Würfen also groß sind, gibt es für die Männchen nur wenige Gelegenheiten, sich zu paaren. Deshalb ist es für die Männchen sinnvoll, ein Territorium mit einigen Weibchen zu besetzen und zu verteidigen.

Orang-Utan-Männchen sind von allen großen Menschaffen am wenigsten sozial. Ihre Weibchen leben zu weit auseinander, um eine feste Gruppe zu bilden. So versucht jedes Männchen, ein großes Territorium, bestehend aus den Revieren mehrerer Weibchen, einzurichten. Ein Reviermännchen verteidigt den Zugang zu seinen Weibchen, so gut es kann. Da ein Männchen, das nur mit einem einzigen Weibchen lebt, anderweitige Paarungsgelegenheiten verschwenden würde, ziehen Orang-Utan-Männchen lieber allein umher.

Für Schimpansen-Männchen stellt sich die Situation komplizierter dar: In einigen Gebieten, wie etwa am Gombe in Tansania, gehen die Weibchen allein auf Nahrungssuche. In üppigeren Waldgebieten, wie dem Tai-Nationalpark an der Elfenbeinküste in Westafrika, leben die Weibchen dagegen in Gruppen. Und in den dichten Wäldern des Flussbeckens des Kongo leben die Bonobo-Weibchen in noch größeren Gruppen. Was die Männchen tun, hängt ganz davon ab, wie groß die Gruppen der Weibchen sind, da die Chance auf fruchtbare Weibchen mit der Gruppengröße wächst. Wenn Weibchengruppen groß sind, schließen sich ihnen Schimpansenmännchen an; gehen die Weibchen allein auf Nahrungssuche, ziehen die Männchen eher allein umher wie die Orang-Utans.

1. Schimpansen sind äußerst sozial, und wenn sich die Mitglieder einer Gemeinschaft bei der Nahrungssuche begegnen, kommt es oft zu ausgiebiger gegenseitiger Fellpflege.

2. Orang-Utan-Männchen entwickeln mit zunehmender Reife auf beiden Seiten des Gesichts starre, fetthaltige Backenwülste, mit denen sie rivalisierenden Männchen imponieren.

3. Ehemals in Gefangenschaft gehaltene Schimpansen, die auf einer westafrikanischen Insel ausgewildert wurden, warten auf ihre tägliche Futterration.

4. Berggorillas suchen in den Kräutern und Bodenpflanzen an den Virungavulkanen in Ruanda gemütlich nach Nahrung.

Schimpansen sind neben den Menschen die einzigen Primaten, die überlegten Mord an Artgenossen begehen.

(gegenüber) Ein Flachlandgorilla und seine Gruppe im Odzala-Nationalpark in der Republik Kongo. Die Gruppe hat sich aus dem sicheren Wald in offenes Gelände gewagt, um hier nach Nahrung zu suchen.

Die Gorillas machen es noch etwas anders: Gorilla-Weibchen tun sich eher in Gruppen von zwei oder drei Tieren zusammen. Während Schimpansenmännchen an derart kleine Gruppen von Weibchen nicht viel Aufmerksamkeit verschwenden, sehen Gorillamännchen das anders und bilden ständige Gemeinschaften mit den Weibchen. Das hängt vor allem damit zusammen, dass Gorillas weniger mobil als Schimpansen sind und jeden Tag nur kurze Entfernungen überwinden. Im Gegensatz zu Schimpansenmännchen sind Gorillamännchen nicht in der Lage, weite Gebiete auf der Suche nach Gefährtinnen zu durchstreifen.

Bruderschaften

Das heißt aber keineswegs, dass Schimpansen nicht sozial wären. Schimpansenmännchen verbünden sich z. B. oft in einer „Bruderschaft" eng verwandter Männchen, um große Territorien gegen andere Bruderschaften zu verteidigen. Ein großes Territorium ermöglicht den Mitgliedern einer Bruderschaft Zugang zu den vielen Weibchen, die hier umherziehen. Derart wertvolle Paarungsgelegenheiten verteidigt man gegen Rivalen – bis hin zur Entfachung offensichtlich geplanter Vernichtungsfeldzüge gegen Männchen benachbarter Gemeinschaften. Am Gombe beobachteten Wissenschaftler in den späten siebziger Jahren (▷ S. 185) mit Erstaunen, wie eine Bruderschaft ein Männchen nach dem anderen aus der Nachbargemeinschaft angriff und auslöschte. Von ähnlichen Fällen wurde später aus anderen Schimpansenpopulationen berichtet. Unsere Tage der Unschuld fanden ihr abruptes Ende – die Tiere, die für uns freundliche Waldbewohner waren, hatten sich als Mörder entpuppt.

▷ NESTBAUER

Die großen Menschenaffen bauen sich Schlafnester für die Nacht, die Orang-Utans und Schimpansen in Bäumen, die Gorillas typischerweise am Boden. Nestbauen ist wie ein Ritual, das das Ende eines Tages einläutet. Zum Nesterbau werden Äste und anderes Grünzeug miteinander verflochten, um eine Fläche aus Blattwerk herzustellen, auf die sich das Tier dann legt. Jedes Tier aus der Gruppe baut sich sein eigenes Nest, außer den Jungen, die stets mit ihrer Mutter schlafen.

Warum die großen Affen Nester bauen, bleibt ein Rätsel. Auch wenn viele der kleineren Halbaffen Nester benutzen, so handelt es sich bei diesen eher um formlose Gebilde, die in geschützte Baumhöhlen errichtet werden. Die Nester von Halbaffen werden außerdem immer wieder über Wochen und Monate genutzt, wogegen Menschenaffen nur am Tag des Baus in den Nestern schlafen und dann weiterziehen. Nester könnten zwei Vorteile bieten: ein Versteck vor Feinden und Wärme in kühlen Nächten. Schimpansen bauen sich, wenn es regnet, bisweilen auch Nester für den Tag. Orang-Utans halten bei heftigen Regenstürmen große Äste voller Blätter wie einen Regenschirm über ihren Kopf – ein Verhalten, dessen Ursprung im Nesterbau liegen mag.

Ein Schimpanse liegt entspannt in seinem Nest für die Nacht, das hoch im Geäst eines Baumes liegt. Für die Fläche aus Blattwerk wurden Äste miteinander verflochten.

4.2 GRÜNDE, TREU ZU SEIN

Monogamie ist unter Säugetieren extrem selten: Nur fünf Prozent der Arten haben diese Art des Zusammenlebens gewählt. Über die Ursachen lässt sich spekulieren, doch machen das Austragen der Jungen im Inneren des Körpers und dass die Weibchen danach ihre Jungen ohne männliche Hilfe großziehen können das Säugetiermännchen fast überflüssig und verleiten es zum „Streunen". Zu den Ausnahmen bei den Primaten gehören die Tamarine und Marmosetten. Diese Arten arbeiten bei der Aufzucht ihrer Jungen eher zusammen.

1. Kindstötung ist aufgrund der langen Zeiten zwischen den Geburten ein besonderes Problem bei den Primaten. Monogamie – wie bei den Gibbons – kann eine Lösung dieses Problems darstellen.

2. Ein Schimpansenweibchen mit Jungem zeigt sich einem Männchen gegenüber aggressiv. Bei polygamen Arten, wie den Schimpansen, konkurrieren die Männchen um das Privileg der Paarung mit den Weibchen. Nur dominante Männchen pflanzen sich erfolgreich fort.

Elterliche Zusammenarbeit

Bei Vögeln erweist sich das gemeinschaftliche Großziehen der Jungen durch das Männchen und Weibchen als erfolgreiche Strategie, da die meisten Nestlinge tierische Nahrung – die reich an Eiweiß und Energie ist – brauchen, um schnell zu wachsen. Da Männchen und Weibchen bei der Beschaffung gleich gut sind und beide die Eier brüten können, zahlt sich ihre Zusammenarbeit aus. Beide Geschlechter zusammen können so mehr Nachwuchs großziehen, als wenn ein Geschlecht die ganze Aufzucht seinem Partner überlassen würde.

Im Gegensatz dazu macht das System der Säugetiere mit Trächtigkeit und anschließendem Säugen das Männchen nach der Befruchtung fast überflüssig. Nur die Vertreter der Hundefamilie, z. B. Wölfe und Schakale, sind allgemein monogam. Hier hilft das Männchen dem Weibchen, indem es Fleisch in die Höhle bringt und als Entwöhnungsnahrung für die Welpen halb verdaut erbricht.

Monogamie bei den Primaten

Unter den Primaten gehören die Gibbons zu den wenigen Arten, die monogam leben. Doch sind die Gründe dafür rätselhaft, denn anders als die Männchen von Marmosetten, Vögel oder Hundeartige tragen die Gibbon-Männchen nur wenig zur Aufzucht der Jungen bei. Weder tragen sie sie, noch füttern sie sie, noch verteidigen sie offenkundig das Nahrungsterritorium der Weibchen. Auch wenn Gibbon-Männchen Territorialverhalten zeigen, so tun sie das in erster Linie deshalb, um Rivalen am Eindringen in ihr Territorium und an der Paarung mit ihrem Weibchen zu hindern. Es muss etwas sehr Wesentliches sein, warum sich die Monogamie für Gibbon-Männchen so lohnt, da sie wesentlich mehr Jungen zeugen könnten, wenn sie sich für die Strategie des Umherziehens entscheiden würden. Hier könnte die bei den Primaten verbreitete Kindstötung eine Rolle spielen und die Männchen vom Streunen abhalten.

3. Bei monogamen Arten, wie bei diesen Weißhand-Gibbons, leben Männchen und Weibchen zusammen in einem Revier, das sie gegen Eindringlinge verteidigen.

Der Fruchtbarkeit wegen töten

Aufgrund ihrer relativ großen Gehirne benötigen Primaten lange zur Entwicklung, was sich auch in einer langen Schwangerschaft und Stillzeit ausdrückt. Während das Weibchen seinen Nachwuchs säugt, ist es nicht empfängnisbereit. Erst kurz vor dem Entwöhnen des Jungen normalisiert sich ihr Hormonspiegel. D. h., dass neue Männchen, die das Weibchen von einem anderen übernommen haben, lange warten müssen, bevor das Weibchen wieder trächtig werden kann.

Stirbt das Junge, kann das Weibchen viel schneller wieder trächtig werden. Deshalb ist die Kindstötung für das Männchen, das nicht der Vater ist, äußerst lohnenswert. Töten Männchen das von der Mutter abhängige Kind, werden die Mütter schnell wieder empfängnisbereit, und die Männchen können so schneller eigene Nachkommen zeugen. Für Weibchen ist das Problem weit weniger drängend, da sie sich wesentlich kontinuierlicher fortpflanzen können.

Männliche Beschützer

Zwischen zwei Empfängnissen eng mit dem Weibchen verbunden zu bleiben gibt dem Gibbon-Männchen die Sicherheit, dass jedes seiner Jungen so lange überlebt, bis kein Risiko zur Kindstötung mehr besteht. Das kommt dem Weibchen ebenso entgegen, da es es davor schützt, dass zu viele ihrer Fortpflanzungszyklen durch Störmanöver anderer Männchen unterbrochen werden. Außerdem werden gleichzeitig die Futterplätze verteidigt, so dass beide in Ruhe fressen können.

ZUM THEMA:

2.1 Geschöpfe der Nacht
Für immer zusammen, S. 61

2.3 Weibchen an der Macht
Besondere Beziehungen, S. 76

3.3 Das Paarungsspiel
Sexualschwellungen, S. 138
Den Weg freimachen, S. 144

4.2 Leben in einer offenen Gemeinschaft Sex S. 196

4.5 Familienporträts: Menschenaffen
Gibbon, S. 226

4.2 LEBEN IN EINER OFFENEN GEMEINSCHAFT

SEX UND SOZIALE WIRBEL

Das Sozialleben von Gorillas und Orang-Utans ist ruhig und unauffällig. Keine der Arten ist dafür bekannt, dass sie ihren ungezügelten Emotionen freien Lauf lässt, auch wenn beide in der Wut Furcht einflößend sein können. Sie bevorzugen eher einen unauffälligen Lebensstil. Das Sozialleben der Schimpansen könnte kaum unterschiedlicher sein, denn ob sie wie die Schimpansen von Gombe in kleinen Gruppen umherstreifen oder in großen wie die waldbewohnenden Bonobos, sie leben in ständiger Anspannung. Die Rangordnung der Männchen ist hart umkämpft, und es kann permanent zu Auseinandersetzungen kommen.

Die Männchen leben in der Regel ein Leben lang in der Schimpansengemeinschaft, in der sie geboren wurden, während die Weibchen die Gruppe wechseln. Es ist nicht ganz klar, warum sie die Gemeinschaften wechseln, doch wahrscheinlich, um Inzucht mit ihren näheren männlichen Verwandten zu vermeiden. Diese Tatsache hat jedoch interessante Auswirkungen auf die Verteilung der Gene innerhalb der Schimpansengemeinschaften. So wurden im Gombe-Nationalpark die weiblichen Gene einer Gemeinschaft ganze 600 Kilometer weit entfernt in anderen Gruppen entdeckt. Jedes Weibchen bewegt sich jedoch nur etwa 10 bis 15 Kilometer vom Revier, in dem es geboren wurde, weg. Wenn jedoch seine Tochter, Enkelin usw. dasselbe tun, kann die Entfernung, die die Gene in aufeinander folgenden Generationen zurücklegen, groß sein. Nimmt man diesen Radius, so bedeutet eine Entfernung von 600 Kilometern mehr als 50 Migrationsgenerationen. Legt man eine Schimpansengeneration auf 15 bis 20 Jahre fest, führt uns das etwa 750 bis 1000 Jahre in der Geschichte zurück.

Genetische Einsichten

Die Genetik schenkte uns unerwartete Einsichten in das verborgene Leben der Schimpansen. Als Wissenschaftler die Gene von Schimpansen aus dem Tai-Nationalpark an der Elfenbeinküste analysierten, entdeckten sie, dass die Gene von einzelnen Männchen weiter verteilt waren, als man es von Männchen, die ihr ganzes Leben in einem Revier verbringen, erwarten würde.

1. Das Männchen Freud schüchtert durch das Biegen eines jungen Baumes einen Rivalen ein, um zum dominanten Tier in der Gemeinschaft von Gombe zu werden.

2. Zwergschimpansen (Bonobos) sind dafür bekannt, dass sie Sex als soziales Bindungsmittel einsetzen. Hier hat ein erwachsenes Weibchen Sex mit einem zweijährigen Jungen.

Ursache musste das Fremdgehen der Weibchen sein. Auch wenn die großen Menschenaffen noch bemühter darum sind, ihre Weibchen vom Streunen abzuhalten, als die Männchen anderer Arten, müssen sie der harten Wahrheit ins Auge sehen: Wenn nebenan ein besseres Männchen wohnt, na dann …

Vom Sex besessen

Die Bonobos haben das leichte Leben auf die Spitze getrieben. Für sie ist Sex glühend und allgegenwärtig. Er wird zur beiläufigen Begrüßung ebenso eingesetzt wie zur Festigung einer Freundschaft. Und keiner bleibt außen vor: Männchen paaren sich mit Männchen, Weibchen mit Weibchen, beide mit Jugendlichen und bisweilen sogar mit Jungen. Und wie bei uns kann man andere mit Sex erpressen: Sitzt ein Männchen am Fuße eines fruchtbeladenen Baumes, kommt es vor, dass es nur den Weibchen erlaubt, hochzuklettern, die sich vorher mit ihm paaren.

Die Menschenaffen teilen noch eine andere merkwürdige Eigenheit des Sexualverhaltens mit uns: Paaren sich alle anderen Primaten in der Hündchenstellung, so paaren sich Menschenaffen gelegentlich von Angesicht zu Angesicht wie wir. Und von allen anderen Menschenaffen ist es der Bonobo, der uns auch sonst in vieler Hinsicht ähnelt, der dies am häufigsten praktiziert. Doch warum manche der Menschenaffen diese merkwürdige Abweichung von der normalen Säugetierstellung beim Sex zur ungewöhnlichen Von-Angesicht-zu-Angesicht-Position zeigen, ist unklar. Vielleicht liegt es daran, dass unsere Beziehungen intimer und intensiver sind und die Reaktionen, die wir im Gesicht eines Partners erkennen können, uns die Tiefe und Bedeutungsschwere seiner Haltung uns gegenüber entschlüsseln und so unsere Erfahrung bereichern.

4.3 MENSCHENAFFEN MIT INTELLEKT

Das Gehirn der Primaten ist im Verhältnis zu ihrem Körpergewicht größer als bei anderen Tiergruppen. Das Zusammenleben in größeren Gruppen mit einer komplexeren Organisation scheint die Entwicklung der größeren Gehirne bedingt zu haben. Ganz besonders beeindruckt uns die Intelligenz der großen Menschenaffen. Geben wir ihnen Rätsel auf, lösen sie sie leichter als andere Arten. Und wir sind fasziniert von ihrem sensiblen und nachdenklichen Verhalten im Umgang miteinander oder wenn sie uns beobachten, während wir sie studieren. Nicht zuletzt teilen Schimpansen rund 98 Prozent ihrer DNA mit uns: Welchen Anteil haben sie also an unserer geistigen Welt? Diese bohrende Frage faszinierte und frustrierte Wissenschaftler seit mehr als einem Jahrhundert gleichermaßen. Sie ist nicht genau zu beantworten, denn es ist schwierig den Geist, der sich hinter einem Verhalten verbirgt, zu ergründen – selbst beim Menschen.

DAS SOZIALE GEHIRN

Mike, eines der Männchen aus Jane Goodalls Schimpansengruppe bei der Gombe-Studie, gelang es, durch eine ungewöhnliche und überraschende Taktik den ersten Rang in der Hierarchie einzunehmen. Für ein Männchen recht klein geraten, wäre er normalerweise nicht in der Lage gewesen, sich allein durch Körperkraft erfolgreich an die Spitze der Rangordnung zu kämpfen. Eines Tages jedoch bemerkte Mike, dass die leeren Kerosinkanister in Jane Goodalls Lager einen Heidenkrach machten, wenn sie umfielen. So ging er dazu über, mit diesen um sich zu werfen – eine Taktik, die seine Rivalen verschreckte, nicht zuletzt deshalb, weil ein Treffer mit einem großen Metallkanister schmerzte und zu Verletzungen führte. Sie machten einen großen Bogen um ihn und ließen sich bald von ihm dominieren.

Ein derart kreatives Ausnutzen einer bestimmten Situation, um sein Ziel zu erreichen, ist das besondere Kennzeichen der Intelligenz der Schimpansen. In der Lage zu sein, andere Tiere so subtil zu manipulieren wie Mike, erfordert ein Verständnis für die Reaktionen anderer auf eigene Handlungen. Das ist ein komplexeres Problem, als der erste Eindruck vermitteln mag, denn es dringt ins Mark dessen ein, was wir als Bewusstsein begreifen.

Erkenne dich selbst

Einer der grundlegenden Aspekte menschlichen Bewusstseins ist unser Sinn für Selbstwahrnehmung: Wir wissen, wer wir sind, und können unsere Gedanken reflektieren. Dieses Phänomen lässt sich natürlich nur äußerst schwer experimentell ergründen. Wir können untersuchen, was in dem Moment bei uns selbst abläuft, doch können wir andere Arten nicht auf diese Weise studieren. Es ist sogar

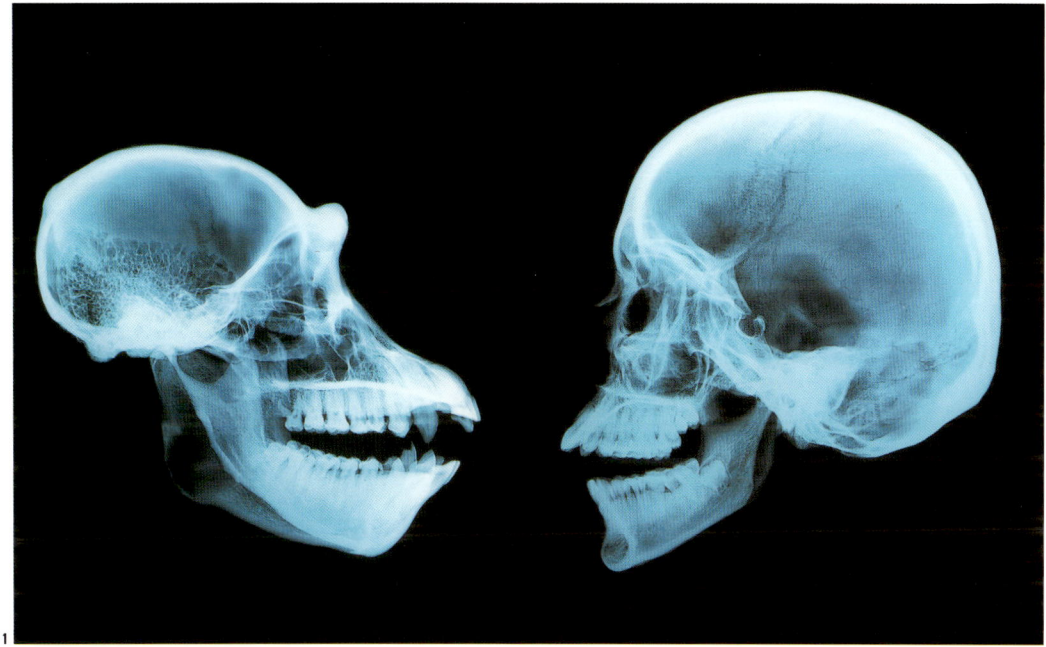

1. Die Röntgenbilder enthüllen, wie viel größer das menschliche Gehirn (rechts) als das des Schimpansen (links) ist.

2. Der Schimpanse Mike lernte, Rivalen durch das Herumwerfen von Metallkanistern einzuschüchtern. So konnte er trotz seiner geringen Körpergröße zum dominanten Männchen aufsteigen.

4.3 MENSCHENAFFEN MIT INTELLEKT

⭐ **Menschenaffen sind die einzigen Tiere, die sich wie wir im Spiegel erkennen.**

1. Im Gegensatz zu anderen Primaten können sich Schimpansen im Spiegel erkennen; und sie betreiben sogar mit Hilfe des Spiegels Körperpflege an sonst für sie unsichtbaren Körperpartien.

2. Zwergschimpansen oder Bonobos haben eine eng begrenzte Verbreitung in den Regenwäldern des Kongo. Einige Forscher meinen, dass sie dem Menschen ähnlicher sind als der Gemeine Schimpanse.

schwierig, andere Menschen auf diese Weise zu erforschen. Wir können sie danach fragen, ob sie etwas Bestimmtes fühlen, doch wenn sie das positiv beantworten, dann haben wir noch keine Garantie dafür, dass ihr Gefühl dem entspricht, was wir darunter verstehen. Sprache ist ein armseliges Medium, wenn es darum geht, Gedanken und Gefühle zu ergründen.

Ob Menschenaffen über Selbstwahrnehmung verfügen, lässt sich dadurch herausfinden, ob sie sich in einem Spiegel erkennen können. Die meisten Tiere, z. B. Hunde und Katzen, erkennen in dem Tier aus dem Spiegel nicht sich selbst. Sie behandeln das Spiegelbild wie eine andere Katze oder einen anderen Hund. Sie fauchen und knurren es an und versuchen, hinter den Spiegel zu rennen, um das böse Tier, das zurückknurrt, anzugreifen.

Verhaltensforschern wurde rasch klar, dass die Fähigkeit, sein Abbild im Spiegel zu erkennen, einen wesentlichen Beleg für das Erkennen des eigenen Selbst darstellt. Ein Tier, das sich selbst klar erkennt, besitzt einen gewissen Sinn für seine Identität, einen Sinn dafür, dass sein Selbst anders als das der anderen ist. Ein einfacher Test soll dies zeigen: Man gewöhnt ein Tier an einen Spiegel, indem man ihm einen in den Käfig stellt. Später betäubt man das Tier und malt ihm im Zustand der Bewusstlosigkeit einen Farbpunkt auf die Stirn. Dann wartet man, ob es nach dem Erwachen die Markierung an seiner Stirn bemerkt. Wenn ja – und wenn es das zeigt, indem es an dem Punkt herumzupft und nicht an dem im Spiegelbild und dabei den Spiegel als Hilfsmittel benutzt –, dann lässt sich daraus ableiten, dass es einen Sinn für sein Selbst hat.

Alle großen Menschenaffen absolvieren

den Test mit Erfolg, doch keiner der Affen hat ihn je geschafft (▷ S. 156). Die Schlussfolgerung lautet, dass Menschenaffen einen Sinn für ihr Selbst haben, Affen hingegen nicht. Doch ist die Fähigkeit, sich selbst im Spiegel zu erkennen, wirklich ein Indikator für Selbstbewusstsein? Natürlich ist es ein Hinweis auf etwas, wozu Menschenaffen in der Lage sind und Affen nicht. Worum es sich dabei handelt, ist jedoch schwierig zu benennen.

Gedankenleser

Vielversprechender ist die Frage, ob die Menschenaffen über einen „Bewusstseinsbegriff" verfügen, sich also in andere hineinversetzen können. Das bedeutet, dass ein Individuum sich vorstellen kann, was im Kopf eines anderen vor sich geht. Die Fähigkeit, die Denkweise eines anderen zu verstehen, ist grundlegend für bestimmte menschliche Phänomene, einschließlich der Fähigkeit, überzeugend zu lügen, Romane zu schreiben oder gläubig zu sein. Um überzeugend zu lügen, muss ich wissen, welche Gedanken meine Worte beim anderen auslösen; um einen Roman zu schreiben, muss ich (und Sie, als Leser) fähig sein, mir die Gedanken und Motive einiger Handlungsträger vorzustellen; um an einen Gott zu glauben, muss ich davon ausgehen können, dass es etwas Göttliches gibt, dessen Absichten Geschehnisse beeinflussen können und dessen Geist ich durch ein Gebet erreiche.

Zu all dem in der Lage zu sein erfordert die Fähigkeit, die Gedanken anderer ebenso wie die eigenen zu reflektieren. Psychologen betrachten die Fähigkeit zu verstehen, dass ein anderer einem falschen Glauben aufsitzt, als wesentlichen Beleg für einen Bewusstseinsbegriff. Kinder entwickeln die Fähigkeit zu erkennen, dass ein anderer die Welt in einem anderen Licht sieht als sie selbst, mit etwa vier Jahren. Vorher gehen sie davon aus, dass das, was sie für wahr halten, auch jeder andere für wahr hält. Das entscheidende Problem ist also, ob Primaten diese Fähigkeit mit uns teilen.

Da sie nicht mit uns sprechen können, ist es schwierig, ein Bewusstsein bei Tieren nachzuweisen. Trotzdem gibt es dazu zwei Studien über Schimpansen und einige andere Tests, die damit zusammenhängende Fähigkeiten beleuchten; etwa die Fähigkeit zu verstehen, ob ein anderer etwas weiß oder nicht, oder zu erkennen, dass andere etwas sehen können, was wir nicht sehen (oder etwas nicht sehen können, was wir sehen).

Es zeigte sich, dass Schimpansen tatsächlich in der Lage sind, zwischen Individuen zu unterscheiden, die über eine Situation Bescheid wissen (wo Futter versteckt ist), und solchen, die es nicht wissen. Doch der Beweis, ob Schimpansen (die einzige Art, die bisher getestet wurde) verstehen, ob etwas falsch ist – und daher über ein Bewusstsein verfügen –, ist zweifelhaft. So fiel der eine Test positiv aus, der andere negativ.

Ein Leben voller Listen

Schimpansen sind äußerst verschlagen, wie das folgende Experiment beweist: Man zeigte einem niederrangigen Schimpansen Früchte, die in einem großen Freigehege versteckt wurden. Dann wurde er wieder zu den anderen ins Innengehege gebracht. Später ließ man alle Tiere zusammen ins Freie. Anstatt schnell zu dem Versteck der Früchte zu laufen, lungerte der niederrangige Schimpanse in der Nähe der Tür herum, bis sich alle in ihre Lieblingsecken im Gehege aufgemacht hatten. Nachdem sich jeder niedergelassen hatte, ging er heimlich los, um sich die Früchte zu holen. Er wusste offensichtlich, dass, wenn er sich auf direktem Weg zu den Früchten aufgemacht hätte, sein ungewöhnliches Verhalten jedermanns Aufmerksamkeit auf sich gezogen und ein stärkeres Tier ihn rasch um seine Beute gebracht hätte. Solche Verstellungen sind bei Schimpansen im Gegensatz zu Affen (▷ S. 155) an der Tagesordnung.

3. Mit etwa vier Jahren entwickelt ein Kind die Fähigkeit, sich vorzustellen, dass andere die Welt aus einer anderen Perspektive als es selbst sehen.

KOMMUNIKATIVE MENSCHENAFFEN

Schon lange vor der Romanfigur Dr. Doolittle hatte der Gedanke, mit Tieren sprechen zu können, für den Menschen etwas Faszinierendes. Die Sprache ist uns so zur zweiten Natur geworden, dass es uns schwer fiel zu glauben, dass andere Tiere nicht über Sprachen verfügten: Wir müssten doch nur ihr Geschnatter, Grunzen und Bellen verstehen, und schon würden wir eintauchen in die unerforschten Gewässer einer anderen Artenwelt. Auf die Menschenaffen, die uns offenkundig so ähnlich sind, setzten wir unsere kühnsten Hoffnungen.

1. Einigen Schimpansen brachte man die Gebärdensprache auf der Grundlage der Sprache von Gehörlosen oder Sprachbehinderten bei. Es ist jedoch immer noch nicht sicher, ob sie lediglich ihre Trainer imitieren oder wirklich eigene Sätze bilden.

Schimpansen das Sprechen beibringen
Einige frühe Versuche, den Schimpansen menschliche Sprachen (Englisch) beizubringen, waren nicht zuletzt durch diese Überlegungen motiviert. Die beiden bekanntesten Experimente fanden in den fünfziger und sechziger Jahren des letzten Jahrhunderts statt. Bei beiden wurde ein Schimpansenjunges als Mitglied einer normalen Menschenfamilie zusammen mit dem gleichaltrigen Kind des Wissenschaftlers großgezogen. Nun, beide Projekte versagten elendiglich. Das Beste, was einer der Schimpansen zustande brachte, war ein halbes Dutzend geflüsterter Worte, die mit den englischen Originalen kaum Ähnlichkeit hatten.

Experimente mit Gebärdensprache
Der Grund, warum diese Projekte versagten, war bald klar: Der Kehlkopf des Schimpansen sitzt im Hals zu weit oben, um die ganze Bandbreite an menschlichen Vokalen und Konsonanten zu bewältigen. Selbst wenn sie Sprache verstehen würden, so könnten sie das nie durch selbst gesprochene Worte beweisen. Es folgten eine Reihe von Projekten, bei denen versucht wurde, Schimpansen die Zeichensprache zu lehren – mit dem Gedanken, dass Menschenaffen zur Verständigung untereinander ebenfalls Gesten verwenden. Zu dem berühmtesten Projekt dieser Art gehörte die Schimpansin Washoe, der als Junges die amerikanische Gebärdensprache beigebracht wurde. Sie war mit einem Vokabular von 100 Zeichen nach vielen Jahren Praxis recht geübt. Doch auch ihre Fähigkeiten waren im Vergleich zu denen von Kleinkindern bescheiden, denn diese können im Alter zwischen drei und sechs Jahren in ihren Wachphasen alle 90 Minuten ein neues Wort erlernen. Einige Wissenschaftler behaupteten sogar, dass Washoe lediglich die Zeichen wiederholte, die ihr Trainer ihr vormachte. Andere hoben hervor, dass ihr Sprachvermögen sich nur darauf beschränkte, nach Dingen zu fragen, die sie eben wollte (meistens zu essen und zu trinken). Im Gegensatz dazu fangen Kinder bald damit an, mit Fragen wie „Was ist das?" und „Warum?" etwas über die Welt um sie herum erfahren zu wollen.

In Symbolen sprechen
Die nächste Phase des Experiments schloss die Symbolsprachen ein. Bei einer Untersuchung wurden Symbole, die für Fragewörter (was? wo?), Eigenschaftswörter (rot, rund) und Verhältniswörter (größer als, oben auf) ebenso wie Gegenstandswörter (Apfel, Getränk) und Namen (Sue, Austin) standen, auf einer Computertastatur angebracht. Die Menschenaffen bildeten durch Drücken der Schlüsselwörter einfache Sätze.

Eine Art Erfolg
Diese Projekte mit Kanzi, einem jungen Bonobo, der mehrere hundert Begriffe erlernte und sich regelmäßig mit seinen Trainern „unter-

2. Kanzi, der Bonobo, kommuniziert mit seiner Trainerin über eine „Tastatur" mit über hundert Symbolen.

3. Menschenkinder lernen von klein auf, mühelos zu sprechen. Eine naturgegebene Fähigkeit zur Imitation ist dazu wahrscheinlich die Voraussetzung.

hielt", zeigten sich wesentlich erfolgversprechender. Das Bemerkenswerteste an Kanzi ist, dass man ihn die Zeichen nie formal lehrte; er lernte sie spontan beim Beobachten seiner Adoptivmutter, als man ihr die Benutzung der Tastatur beibrachte. Seine eigene Fertigkeit darin ist ziemlich spektakulär. Er kann sogar relativ komplexe Anweisungen in Englisch ausführen und über eine Tastatur, die an einen Stimmensimulator angeschlossen ist, antworten. Trotzdem hegen noch viele Zweifel, ob er eine richtige Sprache im menschlichen Sinn beherrscht, denn auch er bildet nur Zweiwort- oder Dreiwortsätze. Seine Fertigkeit scheint sich etwa auf dem Niveau eines Zweijährigen zu bewegen.

ZUM THEMA

2.2 Düfte und Laute
Lautsignale, S. 70

3.4 Eine einzigartige Intelligenz
Eine einzigartige Intelligenz, S. 148

4.3 Menschenaffen mit Intellekt
Menschenrechte für Menschenaffen? S. 208

4.4 Ein Affe auf zwei Beinen
Der Faktor Humor, S. 214
Kains Kinder, S. 223

4.5 Familienporträts: Menschenaffen
Schimpanse, S. 229
Bonobo, S. 230
Mensch, S. 231

4.3 MENSCHENAFFEN MIT INTELLEKT

WERKZEUGE BENUTZEN

Seit ihr erfinderisches Verhalten auf Film festgehalten wurde, waren die nach Termiten fischenden Schimpansen aus Gombe berühmt. Termitenfischen ist ein diffiziles Geschäft: Der Schimpanse fädelt einen langen Grashalm in einen Eingang eines Termitenbaus, wackelt ein wenig damit herum und zieht ihn dann Zentimeter für Zentimeter langsam und mit großer Sorgfalt wieder heraus, um ja nicht die kostbare Fracht aus fest daranhängenden Termitensoldaten abzustreifen. Einmal draußen werden die Termiten rasch in den Mund gestreift und als süße, nahrhafte Zwischenmahlzeit genossen.

Schimpansen gehören zu den wenigen Tierarten, die in den Genuss dieser Delikatesse kommen, da sich Termiten tief in ihren harten zementartigen Erdhügeln verbarrikadieren. Die meisten Tiere sind nicht stark genug, um ihren Bau aufzubrechen. Selbst Menschen, die Termiten geschmacklich ebenso schätzen wie andere, müssen warten, bis die Termiten in riesigen Paarungsschwärmen ihren Bau verlassen – dazu kommt es allerdings nur an wenigen Tagen im Jahr. Schimpansen haben das Problem durch eine Handlung, die große Geduld und Umsicht erfordert, gelöst.

Werkzeuge der Schimpansen

In ganz Zentralafrika findet man Schimpansen, die geschäftig Werkzeuge zur Nahrungsbeschaffung entwickeln. Wie ihre Termitenangel benutzen sie noch eine Reihe anderer einfacher Werkzeuge. In Gombe verwenden sie zerkaute Blätter wie Schwämme, um Wasser aus tiefen Baumhöhlen zu schöpfen.

1. Schimpansen sind fachkundige Werkzeugerfinder und -nutzer. Hier verwendet einer einen dünnen Halm, um Termiten aus einem Termitenbau zu fischen.

⭐ **Schimpansen fressen mehr als 30 Pflanzenarten, die medizinische Eigenschaften aufweisen. Auch die menschlichen Anwohner benutzen viele von ihnen als Arznei.**

Auch benutzen sie Blätter ähnlich wie wir Tücher, z. B., um Blut oder Schleim vom Fell abzuwischen.

Ein abenteuerliches Spiel ist das Ameisen-Aufstippen. Dazu halten Schimpansen dünne Stöckchen und zerkaute Zweige in die Marschkolonnen von afrikanischen Treiberameisen. Sobald sich die Soldaten mit ihren kräftigen Kiefern in das störende Gerät verbeißen, wird der Zweig wieder hochgezogen und schnell über die Handfläche gestrichen, um die Ameisen zu sammeln. Diese werden rasch ins Maul befördert und zügig zerkaut – alles mit der Betonung auf schnell. Denn die Soldaten der berüchtigten Treiberameisen können mit ihren furchterregenden Kiefern kräftig zubeißen und schmerzhafte Säure verspritzen. Deshalb ist rasches Handeln gefragt, will der Schimpanse Bisse an empfindlichen Stellen vermeiden. Ameisen-Aufstippen lernt man schnell oder gar nicht.

Nussknacker

Im Tai-Nationalpark an der Elfenbeinküste haben die Schimpansen eine ganz andere örtliche Tradition entwickelt: Nüsse knacken. Die Ölpalme wächst überall in den afrikanischen Tropen und trägt eine sehr nahrhafte Nuss, die Menschen aufgrund ihres ölhaltigen Fruchtfleischs schätzen. Doch steckt dieses Fruchtfleisch in einer außerordentlich harten Schale. Die meisten Tiere können die Nüsse einfach deshalb nicht fressen, weil sie so gut geschützt sind. Menschen und Schimpansen bilden die Ausnahme, und beide haben das Problem auf dieselbe Art gelöst: Sie benutzen einen Hammer.

Will ein Schimpanse aus dem Tai-Nationalpark Nüsse knacken, sieht er sich erst einmal nach einem geeigneten Hammer um, einem Stein von besonderer Form und Gewicht, den man fest in der Hand halten kann. Manchmal tut es auch ein Stück Holz. Als nächstes

Beim Fressen von *Aspilia* in Mahale.

 ### KRÄUTERARZNEIEN

Wie alle Tiere in der Wildnis leiden Schimpansen unter Parasiten. Würmer und andere Parasiten im Darm können selbst Menschen so schwächen, dass sie eine ernsthafte Lebensbedrohung darstellen. Im besten Fall leben sie auf unsere Kosten und belasten das Immunsystem.

Wie Menschen überall auf der Welt haben Schimpansen gelernt, dass einige Pflanzen natürliche medizinische Eigenschaften besitzen. Die Schimpansen aus Gombe und Mahale in Tansania schlucken die stacheligen Blätter der *Aspilia* und anderer Pflanzen. In Mahale kauen Affen mit schwerem Parasitenbefall das Mark der *Vernonia*. Untersuchungen haben gezeigt, dass Schimpansen, die diese Blätter schlucken oder das bittere Mark kauen, nach und nach weniger Parasiten aufweisen. *Aspilia* und andere Blätterarten, die die afrikanischen Menschenaffen im Ganzen verschlucken, scheinen Würmer regelrecht aus dem Darm hinauszuschieben, während der *Vernonia*-Saft Bestandteile enthält, die die Würmer abtöten. Tatsächlich werden über 25 Pflanzenarten, die Schimpansen manchmal verzehren, auch von Menschen zur Behandlung verschiedener medizinischer Probleme – von Bauchschmerzen über Würmer bis hin zur Amöbenruhr – verwendet.

4.3 MENSCHENAFFEN MIT INTELLEKT

1. In Westafrika haben einige Schimpansenpopulationen gelernt, mit Steinhämmern die harten Nüsse der Ölpalme zu knacken.

2. Ein Schimpanse benutzt einen Zweig, um Safariameisen zu sammeln. Dabei muss er vorsichtig vorgehen, denn eine falsche Bewegung kann schmerzhafte Konsequenzen haben.

sammelt der Schimpanse einige Nüsse und sucht einen Amboss. Das kann ein in den Boden gerammter Felsbrocken sein, die starke Wurzel eines Baums oder auch ein Ast. Dort angelangt, balanciert der Schimpanse eine Nuss auf dem Amboss und haut mit dem Hammer darauf, bis sie zerbricht. Das kann sich schwierig gestalten, denn jede Nuss muss vorsichtig zwischen Zeigefinger und Daumen ausgerichtet werden, kurz bevor der Hammer sie trifft, da sie sonst vom Amboss rollt.

Gute Hämmer sind rar und schwer zu finden, und die Schimpansen aus dem Tai-Wald haben ein wachsames Auge auf ihre Hämmer, die von anderen Schimpansen von einem Platz zum nächsten getragen werden, manchmal zu einem mehrere hundert Meter entfernten Ort. Scheinbar merken sich die Schimpansen, wenn sie an einem Amboss vorbeikommen, welche Hämmer dort liegen. Vor dem Besuch eines Nussbaums nehmen sie oft den nächstgelegenen Hammer auf dem Weg mit, auch wenn sie dafür einen kleinen Umweg in Kauf nehmen müssen.

Um dieses Verhalten genauer unter die Lupe zu nehmen, versahen Wissenschaftler alle Hammersteine in einem Teil des Tai-Nationalparks mit Zahlen und zeichneten sorgfältig jeden Tag ihre Lage auf. Gleichzeitig erfassten sie die Hämmer, die die Schimpansen mitnahmen, wenn sie Nüsse sammeln gingen. Beim Messen der Entfernung zwischen dem Nussbaum und allen verfügbaren Hämmern, konnten die Wissenschaftler zeigen, dass die Schimpansen sehr wohl das Gewicht des Hammers gegen die zurückzulegende Entfernung abwogen – schwere Hämmer trugen sie über kürzere Entfernungen als leichtere.

Man nahm an, dass die Schimpansen den Gebrauch der Hämmer durch die sorgfältige Beobachtung ihrer Mütter lernen. Man vermutete sogar, dass Mütter ihren Nachwuchs in der korrekten Handhabung unterwiesen. Sie gaben ihm halb aufgebrochene Nüsse, die die Kleinen dann fertig aufknacken mussten, oder sie führten die Hand der Jungen. Es ist jedoch keineswegs ausgeschlossen, dass sich die jungen Schimpansen die Handhabung ganz allein aneignen, indem sie den Erwachsenen dabei zusehen und es dann auf eigene Faust versuchen. Die Tatsache, dass Schimpansen tatsächlich sehr lange dazu brauchen, um das Nüsseknacken zu erlernen, scheint diese Meinung zu untermauern. Es kann bis zu drei

3. Ein Schimpanse in Liberia, Westafrika, schmettert eine Kokosnuss auf einen steinernen Amboss. Ein solches Verhalten wurde bei Schimpansen aus Zentral- oder Ostafrika nie beobachtet.

4. Sultan, der Star aus Wolfgang Köhlers Studien, verlängert einen Stock, um an Futter zu kommen.

Jahren geduldigen Versuchs und Irrtums kosten, um die Fertigkeit zu beherrschen; sie sich lehren zu lassen könnte schneller gehen.

Der Trick mit den Bananen

Der Werkzeuggebrauch und die -herstellung der Schimpansen weiteten sich unweigerlich zu Angelegenheiten von beträchtlichem Interesse für die Wissenschaft aus, da sie uns ein Fenster zur Gedankenwelt der Schimpansen öffnen und uns Hinweise auf die Entwicklung unserer Vorfahren geben können.

Eine der frühesten Studien zum Werkzeuggebrauch veröffentlichte der deutsche Psychologe Wolfgang Köhler. Beim Ausbruch des ersten Weltkrieges im Jahre 1914 hielt sich Köhler zufällig auf den Kanarischen Inseln auf. Da diese Inseln zu Spanien gehören, wurde Köhler als ausländischer Feind interniert. Seine Gefangenschaft jedoch hatte eher Gentleman-Charakter, und Köhler wurde gestattet, sich mit Studienvorhaben im örtlichen Zoo zu beschäftigen. Hier fesselten ihn rasch die intellektuellen Fähigkeiten der Schimpansen.

Köhler stellte den Schimpansen eine Reihe von Aufgaben, so z. B., eine Banane außerhalb des Käfigs mit zwei Stöcken zu erreichen, die beide nicht lang genug dazu waren. Sultan, ein junges Männchen, löste das Problem, nachdem man ihm gezeigt hatte, dass man beide Stöcke zu einem langen zusammenstecken konnte – eine Leistung, die die Beobachter in Erstaunen versetzte.

Diese Experimente gehörten lange Jahre zu den Klassikern, doch wenn wir heute auf sie zurückblicken, überzeugen sie uns weniger als Köhler und seine Zeitgenossen. So beeindruckend die Vorstellung seiner Menschenaffen war, so wenig spontan war ihre problemlösende Leistung. Heutzutage würde man Köhlers Beobachtungen nicht als so schlüssigen Beweis für ein wirklich einsichtiges werkzeuggebrauchendes Verhalten ansehen.

Nichtsdestoweniger können Menschenaffen Werkzeuge offenkundig einsichtig einsetzen. Kanzi (▷ S. 203) kann sogar einen Grill anzünden und Würstchen braten.

POLITIK DER PRIMATEN

Menschenaffen betreiben manchmal Politik und manipulieren einander mit ebenso großer Tücke wie Menschen, um die Durchsetzung ihrer ureigenen Interessen voranzutreiben. Ist es jedoch richtig, menschenähnliche Gedanken und Absichten in ein solches Verhalten hineinzudeuten? Ein klärendes Beispiel stammt aus einer Schimpansenkolonie aus dem Arnheim-Zoo in den Niederlanden.

Yeroen war das dominante Männchen der Schimpansenkolonie im Zoo. Als oberstes Männchen genoss er eine Menge Privilegien, doch sein liebstes war das Recht, sich mit den Weibchen paaren zu dürfen. Als er in die Jahre kam, verdrängte ihn sein jüngerer Rivale Luit von seiner Position.

Doch Luit hatte nicht mit der List und Erfahrung des Alters gerechnet. Nach seiner Absetzung begann Yeroen, Nikkie Avancen zu machen, dem jüngsten der drei erwachsenen Männchen in der Gruppe. Yeroen eilte, wann immer sich Nikkie mit Luit kabbelte, diesem zur Hilfe. Es dauerte nicht lang, bis die vereinten Kräfte der beiden Männchen Luit stürzen sollten. Yeroen schien offensichtlich bereit, sich später von dem starken, jungen Nikkie dominieren und ihn oberstes Männchen werden zu lassen. Auch wenn der Preis, den Yeroen dafür bezahlen musste, darin bestand, Zweiter zu sein, so hatte er als Nikkies Verbündeter immer noch Zugang zu manchen Weibchen. Luit rutschte in der Zwischenzeit an die dritte Stelle, wo ihm jede Paarungsgelegenheit versperrt blieb.

Nikkie war jedoch mit dem Arrangement weniger glücklich. Immer wieder Yeroen dabei zuzusehen, wie dieser sich mit „seinen" Weibchen paarte, wurde ihm zu viel, und er griff das ältere Männchen an. Dem jungen Männchen in keiner Weise gewachsen, ergab sich Yeroen schnell. Doch als Nikkie später mit Luit aneinander geriet, setzte sich Yeroen an den Rand und beobachtete nur. Dass er seinen Verbündeten Nikkie nicht unterstützen wollte, machte diesen verwundbar, da Nikkie bei einer Mann-gegen-Mann-Begegnung mit Luit keine Chance hatte. Nach Yeroens ziemlich deutlicher Erinnerung daran, wer ihn zum Anführer gemacht hatte, ließ Nikkie das ältere Männchen wieder bei den Weibchen gewähren – bis zum nächsten Mal, als ihn die Eifersucht überkam.

Die größere Intelligenz der Menschenaffen lässt sie Gefangenschaft weniger ertragen als andere Primaten. Wie im Käfig gehaltene Menschen verfallen sie in Depressionen und psychische Störungen.

 MENSCHENRECHTE FÜR MENSCHENAFFEN?

Sitten ältesten Ursprungs zwingen alle Menschen in einen Moralkodex, der regelt, wie sie mit anderen Mitgliedern ihres Stammes umzugehen haben. Dieser Kodex, im jüdisch-christlichen Kulturkreis durch die zehn Gebote verkörpert, stattet alle Mitglieder des Stammes mit bestimmten Grundrechten und Pflichten aus. In vielen traditionellen Gesellschaften dehnte man solche Rechte nicht immer auf die Mitglieder anderer Stämme aus, die man als legitime Beute zur Versklavung, zum Töten, zum Raub ihrer Frauen oder ihrer Habe betrachtete. Heute jedoch in unserer zivilisierteren Welt streben wir danach, jedem Individuum diese Menschenrechte zuzugestehen.

Viele haben sich gefragt, ob anderen Arten dieselben Rechte zugestanden werden sollten. Die großen Menschenaffen waren häufige Bewerber darum. Das Hauptargument gegen eine Übertragung der Menschenrechte auf Menschenaffen ist, dass solche Rechte vertraglich zwischen Menschen geregelt sind und eine ausreichende Intelligenz voraussetzen, um das Wesen eines Vertrags zu verstehen. Nun sind wir uns aber alle darin einig, dass Menschenbabies und geistig Benachteiligten Menschenrechte nicht abgesprochen werden sollten, auch wenn sie die Verpflichtungen eines gegenseitigen Vertrages nicht verstehen können. Wir bieten ihnen daher als ihre Beschützer die Mitgliedschaft in dieser Gemeinschaft an. Dasselbe könnten wir einfach auch für die Menschenaffen tun.

Yeroen verstehen

Beispiele für scheinbar raffiniert wirkendes Verhalten beeindrucken uns, und wir lassen uns rasch dazu hinreißen, tierischem Verhalten Absichten zu unterstellen, wie wir sie hätten. Hier ist ein kritischer Punkt erreicht, denn die afrikanischen Menschenaffen sind sehr eng mit uns verwandt – wenn eine Art so ähnlich fühlt und denkt wie wir, dann können es nur sie sein. Doch wie sicher können wir uns darin sein? Wir können ihre Gedanken und Gefühle nicht lesen.

Es gibt zwei entgegengesetzte Lehrmeinungen in diesem Streitpunkt. Die „Behavioristen" bestehen darauf, dass wir unsere Diskussionen darauf beschränken, was objektiv beobachtet werden kann – das ist das Verhalten. Da wir Gefühle und Erfahrungen nicht beobachten können, ist sogar die Frage bedeutungslos, ob eine andere Art überhaupt über sie verfügt. Wir wissen, dass wir sie haben, und wir sind bei einigen Lebewesen sicher, dass sie sie nicht haben, z. B. Insekten und Bakterien –, doch wo ist der Übergang?

Die Behavioristen argumentieren dahin gehend, dass es die Vorsicht gebietet, einen Strich unter die Menschen zu ziehen. Nach ihrer Ansicht muss man jedes Verhalten auf der Grundlage von erlernten Mustern erklären. Die Non-Behavioristen bestehen dagegen darauf, dass wir mit gutem Grund davon ausgehen können, dass die uns in evolutionärer und neurologischer Hinsicht am nächsten stehenden Arten wahrscheinlich etwas von unserem Innenleben teilen. Ganz abgesehen davon gibt die Voraussetzung eines Innenlebens dieser Tiere eine wesentlich einfachere Erklärung für ihr Verhalten ab als eine streng behavioristische Interpretation. Doch auch, wenn die non-behavioristische Meinung letztlich fruchtbarer ist, so können wir nicht genau sagen, was sich genau in anderen als unseren eigenen Köpfen tut. Und nicht einmal das können wir genau verstehen.

1. Yeroen und das junge Männchen Nikkie bilden eine Koalition gegen das neue dominante Männchen Luit im Arnheim-Zoo in den Niederlanden (Abdruck mit Erlaubnis von Frans de Waal, aus *Chimpanzee Politics*).

2. Yeroen in nachdenklicher Stimmung. Benutzte der gerissene alte Yeroen Nikkie bewusst dazu, seinen Rivalen Luit abzusetzen? (Abdruck mit Erlaubnis von Frans de Waal, aus *Chimpanzee Politics*).

4.4 EIN AFFE AUF ZWEI BEINEN

Dunkel und bedrohlich wird der Himmel, als der Vulkan in der Ferne Aschewolken und Schwefeldämpfe ausspuckt. Das unaufhörliche Rumoren und die Explosionen des Vulkans donnern über die Ebene, auf deren aschebedecktem Boden zwei Erwachsene und ein Kind müde entlang stolpern. Der Lärm brachte sie um ihren Schlaf, und auch der anbrechende Tag gewährte keine Ruhepause. Erschreckt von einer plötzlichen Explosion im Inneren des Berges kreuzt eine Gruppe Antilopen in vollem Tempo ihre Spuren. Dieses Szenario fand vor 3,5 Millionen Jahren statt. Die drei Wesen waren Australopithecinen – unsere urzeitlichen Ahnen. Kurz nachdem sie weitergegangen waren, fiel leichter Regen und verwandelte ihre Fußstapfen in Zement, weitere Schichten von Asche und Staub begruben sie unter sich. Hier blieben sie, verborgen und geschützt, bis die Archäologin und Anthropologin Mary Leakey sie, 3,5 Millionen Jahre später, zufällig entdeckte.

DIE GESCHICHTE UNSERER AHNEN

Der Mensch erreichte die Morgendämmerung des 21sten Jahrhunderts nach einer langen und gewundenen Reise, oft kurz vor dem Absturz und nur mit absolutem Glück. So dünn war der Faden, dass es fast einem Wunder gleichkommt, dass es uns heute und hier gibt.

Der unverrückbare Beweis

Die Ahnenlinie der Menschen ist ungewöhnlich gut belegt. Wir sind im Besitz vieler Fossilien, die zu einer schlüssigen Abfolge zusammengelegt werden können. Auch wenn sich die Paläoanthropologen in Details noch nicht einig sind, so ist das grobe Muster klar. An irgendeinem Punkt vor fünf Millionen Jahren begann eine Gruppe ganz normaler Menschenaffen damit, sich immer weiter in die offenere Baumsavanne, die an ihren Heimatwald angrenzte, auszubreiten. Dies war ein letzter Versuch, es mit den sich durch den Klimawechsel verschlechternden Bedingungen im Regenwald aufzunehmen.

Arten, die sich in ungewohnte Habitate wagen, gehen unweigerlich große Risiken ein. Ihnen fehlt es an physiologischem Rüstzeug ebenso wie an Kenntnissen über ihre Umwelt, um in der neuen Umgebung problemlos zu bestehen. Sie überleben nur, wenn sie sich rasch an die neuen Bedingungen anpassen. Und schnell anpassen können sie sich nur, wenn die Vertreter mit den schlechteren Voraussetzungen ausgemerzt werden, d. h. nur die besser Ausgestatteten zur Fortpflanzung kommen. Zu Zeiten großer Sterblichkeit ist jedoch das Überleben einer Art ganz in der Schwebe. Hier beginnt die Geschichte eines erfolgreichen Versuchs, sich aus der Umklammerung des nahen Todes zu lösen, der so viele Menschenaffenpopulationen auslöschte.

1. Die 3,5 Millionen Jahre alten Spuren eines größeren und eines kleineren *Australopithecus*, für immer eingegraben in die Vulkanasche bei Laetoli in Tansania. Die Spuren scheinen zu einem Kind und zwei Erwachsenen zu gehören, von denen einer in die Fußstapfen des anderen tritt.

Erste Schritte

Unsere Geschichte setzt bei einer Gruppe von Menschenaffen ein, den so genannten Australopithecinen („südliche Affen"). Sie sind die ersten bekannten Ahnen der Menschen, die nach der Abspaltung unserer Abstammungslinie (Hominide) von der der Schimpansen vor gut fünf Millionen Jahren (▷ S. 179) im fossilen Gedächtnis der Erde auftauchen. Die Australopithecinen unterschieden sich kaum von den heutigen Menschenaffen. Ihre Gehirne waren ebenso groß, und sie ernährten sich wahrscheinlich ganz ähnlich. In einem entscheidenden Punkt jedoch waren sie anders: Australopithecinen liefen eher auf zwei Beinen als auf allen vieren. Wir wissen dies von den bemerkenswerten 3,5 Millionen Jahren alten Fußspuren, die Mary Leakey im Vulkangestein bei Laetoli in Nordtansania fand. Von ihren Umrissen her wird deutlich, dass die Füße eher menschen- als affenähnlich und so bereits an den aufrechten Gang angepasst waren.

Fossile Knochen der Australopithecinen zeigen außerdem, dass sie bereits einige anato-

4.4 EIN AFFE AUF ZWEI BEINEN

mische Besonderheiten, die typisch für den modernen Menschen sind, entwickelt hatten.

Eine davon ist das schalenförmige Becken (aus Hüft- und Schambein). Menschenaffen haben wie alle anderen Primaten ein lang gezogenes schmales Becken. Ihre Gedärme sind zwischen Becken und Wirbelsäule aufgehängt und werden von unten durch Muskeln und Haut gehalten. Richtet sich der Körper jedoch auf, so kann ein lang gezogenes Becken weder die Gedärme noch einen Fötus in der Gebärmutter tragen. Der Darm kippt nach vorne und nach unten. Um das zu verhindern und eine stabile Grundlage für das Ausbalancieren des Rumpfs zu schaffen, entwickelte sich bei den Australopithecinen ein schalenförmiges Becken, in dem Baby wie Darm geborgen sind.

Der aufrechte Gang, der für den modernen Menschen so typisch ist, war in diesem Stadium noch nicht voll entwickelt, doch das aufrechte Gehen der Australopithecinen war unserem insoweit ähnlich, dass es ebenso lange Beine wie unsere erforderte. Andere Menschenaffen haben im Vergleich dazu kurze Beine und lange, starke Arme, um an Baumstämmen hochzuklettern. Bei uns Menschen ist das genau gegensätzlich: schwache Arme und lange, muskulöse Beine zur Bewältigung langer Wege.

Die Australopithecinen setzten sich letztlich deshalb durch, weil sie praktisch die ganze afrikanische Savanne und die Waldgebiete südlich der Sahara besiedelten.

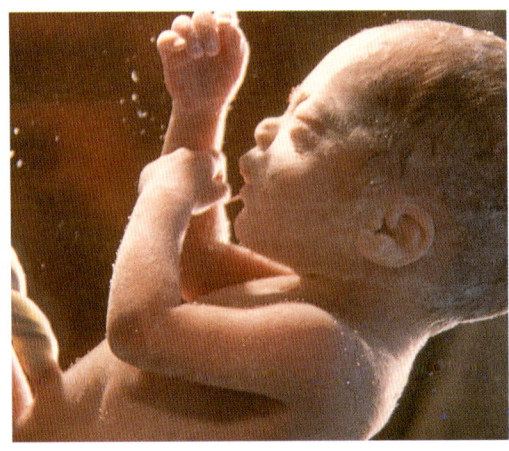

Das Menschenkind wird etwa zwölf Monate vor seiner Geburtsreife geboren, da sein Kopf nicht durch den Geburtskanal der Mutter passen würde, wenn es im selben Entwicklungsstadium wie andere Primatenjungen auf die Welt käme.

UNREIF GEBOREN

Die Evolution bringt ein bunt gemischtes Sammelsurium hervor, das nur schwerlich Perfektes beinhaltet. Sie greift auf das zurück, was es bereits gibt, verändert und passt bestehende Teile eher an, als dass sie neue Komponenten entwirft. Das Ergebnis ist häufig ein unperfektes Design, vor allem wenn die Evolution wie bei uns so schnell und schonungslos verläuft.

Beispielhaft dafür ist unser schwacher Rücken. In der industrialisierten Welt gehen mehr Arbeitstage durch Rückenschmerzen und -beschwerden verloren als durch andere Ursachen. Das hängt damit zusammen, dass unsere Wirbelsäule nicht stark genug ist, das gesamte Gewicht von Rumpf und Kopf zu tragen – den vier Millionen Jahren zum Trotz, die wir breits aufrecht gehen.

Ein anderes Beispiel ist, dass Menschenbabies zwölf Monate zu früh auf die Welt kommen. Bei der Größe unseres Gehirns müsste eine Frau, gemessen an anderen Primaten, 21 Monate schwanger sein. Unsere neunmonatige Schwangerschaft stellt einen Kompromiss zwischen dem frühesten Zeitpunkt, an dem ein Baby außerhalb der Gebärmutter überleben kann, und der Breite des Geburtskanals am Schambein entlang dar. Da sich der Geburtskanal im Zuge der Skelettveränderungen, die uns den aufrechten Gang ermöglichen, verengt hat, hätte ein Baby mit einem voll entwickelten Gehirn schon einen so großen Kopf, dass es nicht mehr durchpassen würde. So gebären wir früher, und die weitere Gehirnentwicklung des Babies findet außerhalb der Gebärmutter statt.

Das erklärt, warum Menschenbabies im Vergleich zu den anderen Affen und Menschenaffen so hilflos bei der Geburt und Frühgeburten so risikoreich sind. Es liefert auch die Erklärung dafür, warum es beim Menschen häufiger zu Geburtskomplikationen kommt als bei anderen Primaten: Der Kopf des Babies passt nur noch schwer durch das schmale Becken.

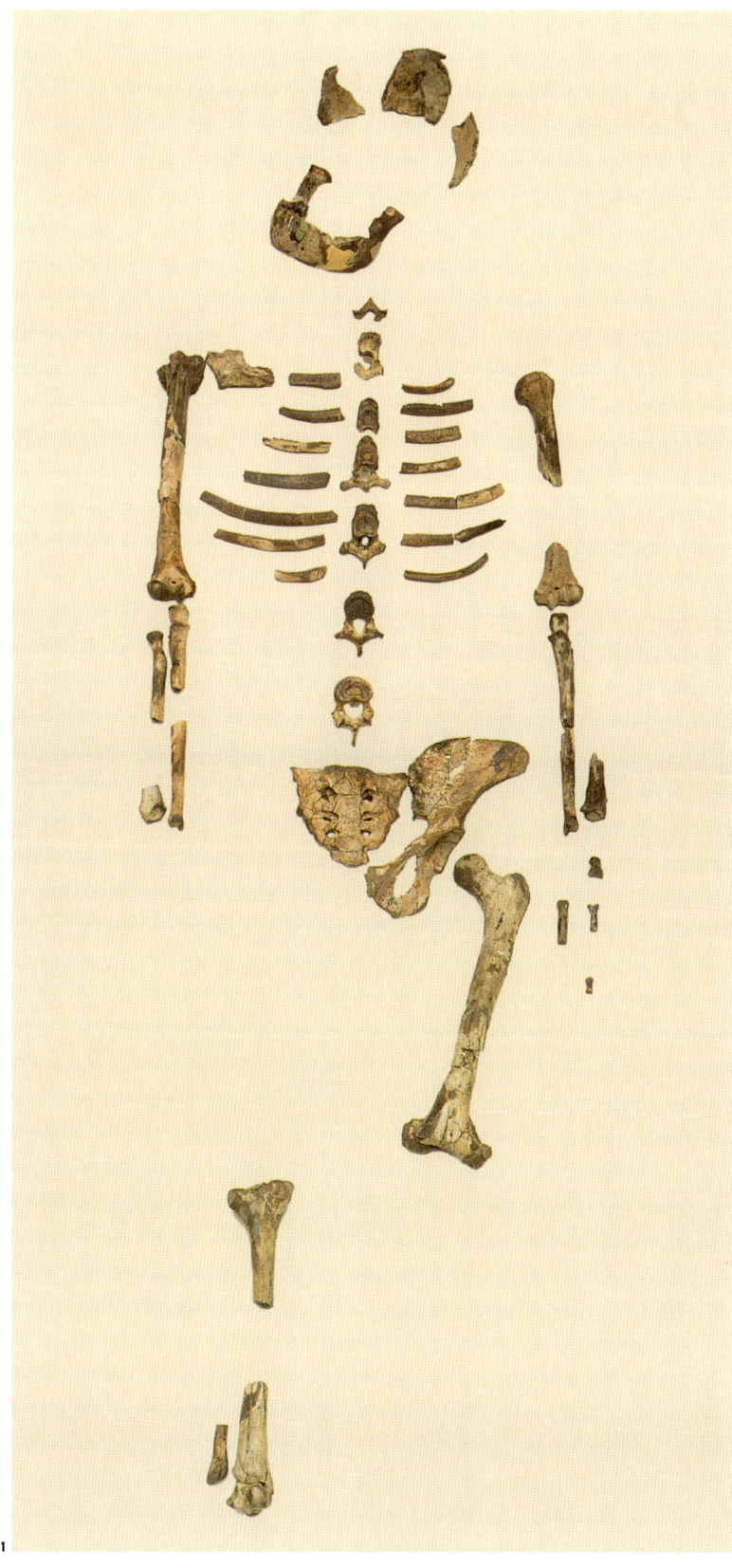

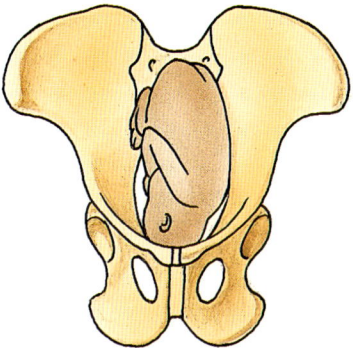
Schimpanse

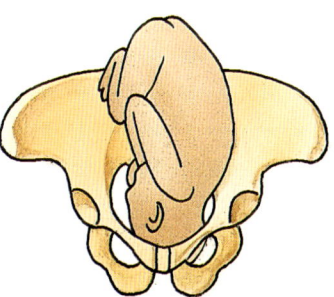
Australopithecus

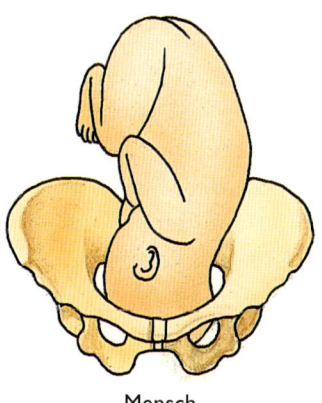
Mensch

2. Das Becken eines heutigen Menschen ist schalenförmig, um dem aufrechten Gang auf zwei Beinen eine stabile Basis zu gewähren. Es ist im Vergleich zur Größe eines Babykopfes erstaunlich eng. Schimpansen und Australopithecinen haben eher zylindrische Becken, durch die ihre kleineren Babies leichter hindurchgleiten können.

1. Das vollständigste Skelett eines *Australopithecus*. Lucy lebte etwa vor drei Millionen Jahren in der Afar-Wüste im Nordosten Äthiopiens.

4.4 DER FAKTOR HUMOR

Gegenseitige soziale Fellpflege ist der Kitt im Sozialleben der Affen und Menschenaffen. Allerdings ist die soziale Fellpflege eine zeitraubende Angelegenheit, und nur wenige Tiere können gleichzeitig geputzt werden: Auch Menschen können intime körperliche Zuwendungen wie Streicheln oder Tätscheln nicht so einfach zwei Menschen gleichzeitig zukommen lassen. Unsere Urahnen stellte das vor ein ernsthaftes Problem, denn ihre Umwelt erforderte immer größere Gruppen, doch ließ das ihre Art, Bindung herzustellen, nicht zu. Wurde die ideale Gruppengröße zur gegenseitigen sozialen Fellpflege gesprengt, so wurden die Gruppen instabil und zerbrachen. Um sich über diese Einschränkung hinwegzusetzen, benötigten unsere Vorfahren einen anderen Mechanismus für soziale Bindungen.

1. Eine Hochzeit bietet eine rituelle Gelegenheit, um einen großen Kreis aus Freunden und Verwandten des Paars zu versammeln.

2. Beim Menschen ersetzte in erster Linie das Gespräch die soziale Fellpflege, um Beziehungen zu knüpfen. Dadurch bleiben größere Gruppen stabil.

Freunde und Bekannte
Auch wenn Menschen in Ländern mit bis zu mehreren hundert Millionen Einwohnern zusammenleben, sind echte menschliche Sozialgruppierungen (definiert durch die Anzahl der Menschen, die man gut genug kennt, um sie als Freunde zu bezeichnen) wesentlich kleiner: Jeder von uns scheint im Laufe seines Lebens durchschnittlich 150 Bekanntschaften zu schließen, von denen wir behaupten können, dass sie einigermaßen vertraut sind. Berechnungen zeigen, dass Affen oder Menschenaffen in Gruppen einer solchen Größe 40 Prozent ihrer Tageszeit mit sozialer Interaktion verbringen müssten, um allein durch die soziale Fellpflege Bindung aufzubauen. Jedoch können nichtmenschliche Primaten nicht mehr als 20 Prozent ihrer Zeit mit sozialer Interaktion verbringen, sonst müssten sie Hunger leiden.

Eine neue Interaktion
Unsere Vorfahren fanden eine Lösung aus ihrem sozialen Dilemma, als sich die Sprache entwickelte. Im Gegensatz zur sozialen Fellpflege kann man im Gespräch mit mehreren Individuen gleichzeitig interagieren (ein Sprecher kann sich mit bis zu drei Zuhörern unter-

halten, jedoch nicht mit mehr). Die Sprache erlaubt uns auch, Informationen über unser soziales Netzwerk auszutauschen, etwas, das Affen und Menschenaffen, deren Wissen sich auf das beschränkt, was sie sehen, nicht können.

Doch indem sie die Sprache zur Lösung des einen Problems entwickelten, schufen sich unsere Vorfahren unweigerlich ein neues: Pflegen wirkt auf die Affen deshalb so verbindend, weil das dazu gehörige Zupfen und Ziepen am Fell das Gehirn äußerst wirkungsvoll zur Ausschüttung von Endorphinen anregt. Die opium- oder morphinähnlichen Stoffe spielen bei der Schmerzkontrolle, z. B. eben beim Pflegen, eine wichtige Rolle. Sie schenken Affen und Menschenaffen ein sanftes High-Gefühl, weshalb sie das Verhalten als angenehm und entspannend empfinden, und das bindet die Partner aneinander. Diese Lücke füllen wir mit Streicheln und intimeren Zärtlichkeiten. Doch beschränkt sich dieses Verhalten eher auf intime Beziehungen, bei weniger intimen Begegnungen mit Bekannten wird die Sprache als Hauptmittel der sozialen Interaktion eingesetzt. Allerdings fehlen hier die glücksbringenden Botenstoffe.

High mit Humor

Wie überwanden unsere Urahnen diese chemische Lücke in unserer sozialen Welt? Die Antwort: Sie lachen. Das Lachen beim Menschen ist praktisch einzigartig: Selbst wenn man Schimpansen bisweilen ein Lachen unterstellte, so lachen sie doch nicht so herzhaft oder so oft wie Menschen. Gelächter ist für die Gesichts- und Bauchmuskeln harte Arbeit, weshalb Opiate zur Senkung der Muskelanstrengung ausgeschüttet und wir „high" werden. Darin liegt wohl auch der Grund, warum wir im Gespräch so viel Zeit damit verbringen, andere zum Lachen zu bringen, und wir Gespräche mit Menschen, die nicht scherzen oder lachen, als wenig lohnenswert empfinden.

3. Lächeln und Lachen sind einzigartig. Damit schließen wir die chemische Lücke, die durch das Wegfallen der gegenseitigen „Fellpflege" entstand.

4. Diese entspannende Pflegesitzung ist typisch für das Sozialleben der Primaten. Auch wenn die Fellpflege dazu dient, das Fell sauber zu halten, so ist seine wichtigste Rolle die, zwischen zwei Tieren eine verbindliche Intimität herzustellen.

ZUM THEMA

2.1 Geschöpfe der Nacht
Sozialleben, S. 58

2.2 Düfte und Laute
Botschaften, S. 63

3.2 Leben in der Gruppe
Pflegen und Endorphine, S. 131

4.3 Menschenaffen mit Intellekt
Kommunikation, S. 202

4.4 Ein Affe auf zwei Beinen
Stammesmerkmale, S. 222

4.5 Familienport.: Menschenaffen
Mensch, S. 231

4.4 EIN AFFE AUF ZWEI BEINEN

Der Werkzeugmacher betritt die Bühne

Vor 2,5 Millionen Jahren wurde das Erdklima plötzlich trockener und kälter und ein neuer, leichter gebauter und mit größerem Gehirn ausgestatteter Menschenaffe kam zum Vorschein. Mit dem Auftauchen des *Homo erectus*, dem ersten Vertreter der Gattung Mensch, erleben wir bei der Werkzeugherstellung einen dramatischen Wandel. Zum ersten Mal tauchen unter den fossilen Funden sorgfältig bearbeitete steinerne „Faustkeile" auf. Gemessen am Standard der Primaten war der *Homo erectus* als Art äußerst erfolgreich. Er überlebte mehr als zwei Millionen Jahre und war der erste Hominide, der aus Afrika auszog, um Europa und Asien zu besiedeln, nachdem der Vorfahre des Orang-Utan rund 15 Millionen Jahre früher den gleichen Weg eingeschlagen hatte. *Homo erectus* starb in China und dem Fernen Osten erst vor 50 000 bis 100 000 Jahren endgültig aus.

Dabei entwickelte er sich erstaunlicherweise weder anatomisch noch kulturell über diese lange Zeitspanne hinweg weiter; die immer währende Ähnlichkeit der Faustkeile in Größe und Bearbeitung gab den Archäologen stets Anlass zur Verwunderung. Diese Beständigkeit lässt vermuten, dass sich der *Homo erectus* gut an seine ökologische Nische angepasst hatte.

Das Rätsel aus dem Neandertal

1856 entdeckten Steinbrucharbeiter im Neandertal im tiefsten Innern einer Höhle so etwas Ähnliches wie ein Skelett. Die Anatomen jener Tage waren erstaunt über seine schwere Form und das Gesicht mit den wülstigen

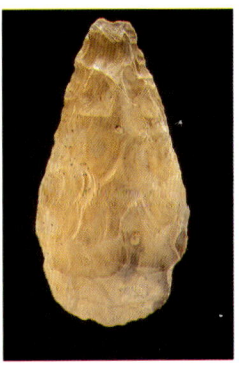

Ein schön symmetrischer, europäischer Faustkeil im Stil der Acheuléen, etwa 250 000 Jahre alt.

 DIE ERSTEN WERKZEUGMACHER

Schon vor etwa vier Millionen Jahren stellten unsere hominiden Vorfahren Werkzeuge her und setzten sie ein. Die ersten Werkzeuge von Australopithecinen unterschieden sich wahrscheinlich nicht allzu sehr von den Hammersteinen der Tai-Schimpansen. Es ist tatsächlich nicht immer deutlich, ob es sich bei den Steinwerkzeugen der Australopithecinen wirklich um bearbeitete Werkzeuge oder nur um natürlichen Felsbruch handelt. Erst mit dem Auftauchen des *Homo erectus* (der aufgerichtete Mensch) – dem ersten verbürgten Mitglied unserer Gattung – vor 2,5 Millionen Jahren finden wir langsam Werkzeuge, die überlegt bearbeitet wurden, darunter die „Faustkeile", große schildförmige Steine mit sorgfältig abgeschliffener Oberfläche.

Die Funktion dieser Faustkeile liegt im Dunkeln. Benutzte man sie, um Knochen auf der Suche nach Mark zu knacken, um sie nach Beutetieren zu schleudern oder nach Wurzeln zu graben? Einige Archäologen stellten sogar in Frage, ob es sich bei Faustkeilen überhaupt um Werkzeuge handelte. Sie könnten eher, so ihre These, übrig gebliebene Steinkerne gewesen sein, von denen man Späne abgehobelt hatte, um diese zum Zerteilen von Beutetieren zu verwenden. Vielleicht dient das als Erklärung dafür, warum diese „Werkzeuge" fast zwei Millionen Jahre praktisch unverändert blieben. Vor gerade mal 50 000 Jahren kam es dann zu dramatischen Verbesserungen an Vielfalt und Qualität der Werkzeuge. Nadeln, Ahlen, Pfeilspitzen. Jetzt gibt es auch den ersten Schmuck (Broschen) und sogar Spielzeug in Form von Puppen, bald gefolgt von Felsmalereien.

Neandertaler besaßen mit etwa 1,6 Liter die größten Gehirne aller Primaten. Sie waren deutlich größer als die heutiger Menschen, deren Gehirne durchschnittlich 1,25 Liter umfassen.

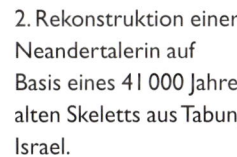

1. Fossilien von Hominiden vom Turkanasee in Nordkenia. Von links nach rechts: *Homo erectus*, ein zierlicher *Australopithecus* und zwei kräftige Australopithecinen.

2. Rekonstruktion einer Neandertalerin auf Basis eines 41 000 Jahre alten Skeletts aus Tabun, Israel.

Augenbrauen und kamen zu dem Schluss, dass es sich um einen unglücklichen, durch Rachitis entstellten Menschen handeln musste oder um einen verwundeten Kosaken, der auf dem Rückweg von der Schlacht bei Waterloo in die Höhle geklettert war, um zu sterben. Später, nach der Entdeckung ähnlicher Funde und der Veröffentlichung von Charles Darwins Buch *Über die Entstehung der Arten* 1859, stellte sich heraus, dass die nach dem Tal benannten Neandertaler Vorfahren oder zumindest Vettern des modernen Menschen sein könnten.

Ein Neandertaler hatte einen schweren und untersetzten Körperbau, kurze, stämmige Arme und Beine, ein Spitzgesicht mit Knollennase und fliehendem Kinn. Neandertaler besaßen sehr kräftige Kiefermuskeln, mit denen sie den Mund in einen Schraubstock verwandeln konnten. Der stämmige Bau entsprach einer Anpassung an das kalte Klima im Europa der Eiszeiten, ebenso wie die große Nase, die darauf abgestimmt war, die kalte Atemluft vor dem Eindringen in die Lungen zu erwärmen.

Vorfahren oder Vettern?

Viele Jahre lang hielten Wissenschaftler Neandertaler für unsere direkten Vorfahren. Doch die Genetik setzte diese Theorie außer Kraft.

Vor wenigen Jahren wurde es möglich, den winzigen Zellfragmenten des Original-Neandertaler-Skeletts DNA zu entnehmen. Bei ihrer Analyse stellte sich heraus, dass sich die DNA des Neandertalers von der des heutigen Menschen zu sehr unterschied, um sein direkter Vorfahr zu sein, auch wenn es innerhalb gewisser Grenzen zu Kreuzungen gekommen sein mag. Aller Wahrscheinlichkeit nach waren Neandertaler Abkömmlinge früherer Populationen eines frühen *Homo sapiens*, der Europa einige hunderttausend Jahre vorher besiedelt hatte. Die heutigen Menschen, so stellte sich heraus, entstammten einer anderen Linie früher Menschen, die in Afrika verblieben waren. Die Neandertaler bildeten eine Seitenlinie unseres Stammbaums und sind somit keine direkten Vorfahren.

Die Neandertaler überlebten etwa 100 000 Jahre in Europa und existierten am Ende parallel zu unseren Vorfahren. Der letzte Neandertaler starb schließlich vor gut 30 000 Jahren – knapp 1000 Menschengenerationen vor unserer Zeit. Warum sie jedoch verschwanden, bleibt ein Geheimnis. Höchstwahrscheinlich starben die Neandertaler aus demselben Grund aus, der zur Auslöschung beinahe aller Ureinwohner geführt hat: Im Gefolge von Siedlern aus anderen Gegenden kommt es zu Krankheiten, denen die Ureinwohner hilflos ausgeliefert waren. Natürlich kam es in der Geschichte auch zu spektakulären Fällen von Völkermord durch Eindringlinge (ein Beispiel dafür ist die Ausrottung der Moriori auf den Chatham-Inseln durch die neuseeländischen Maoris im Jahr 1835); doch meist waren für die Eindringlinge harmlose, für die Ureinwohner aber verheerende Krankheiten schuld.

Jenseits von Afrika

Etwa vor 70 000 Jahren überquerte eine neue Welle von Einwanderern die Landbrücke von Afrika nach Europa und verbreitete sich rasch über den für sie neuen Kontinent bis nach Asien. Diese Menschen – die Cro-Magnons – waren afrikanischen Ursprungs und anatomisch genauso gebaut wie heutige Menschen, nur vielleicht etwas größer. Sie waren unsere direkten Vorfahren. Sie brachten eine neue und weiter entwickelte Kultur mit, denn aus der Zeit schon bald nach ihrem Auftauchen liegen uns gut gearbeitete Werkzeuge und Schmuckstücke vor. Etwas später entstanden die Höhlenmalereien in Frankreich und Spanien, die so viel über das Leben vor etwa 30 000 Jahren erzählen.

Die Cro-Magnons setzten sich äußerst erfolgreich durch. Weniger als 30 000 Jahre nach ihrem Auszug aus Afrika hatten sie ganz Europa besiedelt und verbreiteten sich nach Osten durch Südasien nach China, die Inseln Südostasiens und Australien. Vielleicht 15 000 Jahre später marschierten sie über die Beringstraße, die aufgrund der niedrigen Meeresspiegel nicht von Wasser bedeckt war, von Asien nach Alaska. Sie zogen weiter nach Süden und brauchten nur ein paar tausend Jahre, um ihren Weg nach Südamerika zu finden.

⭐ Noch bis vor 30 000 Jahren existierten mehrere Menschenarten nebeneinander.

1. Die Venus von Willendorf in Österreich – ein Fruchtbarkeitssymbol, gemeißelt aus Stein, von vor 25 000 Jahren.

2. Das Felsengemälde eines Bisons aus Altamira in Spanien, datiert auf 13 000 v. Chr.

DAS TIER MENSCH

In gerade einmal 70 000 Jahren verteilten sich die Menschen rund um die Welt und besiedelten jeden Kontinent. Wir wagten uns sogar über die Grenzen unseres Planeten hinaus auf den Mond und schickten unbemannte Raumsonden auf Nachbarplaneten. Über die ganze Erde haben wir uns ausgebreitet und uns an die unterschiedlichsten Gegebenheiten angepasst. Wir haben über Umweltbedingungen und Wetterlagen triumphiert, die allen anderen Arten in ihrer Existenz bedroht hätten.

Menschliche Vielfalt

Die menschliche Population umfasst eine weit größere Formenvielfalt als die irgendeines anderen Menschenaffen. In Afrika gibt es dunkelhäutige, hoch und schmal gewachsene Völker neben Pygmäen; in Eurasien große, blonde und kleine, dunkelhäutige Völker mit welligem Haar; in Amerika gebräunte, dunkelhaarige Völker. Und neben dieser Vielfalt an Formen besteht eine verblüffende Menge kultureller und sprachlicher Ausdrucksweisen. Die heutigen Menschen sprechen gut 6000 verschiedene bekannte Sprachen, beten erstaunlich unterschiedliche Gottheiten an und tun sich in sozialen Gruppen zusammen, die so verschieden sind wie das Paarungsverhalten unserer Primatenvettern.

Doch existiert die Vielfalt nur an der Oberfläche. Alle heute lebenden Menschen stammen von einem Vorfahren ab, der bis vor 150 000 bis 200 000 Jahren in Afrika lebte. Und der gemeinsame Vorfahre der Europäer, Asiaten, Australier und amerikanischen Ureinwohner lebte bis vor 70 000 bis 100 000 Jahren. Die Unterschiede in Statur, Hautfarbe, Gesichtsform, Sprache und Sozialverhalten haben sich alle in wenigen zehntausenden von Jahren ausgeprägt. Einige bestanden in schnellen Anpassungen an örtliche Gegebenheiten, andere wurden durch evolutionären Druck erzeugt. Der blasse Teint und das blonde Haar der Nordeuropäer entwickelte sich z. B. als Anpassung an das schwache Sonnenlicht nördlicher Breitengrade: Die menschliche Haut braucht zur Produktion von Vitamin D Sonne, die Pigmentierung dunkler Haut lässt aber nur wenig Sonnenlicht durch. Die Vorfahren der Skandinavier verließen Afrika vor etwa 70 000 Jahren als Dunkelhäutige; gerade einmal 3500 Generationen später sind ihre Nachfahren hellhäutig und blond.

Andere genetische Anpassungen zeigten sich sogar noch schneller. Dazu gehört die Fähigkeit, als Erwachsener Milch verdauen zu können. Auch wenn jeder Mensch als Baby mit Milch genährt wird, können die meisten sie als Erwachsene nicht mehr verdauen, da der Körper nach dem Abstillen das milchverdauende Enzym, die Laktase, nicht mehr produziert. Bei den meisten größeren Kindern und Erwachsenen führt Milchgenuss zu Durchfall, starker körperlicher Schwäche und sogar Tod. Doch mehrere Rassen, einschließlich der meisten Kaukasier und ▷▷

3. Inuits (Eskimos) sind klein und untersetzt – ein Körperbau, der für wenig Wärmeverluste sorgt.

4. Die großen, schlanken Massai sind tyisch für Völker der afrikanischen Savanne.

5. Milch ist ideal für Babies, Erwachsene können sie jedoch oft nicht vertragen.

4.4 EVAS TÖCHTER

Belege für die großräumige Ausbreitung der Cro-Magnons bei der Besiedelung Europas, Asiens, Australiens und Amerikas nach ihrem Auszug aus Afrika vor gut 70 000 Jahren stammen aus Studien der menschlichen DNA. Wir können bestimmen, wie sich die Sequenzen des genetischen Codes in den Chromosomen voneinander unterscheiden, und daraus ableiten, vor wie langer Zeit zwei Individuen einen gemeinsamen Vorfahren hatten.

Mütterliche DNA

Eine Reihe von DNA-Vergleichen fanden unter Zuhilfenahme von genetischem Material aus Zellorganellen statt, die man Mitochondrien nennt. Diese winzigen „Kraftwerke" sind Bestandteil jeder Zelle. Sie werden jedoch nur durch die weibliche Keimzelle, das Ei, weitergegeben; Spermien tragen dagegen keine Mitochondrien zur Entwicklung des Embryos bei. Ähnlichkeiten in der mitochondrialen DNA werfen daher ein Licht auf die Verbindung mütterlicherseits: Die Beziehungen, die sie nachzeichnen, entstammen alle Mutter-Tochter-Linien.

Jenseits von Afrika

Als Genetiker die Mitochondrial-DNA heutiger Völker miteinander verglichen, fanden sie zu ihrer Verwunderung heraus, dass alle heute lebenden Menschen über eine sehr ähnliche DNA verfügen. Die Ähnlichkeitsmuster der mitochondrialen DNA lassen vermuten, dass alle heutigen Europäer, Asiaten, Australier, amerikanischen Ureinwohner und einige Nordafrikaner noch bis vor 70 000 bis 100 000 Jahren denselben Vorfahren hatten.

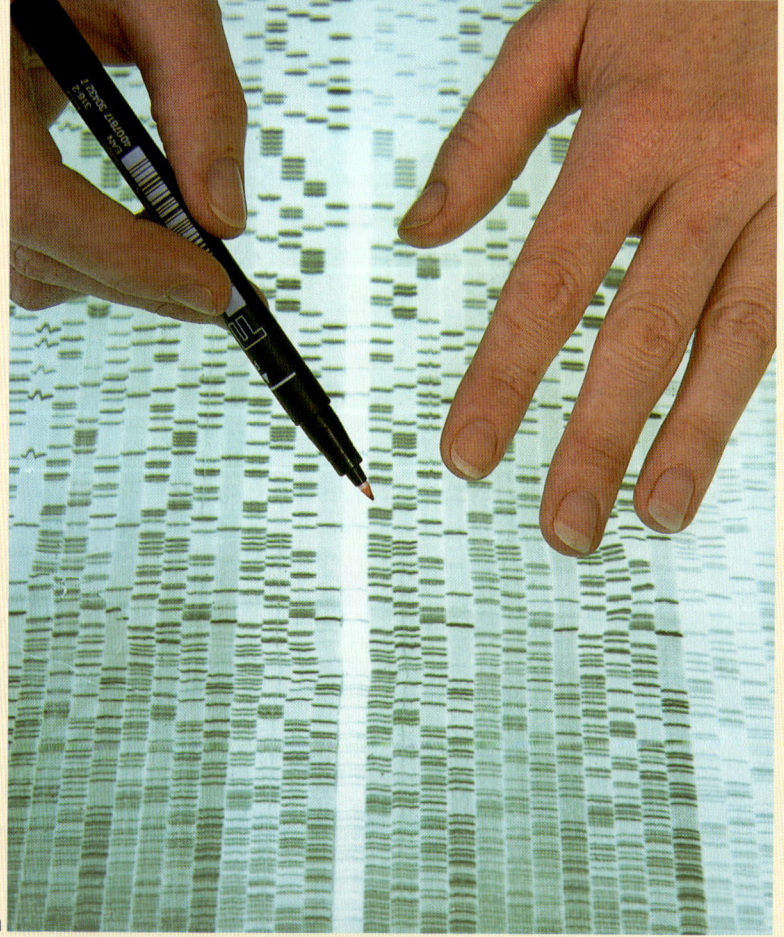

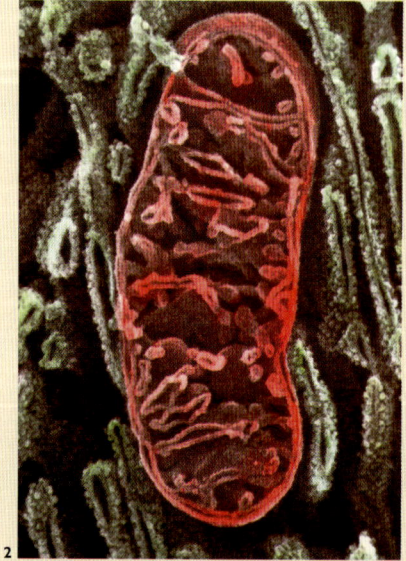

1. Auf der Suche nach Ähnlichkeiten und Unterschieden in der DNA-Sequenz zweier verschiedener Individuen. Jede Reihe von Linien bildet den genetischen Code eines Individuums in einem winzigen Teil eines Chromosoms ab.

2. Die Mitochondrien produzieren die Energie für die Zelle. Man nimmt an, dass es sich bei ihnen um ehemalige Bakterien handelt. Ihre DNA wird ausschließlich über die mütterliche Linie vererbt.

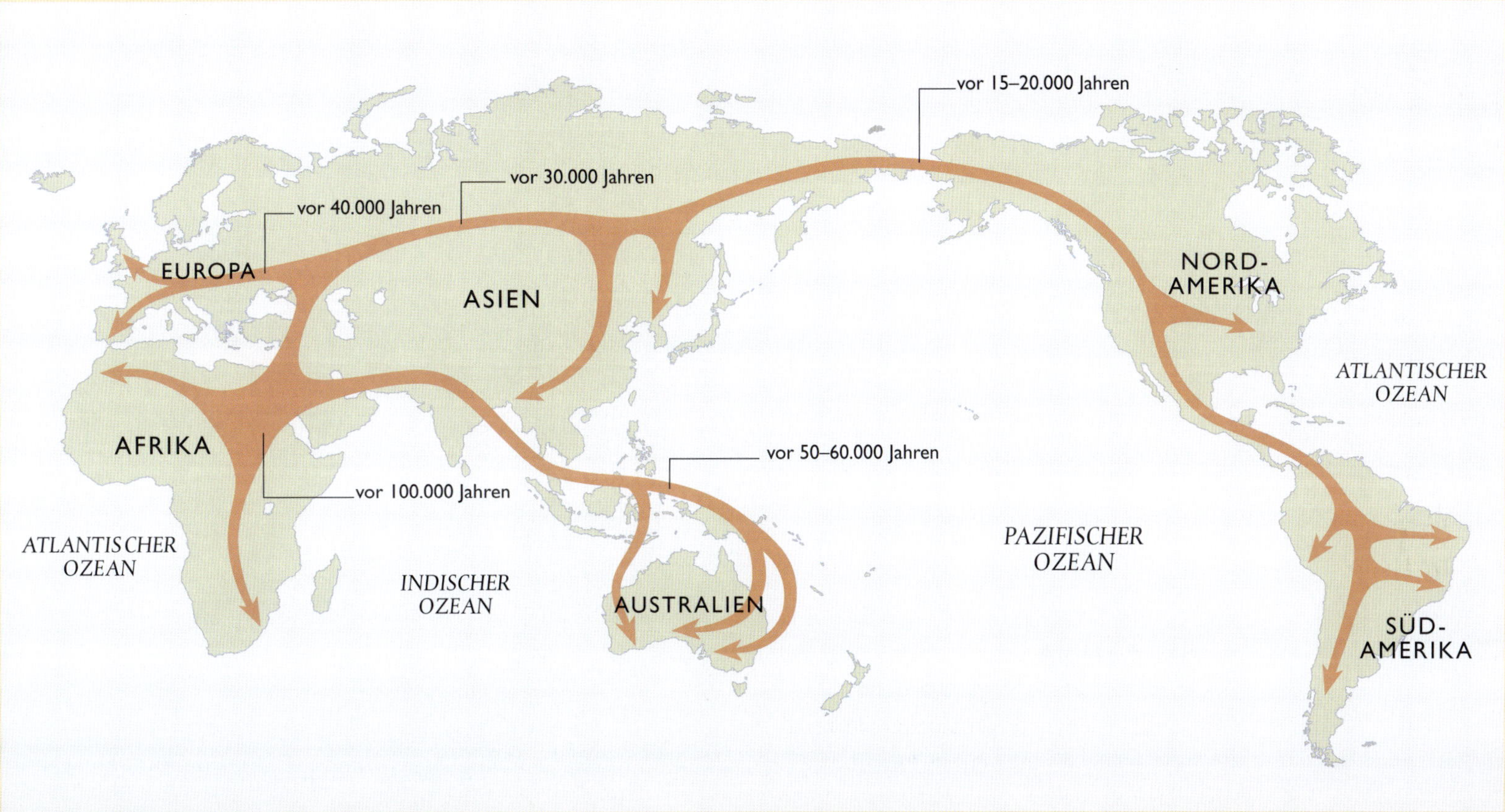

[Karte: Weltkarte mit Wanderungsrouten des Menschen – vor 100.000 Jahren aus Afrika, vor 50–60.000 Jahren nach Australien, vor 40.000 Jahren nach Europa, vor 30.000 Jahren durch Asien, vor 15–20.000 Jahren nach Nordamerika]

Und da dieser mehr oder weniger gemeinsame Satz an DNA eine Teilmenge der Variation aus dem heutigen Afrika ist, lässt das den Schluss zu, dass die gemeinsamen Vorfahren aller heutigen Menschen zu irgendeiner Zeit vor 100 000 und 200 000 Jahren gelebt haben. Auch wenn es keine bestimmte „Eva" gab, von der wir alle abstammen, so ergaben Schätzungen zur Größe der Ur-Population, dass diese sehr klein war. Nur etwa 5000 Weibchen leisteten ihren Beitrag zur Ahnenschaft der heute lebenden Menschen. Wahrscheinlich taten sogar noch weniger Männchen das ihre dazu, da die polygynen Fortpflanzungsweisen, die typisch für die meisten menschlichen Gemeinschaften sind, dazu führen, dass sich die Vaterschaft weniger gleichmäßig in Populationen verteilt als die Mutterschaft. Die letzten gemeinsamen männlichen Vorfahren waren entweder weniger an der Zahl oder jüngeren Datums als ihre weiblichen Gegenüber.

Überlebende

Die etwa 5000 Evas, die vor etwa 150 000 Jahren in Afrika lebten, gehörten nicht zwangsläufig alle zu einer Gruppe oder lebten im selben Teil Afrikas. Worauf diese Berechnungen eher deuten, ist, dass, egal wie groß die menschliche Population zu jener Zeit gewesen sein mag, lediglich die Nachfahren jener 5000 Evas überlebten, eine natürliche Auslese.

Die verheerenden Auswirkungen von Hungersnöten, Seuchen und anderen Naturkatastrophen ließen viele Linien aussterben. Da die Überlebenden nur einen winzigen Teil aller zu jener Zeit lebenden Frauen ausmachten, scheinen wir es nur mit knapper Not bis hierhin geschafft zu haben.

3. Der Ursprung des heutigen Menschen nimmt seinen Ausgang vor ca. 100 000 Jahren in Afrika. In gerade einmal 50 000 Jahren hatte der Mensch außer der Antarktis jeden Kontinent besiedelt.

ZUM THEMA

1.2 Ursprünge der Primaten
Von der Frühzeit bis heute, S. 32

1.3 Primaten heute
Die molekulare Uhr, S. 40
Auf Messers Schneide, S. 43

4.1 Planet der Affen
Eine Erfolgsgeschichte, S. 177

4.5 Porträts: Menschenaffen
Mensch, S. 231

4 DIE MENSCHENAFFEN

1. Stammesgemeinschaft im Fußballstadion. Hier demonstrieren Borussia-Dortmund-Fans die Zugehörigkeit zu ihrem „Stamm" durch eine bestimmte Art der Kleidung.

einiger viehtreibender Völker im Nordosten Afrikas, trinken ohne Beschwerden als Erwachsene Milch. Dabei handelt es sich meist um Hirten, die diese Fähigkeit wohl in den 7000 Jahren der Viehhaltung entwickelten, um ihre Herden optimal auszunutzen.

Doch trotz dieser und weiterer Beispiele schneller Anpassung blieben die Menschen im Gegensatz zu den meisten anderen Primaten eine genetisch einförmige Art. Der genetische Abstand zwischen den beiden Gorillaunterarten ist beispielsweise größer als der zwischen Schimpansen und Menschen. Die Unterschiede zwischen den verschiedenen menschlichen Rassen sind aus genetischer Sicht kaum eines zweiten Blickes würdig.

Während der Entwicklungsprozess in verschiedene Arten beim Menschen dank der geographischen Verbreitung in vollem Gang war, wurde jegliche Aussicht auf zukünftig entstehende Arten durch die Erfindung des Schiffs und des Flugzeugs zunichte gemacht. Denn zu einer echten Artbildung kann es nur durch die Isolation von Populationen über hunderttausende von Jahren kommen.

Stammesmerkmale

Kultur zeigt sich nirgendwo besser als in der verblüffenden Vielzahl heute gesprochener Sprachen – und selbst diese dürften nur einen Bruchteil aller jemals gesprochenen Sprachen darstellen, da sich diese außerordentlich wandeln können. Französisch, Spanisch, Italienisch und Rumänisch sind beispielsweise untereinander kaum verständlich, obwohl sie alle vom Latein der Römer vor gerade einmal 2000 Jahren abstammen.

Sprachen sind im Gegensatz zur Hautfarbe nicht an ortsgegebene Umweltbedingungen angepasst. Sie entwickeln sich eher deshalb, um den Gruppenzusammenhalt zu fördern, indem klare Unterscheidungen zwischen verschiedenen Populationen eng verwandter Völker getroffen werden. Sprachen und Dialekte sind Merkmale einer Gruppenzugehörigkeit, die jene auszeichnet, die in eine bestimmte Gemeinschaft hineingeboren wurden und von denen man wahrscheinlich dasselbe Genmaterial erwarten kann.

Derartige Merkmale können jenseits der Sprache viele Formen annehmen; sie können sich auf Kleidung beziehen, Überzeugungen über die Welt und bestimmte Formen der Ehrbezeugung und der damit zusammenhängenden sozialen Organisation. Die Geschwindigkeit, mit der sich Sprache im Lauf der Zeit wandelt, scheint mit der Notwendigkeit zusammenzuhängen, dass sich verschiedene Gruppen mit Sicherheit leichter untereinander wiedererkennen und dass falsche Bewerber um die Gruppenzugehörigkeit schnell ausgemacht werden können. Ortsgegebene Gruppenunterschiede durch den Dialekt zu erkennen scheint eine lange Geschichte zu haben: Im biblischen Buch der Richter werden die Ephraimiten durch die einfache Bitte der Gileaditer, ihnen das Wort „shibboleth" nachzusprechen, entdeckt und dann von ihnen getötet – die Gileaditer konnten keine „sch"-Laute aussprechen.

Die Mitglieder desselben Clans zu erkennen ist wichtig, da Stämme und Clans wie bei allen Primatengruppen kooperative Lösungen für das Problem des erfolgreichen Überlebens und der Fortpflanzung darstellen. Doch sind wir durch unsere großen Gruppen besonders empfänglich für Schwindler und Schnorrer, die gerne unsere Hilfe und Großzügigkeit annehmen, aber später nicht bereit sind, sie uns zu entgelten. Mechanismen zur Unterscheidung von Gruppenmitgliedern, die man unterstützen, und Nicht-Mitgliedern, denen man vorsichtiger begegnen sollte, waren evolutionär gesehen so bedeutsam, dass die menschliche Psyche heute gleich über mehrere verfügt. Hier findet schließlich die Unterscheidung, wer dazu und wer nicht dazu gehört, statt, die es in jeder menschlichen Kultur gibt. Mitglieder werden wie Brüder und Schwestern behandelt und erhalten uneingeschränkte Unterstützung, Nicht-Mitglieder einer anderen Gruppe werden unter Umständen ausgeraubt und ungestraft getötet.

Kains Kinder

Da Sprachen im Lauf der Zeit neue Formen annehmen, können ähnliche von ihnen zu Familien gruppiert werden, die die Abstammung verschiedener Völker deutlich macht. Anthropologen gelangen bei der Erforschung dieser Sprachfamilien, um herauszufinden, wie sich Völker vor Jahrtausenden über die Erde verteilten, überraschende Entdeckungen. Eine davon ist, dass Auslöschung im Gefolge einer Invasion scheinbar ein

★ Allein auf Neuguinea spricht man mehr als 650 (zehn Prozent aller existierenden) Sprachen.

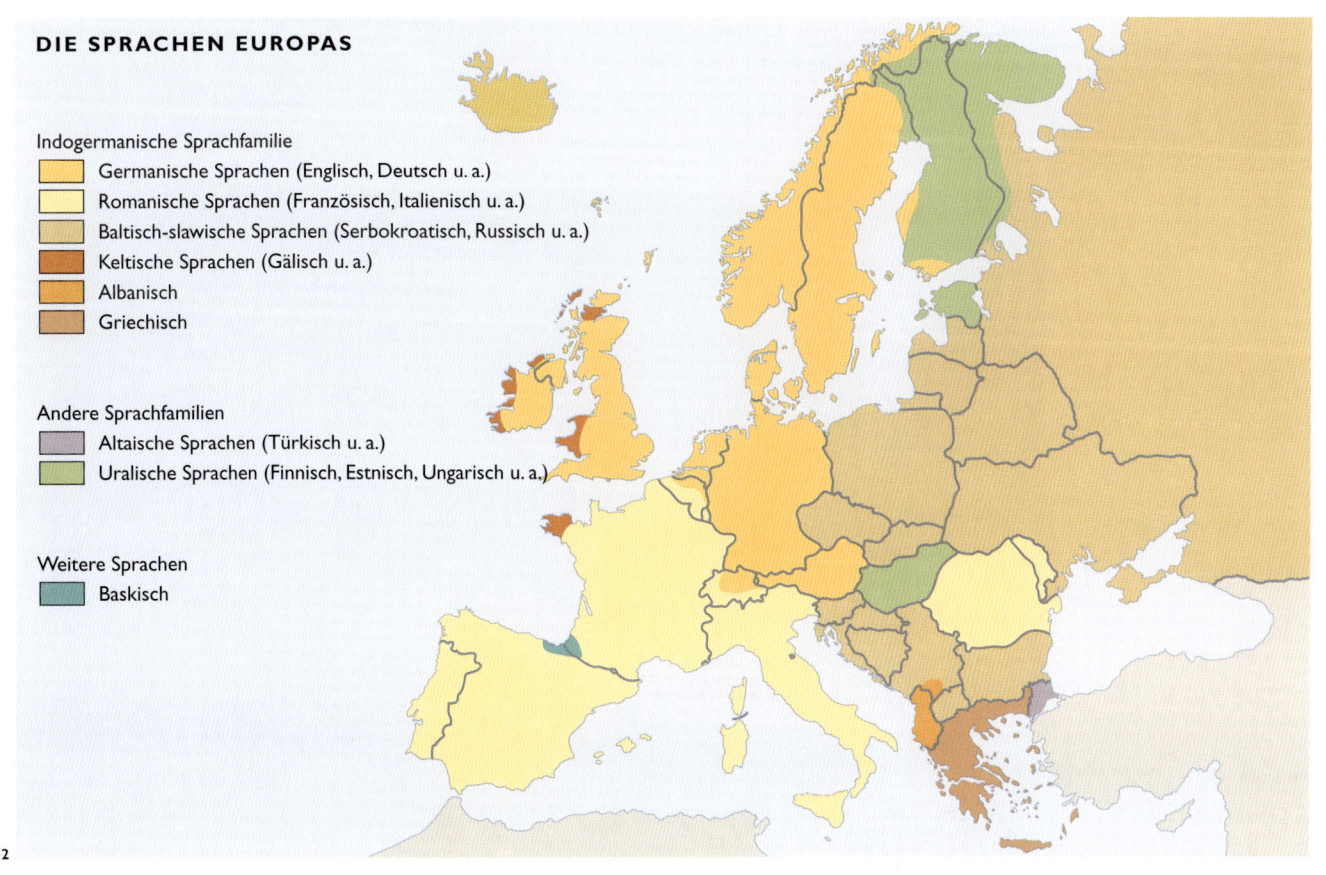

2. Die meisten europäischen Sprachen gehören zu einer Sprachfamilie – der indogermanischen Sprachgruppe, zu der auch die Sprachen des Iran und Indiens gehören. Ausnahmen stellen die Sprachen Ungarns und Finnlands (die zu einer gesonderten asiatischen Sprachfamilie gehören) dar und Baskisch (das mit keiner anderen modernen europäischen Sprache verwandt ist).

4.4 EIN AFFE AUF ZWEI BEINEN

gebräuchlicheres Muster darstellt als das der kulturellen Einverleibung.

Ein Beispiel dafür sind die Basken, deren Heimat in den westlichen Pyrenäen zwischen Frankreich und Spanien liegt. Die Basken sprechen eine Sprache, anders als jede andere europäische Sprache, und eine Analyse ihres Genmaterials veranlasste zu der Vermutung, dass sie mit den anderen Europäern gar nicht verwandt sind.

Die Basken sind mit ziemlicher Sicherheit die letzten Überlebenden eines Volkes, das Europa vor den Indogermanen – den unmittelbaren Vorfahren der meisten heutigen Europäer – bewohnte, bevor letztere aus dem Osten hereinströmten.

Die Ähnlichkeiten zwischen europäischen Sprachen (mit Ausnahme von Ungarisch und Finnisch) zeigen, dass sie zu einer großen Familie gehören, bekannt als indogermanische Sprachen. Zu dieser Familie gehören auch Persisch (die Sprache des Iran) und alle nordindischen Sprachen, die vom Sanskrit abstammen. Die Urahnen der Indogermanen gehörten offenbar zu einem Stamm berittener Hirten, die einst im Norden des Schwarzen Meeres lebten. Vor etwa 6000 bis 8000 Jahren explodierte ihre Bevölkerungszahl, und sie verbreiteten sich rasch über den Westen nach Europa und in den Süden sowie in den Osten nach Asien. In Europa überlebten nur die Basken, da sie sich in das Bollwerk der Pyrenäen zurückziehen konnten.

Derlei dramatische Ereignisse scheinen für die jüngere Menschheitsgeschichte typisch zu sein. Ein ähnlich dramatischer Bevölkerungsanstieg führte zur Besiedelung des gesamten Pazifikgebiets zwischen 1000 v. Chr. und 1000 n. Chr. durch Seefahrer aus der Gegend um Neuguinea und die südchinesische See. Durch diese Einwanderung kam es schließlich zur Entdeckung und Besiedelung solch abgelegener Inseln wie Hawaii und Neuseeland. Ein Teil dieser Expansion führte zur Besiedelung Madagaskars, deren heutige Bewohner immer noch eher indonesisch als eine afrikanische Sprache sprechen.

1. Tasmanische Ureinwohner wie dieser Mann, 1841 gemalt von Benjamin Duterreau, wurden schließlich von weißen Siedlern getötet.

2. Diese 700 Jahre alte Felszeichnung aus Neuseeland stellt die Art der Kanus dar, die die Vorfahren der Maoris vom Norden aus über die Ozeane trugen.

4.5 FAMILIENPORTRÄTS: MENSCHENAFFEN

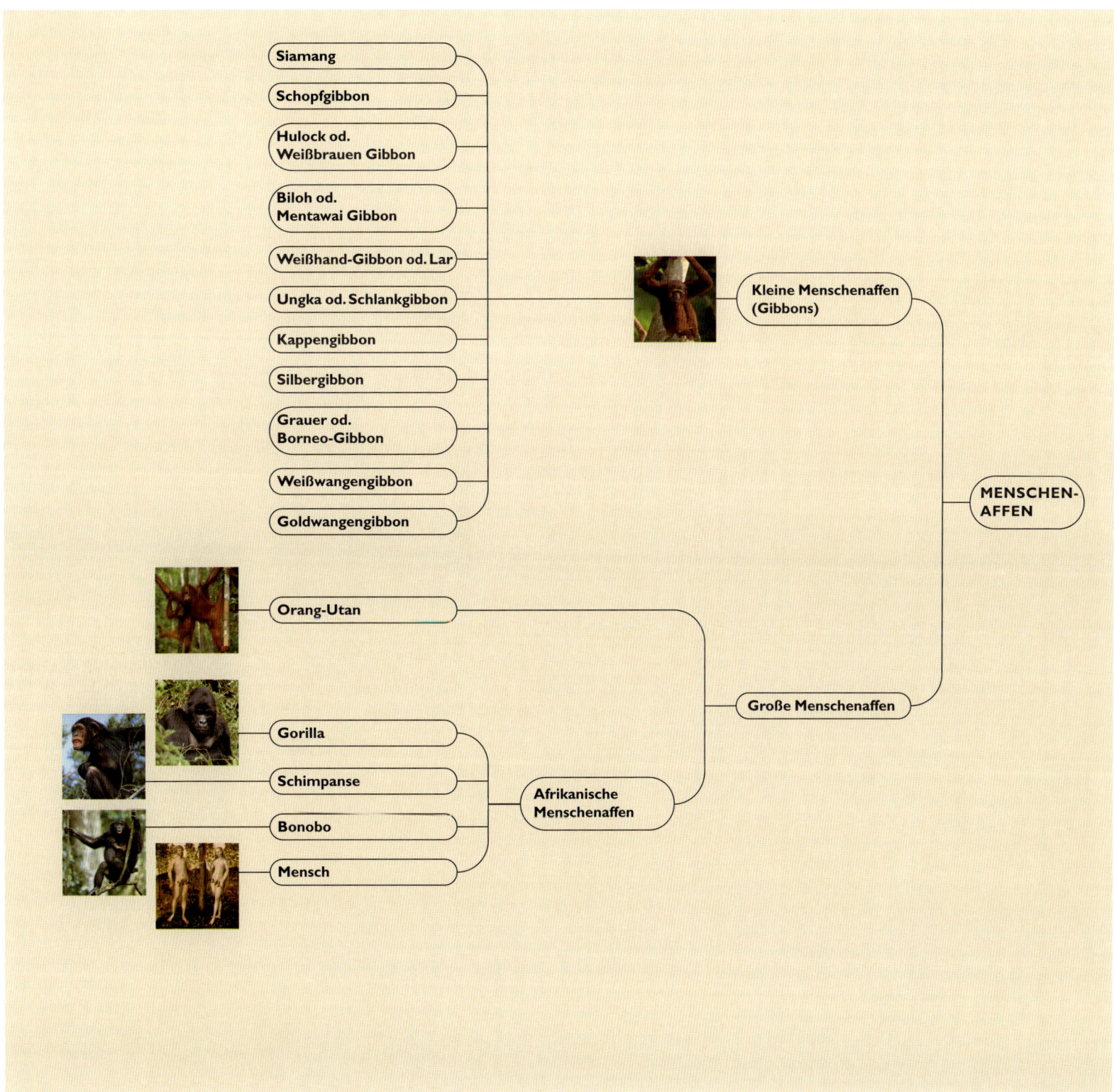

4.5 DIE MENSCHENAFFEN

4.5 GIBBON

Die Gibbons oder Kleinen Menschenaffen sind anmutige Bewohner des Blätterdachs der südostasiatischen Wälder. Leicht gebaut und von eher schlaksigem Erscheinungsbild sind sie perfekte Akrobaten. Gibbons unterteilt man in zwei Hauptgruppen: in die Siamangs und die kleinen Gibbons. Siamangs sind größer als die anderen Gibbons und Blattesser. Sie leben eher in höheren Lagen als die kleineren, fruchtessenden Gibbons. Während der Siamang auf den Inseln wie auf dem Festland Indochinas recht weit verbreitet ist, sind die kleineren Gibbons in ihrer Verbreitung eher beschränkt.

Gibbons leben in der Regel monogam und verteidigen ihr Revier von rund 0,2 bis 0,5 Quadratkilometern. Die Weibchen besetzen und verteidigen ein Gebiet mit einem eindringlichen Ruf-Crescendo, begleitet von einer spektakulären Demonstration akrobatischer Fähigkeiten in den Baumwipfeln. Männchen und Weibchen zeigen nur einen geringen Größenunterschied, können sich bei einigen Arten aber farblich unterscheiden. Neugeborene Junge sind meistens heller gefärbt.

Gibbons sind die Akrobaten der südostasiatischen Wälder.

ZUM THEMA

Was ist ein Primat? 1.1
Ein ganz gewöhnliches Säugetier, S. 14

Ursprünge der Primaten 1.2
Was steckt in einem Zahn, S. 28
Von der Frühzeit bis heute, S. 32

Planet der Affen 4.1
Überlebende, S. 177
Jüngere Geschichte, S. 178
Schwingend durch die Bäume, S. 182

Leben in einer offenen Gemeinschaft 4.2
Die offene Gemeinschaft, S. 189
Gründe, treu zu sein, S. 194

VERBREITUNG

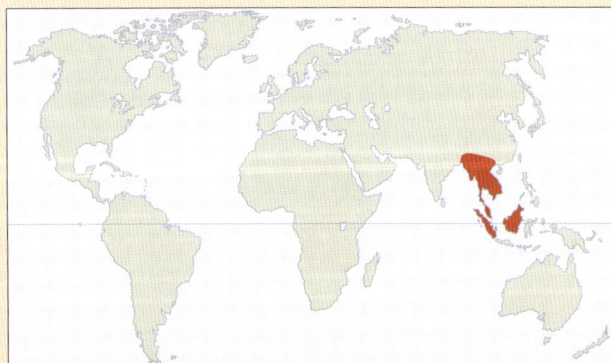

Gibbons lebten einst in ganz Eurasien, heute ist ihr Verbreitungsgebiet sehr begrenzt.

FAKTEN

Verbreitung	Südostasien
Arten	Siamang (Hylobates syndactylus) 10 Arten der kleineren Gibbons
Körpergewicht	Siamang: 11 bis 12 kg Kleine Gibbons: 5,5 bis 7,5 kg
Aktivitätsmuster	Baumbewohner; tagaktiv
Lebensraum	Wald
Fortpflanzung	Erster Wurf mit neun Jahren, dann alle drei Jahre; ein Junges pro Wurf
Gruppengröße	3 bis 5
Gruppentyp	Monogame Paare und abhängige Junge
Max. Alter	32 Jahre
Schutzbedürftigkeit	Zur Zeit nicht gefährdet, aber durch die Zerstörung der Lebensräume bedroht

4.5 ORANG-UTAN

Der Orang-Utan ist der gefährdetste aller Menschenaffen.

Der Orang-Utan ist der einzige große Menschenaffe außerhalb Afrikas. Bis vor 10 000 Jahren konnte man ihn auch auf dem asiatischen Festland antreffen, jetzt gibt es ihn nur noch in den Inselwäldern Sumatras und Borneos. Wie alle Menschenaffen isst der Orang-Utan vornehmlich Früchte und verbringt seinen Tag damit, in Ruhe und meist allein auf Nahrungssuche zu gehen. Trotzdem ist der Orang-Utan recht gesellig und kann in Gefangenschaft in Gruppen gehalten werden.

Wenn Männchen älter werden, entwickeln sie große fleischige Wülste um das Gesicht und einen langen, wallenden Schulterkragen. Ihr massiger Körper macht es ihnen schwer, sich durch die Bäume zu schwingen, stattdessen bewegen sie sich eher auf dem Boden und suchen ihre Nahrung „zu Fuß". Weibchen, die nur etwa halb so schwer wie Männchen sind, bleiben in der Regel mit ihren von ihnen abhängigen Jungen in den Bäumen und begeben sich nur selten auf den Boden. Die Männchen können sich sehr territorial verhalten und ihre Gebiete in Schwergewichtskämpfen gegen eindringende Rivalen verteidigen.

FAKTEN

Verbreitung	Sumatra und Borneo
Arten	Orang-Utan *(Pongo pygmaeus)* 2 Unterarten
Körpergewicht	Weibchen: 36 kg Männchen: 78 kg
Aktivitätsmuster	Baumbewohner, gelegentlich Bodenbewohner; tagaktiv
Lebensraum	Wald
Fortpflanzung	Erster Wurf mit zehn Jahren, dann alle drei bis vier Jahre; ein Junges pro Wurf
Gruppengröße	1 bis 2
Gruppentyp	Meist Einzelgänger, außer zur Paarungszeit; abhängige Junge begleiten die Mutter
Max. Alter	50 Jahre
Schutzbedürftigkeit	Gefährdet: ernstlich bedroht durch die Zerstörung des Lebensraumes

VERBREITUNG

Orang-Utans sind heute auf die Inseln Sumatra und Borneo beschränkt.

ZUM THEMA

1.3 Primaten heute
Die Anthropoiden der Alten Welt, S. 41

4.1 Planet der Affen
Die Menschenaffen, S. 174
Jüngere Geschichte, S. 178

4.2 Leben in einer offene Gemeinschaft
Lebensweisen, S. 187
Männliche Anhänglichkeit, S. 190
Nestbauer, S. 193
Gründe, treu zu sein, S. 194
Sex und soziale Wirbel, S. 196

4.5
GORILLA

Der Gorilla ist der größte aller lebenden Primaten und tatsächlich so etwas wie ein sanfter Riese, der seinen gefürchteten Ruf nicht verdient. Obwohl Gorilla-Männchen, wenn sie gestört werden, Menschen wütend angreifen können und sich auch untereinander heftige Kämpfe liefern können, verleiht ihnen ihr gemütliches Naturell im Alltag eine ruhige Würde.

Es gibt drei anerkannte Unterarten: Den äußerst gefährdeten Berggorilla in den Vulkanregionen Ruandas (die Population beträgt rund 450 Tiere), den östlichen Flachlandgorilla des östlichen Kongo und den häufiger vorkommenden westlichen Flachlandgorilla Westafrikas. Berggorillas leben eher am Boden und essen Blätter und Kräuter; Flachlandgorillas eher auf Bäumen, sie ernähren sich vornehmlich von Früchten.

Gorillagruppen legen bei der Nahrungssuche nur etwa einen Kilometer am Tag zurück. Da sie nicht offen territorial sind, respektieren Gorillas benachbarte Gruppen. Die Gruppen werden von einem älteren Männchen, dem Silberrücken, angeführt, der das Recht zur Paarung mit den zur Gruppe gehörenden zwei bis drei Weibchen hat. Doch bei einigen Gruppen gibt es auch ein jüngeres Männchen, den Schwarzrücken, der die Gruppe nach dem Tod des älteren Männchens übernimmt. Gorilla-Weibchen sind wesentlich kleiner als die Männchen.

Die sanften Riesen der afrikanischen Urwälder sind zurückhaltend und ziehen sich bei einer Konfrontation lieber zurück als zu kämpfen.

ZUM THEMA

Ursprünge der Primaten 1.2
Von der Frühzeit bis heute, S. 32

Planet der Affen 4.1
Jüngere Geschichte, S. 178
Schwindende Wälder, S. 180
Die Anatomie
der Menschenaffen, S. 182

Leben in einer offenen Gemeinschaft 4.2
Die Suche nach Früchten, S. 187
Die offene Gemeinschaft, S. 189
Männliche Anhänglichkeit, S. 190
Sex und soziale Wirbel, S. 196

VERBREITUNG

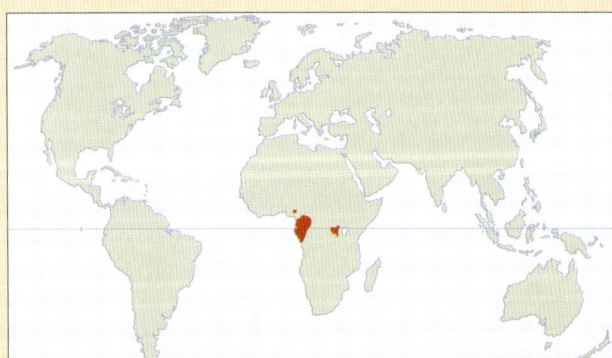

Die drei Gorilla-Unterarten leben in verschiedenen Teilen Afrikas und haben sich wahrscheinlich bereits vor sehr langer Zeit getrennt.

FAKTEN

Verbreitung	Zentralafrika
Arten 3 Unterarten	Gorilla (Gorilla gorilla)
Körpergewicht	Weibchen: 71 bis 98 kg Männchen: 160 bis 175 kg
Aktivitätsmuster	Bodenlebend; tagaktiv
Lebensraum	Wald
Fortpflanzung	Erster Wurf mit zehn Jahren, dann alle vier Jahre; ein Junges pro Wurf
Gruppengröße	7 bis 10
Gruppentyp	Gruppe aus einem Männchen mit zwei bis drei erwachsenen Weibchen und ihren Jungen; in manchen Gruppen gibt es ein oder mehrere junge Nachfolger-Männchen
Max. Alter	50 Jahre
Schutzbedürftigkeit	Gefährdet: alle Arten bedroht durch die Zerstörung der Lebensräume und durch Wilderer

SCHIMPANSE

Das Leben in einer Schimpansengemeinschaft ist bunt und aufregend.

Schimpansen sind die kleinsten der Großen Menschenaffen. Die Weibchen sind etwas kleiner als die Männchen. Schimpansen leben in Baumsavannen und Wäldern in weiten Gebieten Zentral- und Westafrikas mit Ausnahme des südlichen Kongobeckens, wo die Bonobos ihren Platz einnehmen. Schimpansen sind am weitesten verbreitet und die intelligentesten der Großen Menschenaffen. Sie leben ein Leben voller sozialer Ränke. Im Gegensatz zu Gorillas und Orang-Utans zeigen die Weibchen ihren nahenden Eisprung durch große rote Schwellungen am Gesäß.

Schimpansen sind aktiv und ziehen bis zu fünf Kilometer am Tag auf der Suche nach Nahrung umher. Sie leben in Gemeinschaften mit bis zu 100 Tieren, im Schnitt jedoch um die 55. Reviere von bis zu 50 Quadratkilometern werden von männlichen Bruderschaften (Gruppen eng verwandter Männchen) vehement verteidigt, die sogar gelegentlich Expeditionen in benachbarte Gebiete unternehmen, um männliche Rivalen zu töten. Auch wenn die Schimpansengemeinschaften groß sind, bedeutet die Kargheit ihres Lebensraums, dass sie oft in kleineren Gruppen oder bisweilen ganz allein auf Nahrungssuche gehen. Die Größe der nahrungssuchenden Gruppe variiert mit dem saisonalen Vorhandensein von Früchten. Einige Populationen jagen sogar regelmäßig Affen und kleine Antilopen.

FAKTEN

Verbreitung	Zentral- und Westafrika
Arten	Schimpanse (Pan troglodytes)
	3 Unterarten
Körpergewicht	Weibchen: 34 bis 46 kg
	Männchen: 43 bis 60 kg
Aktivitätsmuster	Baum- und Bodenbewohner; tagaktiv
Lebensraum	Wald, Waldsavanne
Fortpflanzung	Erster Wurf mit elf bis zwölf Jahren, dann alle vier Jahre; ein Junges pro Wurf
Gruppengröße	Gemeinschaften aus 20 bis 100; auf Nahrungssuche 3 bis 11
Gruppentyp	Viel-Männchen- bzw. Viel-Weibchen-Gruppen
Max. Alter	50 Jahre
Schutzbedürftigkeit	Zur Zeit nicht gefährdet, aber von der Zerstörung des Lebensraumes und Wilderern bedroht

VERBREITUNG

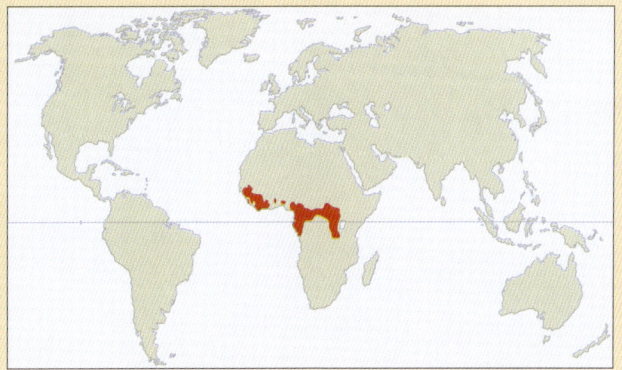

Schimpansen beschränken sich auf die bewaldeten Gebiete in Ost- und Westafrika.

ZUM THEMA

1.1 Was ist ein Primat?
Ein ganz gewöhnliches Säugetier, S. 14
Die Arten definieren, S. 16

1.2 Ursprünge der Primaten
Von der Frühzeit bis heute, S. 32

1.3 Primaten heute
Die Anthropoiden der Alten Welt, S. 40

3.2 Leben in der Gruppe
Freunde und Feinde, S. 128

4.1 Planet der Affen
S. 176 – 185

4.2 Leben in einer offenen Gemeinschaft, S. 186 – 197

4.3 Menschenaffen mit Intellekt
S. 198 – 209

4.5
BONOBO

Der Bonobo oder Zwergschimpanse ist – seinem Namen zum Trotz – nicht kleiner als ein Schimpanse, auch wenn er vielleicht etwas leichter gebaut ist. Bonobos findet man nur in den dichten Wäldern des südlichen Kongobeckens, und ihr Verbreitungsgebiet überlappt sich nicht mit dem der Schimpansen. Das Verhalten und die Lebensweise der beiden Arten sind sehr ähnlich – typisch für die Bonobo-Gemeinschaft ist jedoch eine entspanntere und freundlichere Atmosphäre, anders als bei den Schimpansen. Bonobos besiedeln ein reicheres Habitat als ihre Vettern, und ihre Gruppen können entsprechend größer sein.

Bonobos sind sozial aktiver als andere Schimpansen: Sexuelle Beziehungen (zwischen allen Gruppenmitgliedern) werden zur Begrüßung und zur Bestärkung von Freundschaften eingesetzt. Bonobo-Weibchen haben während der meisten Zeit ihres Menstruationszyklus sexuelle Schwellungen, möglicherweise um den hohen Grad an sexueller Aktivität zu erleichtern und anzuregen. Von Bonobos glaubt man zuweilen, dass sie dem Menschen in vielen Aspekten des Körperbaus und Verhaltens ähnlicher sind als andere Schimpansen.

Bonobos sind bekannt für ihre friedvollen Gruppen, in denen Sex die Funktion hat wie bei Menschen das Gespräch.

ZUM THEMA

Primaten heute 1.3
 Die Anthropoiden der Alten Welt, S. 40

Planet der Affen 4.1
Jüngere Geschichte, S. 178

Leben in einer offenen Gemeinschaft 4.2
Die offene Gemeinschaft, S. 189
Männliche Anhänglichkeit, S. 190
Sex und soziale Wirbel, S. 196

Menschenaffen mit Intellekt 4.3
Erkenne dich selbst, S. 199
Kommunikative Menschenaffen, S. 203

VERBREITUNG

Bonobos sind beschränkt auf die Wälder in Zentralafrika.

FAKTEN

Verbreitung	Kongo, südlich des Kongo-Flusses
Arten	Bonobo (Pan paniscus)
Körpergewicht	Weibchen: 33 kg
Männchen: 45 kg	
Aktivitätsmuster	Baum- und Bodenbewohner; tagaktiv
Lebensraum	Wald
Fortpflanzung	Erster Wurf mit zehn Jahren, dann alle vier Jahre; ein Junges pro Wurf
Gruppengröße	Gemeinschaft aus 10 bis 40; auf Nahrungssuche: 3 bis 13
Gruppentyp	Gemischte Gruppen aus mehr Männchen oder mehr Weibchen
Max. Alter	40 Jahre
Schutzbedürftigkeit	Zur Zeit nicht gefährdet, aber durch die Zerstörung der Lebensräume bedroht

4.5 MENSCH

Adam und Eva von dem Maler Cranach dem Jüngeren (16. Jahrhundert). Der hier dargestellte zweibeinige Menschenaffe ist der durchsetzungsstärkste aller Primaten.

Menschen sind die intelligentesten und geselligsten Menschenaffen und einzigartig aufgrund ihrer Kommunikation durch Sprache. Sie unterscheiden sich auch von den anderen Großen Menschenaffen, weil sie weniger abhängig von Wäldern sind und sich aufrecht auf zwei Beinen fortbewegen. Menschen leben monogam oder polygyn in Familien, von denen mehrere eine Gemeinschaft bilden (wie ein Dorf oder einen Clan); polyandrische Ehen kommen nur selten vor. Frauen sind etwas kleiner als Männer und zu jeder Zeit paarungsbereit.

Vor der Entwicklung der Landwirtschaft vor rund 10 000 Jahren lebten die Menschen als Jäger und Sammler (in einigen Fällen als spezialisierte Fischer) und besiedelten erfolgreich fast jeden Lebensraum der Erde. Der Ackerbau bedeutete, dass viele menschliche Populationen zu einem sesshaften Leben in Dörfern wechselten. Einige Populationen entschieden sich jedoch dafür, Hirten zu werden und von umherziehenden Herden von Haustieren zu leben. In landwirtschaftlichen und modernen Industriegesellschaften schließen sich Gemeinschaften oft zu größeren politischen Einheiten zusammen, von denen die größten (Nationalstaaten) aus mehreren hundert Millionen Individuen bestehen können. Verwandtschaftliche Beziehungen sind in menschlichen Gesellschaften äußerst wichtig.

FAKTEN

Verbreitung	Weltweit
Arten	Mensch (Homo sapiens)
Körpergewicht	Weibchen: 42 bis 73 kg (im Mittel) Männchen: 47 bis 78 kg (im Mittel)
Aktivitätsmuster	Bodenbewohner; tagaktiv
Lebensraum	Alle Lebensräume
Fortpflanzung	Erste Geburt mit 15 bis 20 Jahren, dann alle vier Jahre in traditionellen Gesellschaften; ein Nachkomme pro Geburt
Gruppengröße	Groß
Gruppentyp	Monogame Paare oder Harem mit einem Mann und den abhängigen Kindern, normalerweise in größeren sozialen Gruppen zusammengeschlossen
Max. Alter	90 Jahre
Schutzbedürftigkeit	Nicht gefährdet

VERBREITUNG

In weniger als 70 000 Jahren gelang es den Menschen, jeden Kontinent auf dem Planeten zu besiedeln.

ZUM THEMA

1.1 Was ist ein Primat?
Die Arten definieren, S. 16

1.2 Ursprünge der Primaten
Von der Frühzeit bis heute, S. 32

1.3 Primaten heute
Die molekulare Uhr, S. 40

4.1 Planet der Affen
Jüngere Geschichte, S. 178
Ein flacher Brustkorb, S. 182
Vom Sex besessen, S. 197

4.3 Menschenaffen mit Intellekt
Das soziale Gehirn, S. 199
Gedankenleser, S. 201
Kommunikation, S. 202

4.4 Ein Affe auf zwei Beinen
S. 210 – 224

Nachwort

Die Primaten sind eine bemerkenswerte Tierordnung, und wir haben das Privileg, ein Teil davon zu sein. Wer wir sind und was wir tun, ist zum großen Teil das Ergebnis unserer Mitgliedschaft in dieser Ordnung. Wir teilen mit unseren Verwandten eine lange und ereignisreiche Geschichte, in der das Überleben oft am seidenen Faden hing. Unsere Erfolge wurden nur durch Zufälle der Geschichte möglich, wodurch unsere Vorfahren entstanden sind. Diese manchmal überraschenden Wendungen zu bestimmten Zeiten in den vergangenen 65 Millionen Jahren waren nicht im Geringsten die vorsätzliche Wahl einer bestimmten Art, denn die Evolution ist ein blinder Vorgang, der kein bestimmtes Ziel anpeilt. Sie ist auch nicht im Geringsten fortschrittlich. Vielmehr verläuft der Gang der Evolutionsgeschichte erst in die eine Richtung, dann in eine andere, während die starken Kräfte des Klimawechsels und des ökologischen Wettbewerbs Populationen unerbittlich von einer Beinahe-Katastrophe in die nächste treiben. Wegen dieser Zufälle der Geschichte sind wir hier.

    Unsere gemeinsame Vergangenheit gibt uns vielleicht eine besondere Affinität zu unseren Primatenverwandten – eine Affinität, die eine besondere Mitverantwortung beinhaltet. Unsere große evolutionäre Errungenschaft ist unser Intellekt. Wir können diesen Verstand – und das haben wir unzweifelhaft getan – zum Guten und zum Schlechten nutzen. Wir sind selbst dafür verantwortlich, eine der größten ökologischen Katastrophen in Gang gesetzt zu haben, die diesem Planeten in den letzten 65 Millionen Jahren widerfahren ist. Unsere Verantwortung ist es, Lösungen für das Dilemma dieses Massensterbens zu finden. Und während wir unsere Verpflichtungen gegenüber allen anderen Formen tierischen und pflanzlichen Lebens, mit denen wir den Planeten Erde teilen, nicht vergessen sollten, ist es vielleicht besonders wichtig, dass wir die Primaten als unsere Familie betrachten, denn genau das sind sie.

Robin Dunbar und Louise Barrett
Juni 2000

Auswahlbibliographie

Bloom, Steve: *Affen. Eine Hommage.* Könemann Verlagsgesellschaft, Köln 1999

Cheney, Dorothy L.; Seyfarth, Robert M.: *Wie Affen die Welt sehen.* Hanser, München 1994

de Waal, Frans: *Chimpanzee Politics. Power and Sex Among Apes.* Unwin, 1982

de Waal, Frans: *Wilde Diplomaten. Versöhnung und Entspannungspolitik bei Affen und Menschen.* Hanser, München 1994

de Waal, Frans; Lanting, Frans: *Bonobos. Die zärtlichen Menschenaffen.* Birkhäuser Verlag, Berlin 1998

de Waal, Frans: *Der gute Affe.* DTV, München 2000

Diamond, Jared: *Der dritte Schimpanse.* Fischer, Frankfurt 1998

Dunbar, Robin: *Klatsch und Tratsch. Wie der Mensch zur Sprache fand.* Bertelsmann Verlag, München 1998

Foley, Robert A.: *Menschen vor Homo Sapiens. Wie und Warum unsere Art sich durchsetzte.* Thorbecke, Sigmaringen 2000

Fouts, Roger; Tukel Mills, Stephen: *Unsere nächsten Verwandten. Von Schimpansen lernen, was es heißt, ein Mensch zu sein.* Droemer Knaur, München 2000

Goodall, Jane: *Wilde Schimpansen. Verhaltensforschung am Gombe-Strom.* Rowohlt Taschenbuch Verlag, Reinbeck 1991

Goodall, Jane; Nichols, Michael; Schaller, George B.: *Menschenaffen.* National Geographic Society, 1993

Goodall, Jane; Berman, Philipp: *Grund zur Hoffnung.* Riemann Verlag, München 1999

Gribbin, John; Gribbin, Mary: *Wie wenig uns vom Affen trennt.* Insel, Frankfurt am Main 1995

Grzimek, Bernhard: *Enzyklopädie des Tierreichs, Bd. 10.1, Säugetiere.* Deutscher Taschenbuchverlag, München 1993

Henke, Winfried; Rothe, Hartmut: *Stammesgeschichte des Menschen. Eine Einführung.* Springer Verlag, 1998

Hofer, Angelika; Huffman, Michael A.; Ziesler, Günter: *Mahale. Begegnungen mit Schimpansen.* Pan Ed., Füssen 1998

Paul, Andreas: *Von Affen und Menschen. Verhaltensbiologie der Primaten.* Wissenschaftliche Buchgesellschaft, Darmstadt 1998

Sommer, Volker: *Die Affen – Unsere wilde Verwandtschaft.* Gruner + Jahr, Hamburg 1989

Sommer, Volker; Ammann, Karl: *Die großen Menschenaffen: Orang-Utan, Gorilla, Schimpanse, Bonobo. Die neue Sicht der Verhaltensforschung.* BLV, München 1998

Wrangham, Richard; Peterson, Dale: *Bruder Affe. Menschenaffen und die Ursprünge der Gewalt.* Diederichs, München 2001

WEBSIDES

American Society of Primatologists
http://www.asp.org

Deutsches Primatenzentrum
http://www.dpz.gwdg.de

Fauna and Flora International
http://www.ffi.org.uk

International Primate Protection League
http://www.ippl.org/index.html

International Primatological Society
http://indri.primate.wisc.edu/pin/ips.html

Jane Goodall Institute
http://www.janegoodall.org.index.html

Primate Conservation
http://www.primate.org

Primate Society of Great Britain
http://www.ana.ed.ac.uk/PSGB/home.html

Weitere interessante Informationen, Bilder, Literaturangaben sowie Links zu nationalen und internationalen Seiten im WWW finden Sie unter

http://www.primatis.de

Bildnachweis

BBC Worldwide möchte all jenen danken, die Fotografien zur Verfügung stellten und die Erlaubnis zum Nachdruck von geschütztem Material erteilten. Obwohl wir alle Anstrengungen unternommen haben, um Rechteinhaber herauszufinden und ihnen zu danken, möchten wir uns entschuldigen, wenn es zu Fehlern oder Auslassungen gekommen sein sollte.

Anthro-photo Seite 145 *oben* (Sarah Blaffer Hrdy) & 202 (Herbert Terrace); **Ardea** Seite 58 (M. Watson), 76 *rechts* (Peter Steyn), 118 (Jean-Paul Ferrero), 156 *links* (M. Watson), 184 (Jean-Paul Ferrero), 189 (Ferrero-Labat), 191 *unten* (Parer-Cook), 195 (Jean-Paul Ferrero) & 206 *rechts* (Adrian Warren); **Art Archive** Seite 224 *oben* (Queen Victoria Museum); **Louise Barrett** Seite 154 & 156 *rechts*; **Miles Barton** Seite 140 *unten* & 158 *oben*; **BBC Natural History Unit Picture Library** Seite 4–5 (Anup Shah), 17 *rechts* (Anup Shah), 23 (Ian Redmond), 33 (Richard du Toit), 37 (Pete Oxford), 41 (Anup Shah), 42 (David Shale), 44 (Anup Shah), 54 (Pete Oxford), 59 *links* (Bruce Davidson), 61 (Pete Oxford), 65 (Pete Oxford), 73 *oben* (Nick Garbutt), 98 (Pete Oxford), 99 (Richard du Toit), 112 *oben* (Pete Oxford), *unten links* (Miles Barton), 123 *oben* (Richard du Toit), 124 (Anup Shah), 125 *unten* (Mike Wilkes), 127 (Anup Shah), 137 *links* (Miles Barton), 138 (Vivek Menon), 143 *oben* (Anup Shah), *unten* (Dietmar Nill), 144 (Pete Oxford), 158 *unten* (Miles Barton), 161 (Nick Gordon), 174 (Anup Shah), 179 *oben* (Anup Shah), 187 (Neil P. Lucas), 188 *unten rechts* (Anup Shah), 192 (Bruce Davidson) & 229 (Anup Shah); **Simon Bearder** Seite 70; **Bridgeman Art Library** Seite 218 *links* & 231 (Edith A. & Percy S. Strauss Collection, Museum of Fine Arts, Houston, Texas); **Bubbles** Seite 201 (Amanda Knapp) & 203 *unten* (Loisjoy Thurston); **Bruce Coleman Collection** Seite 2 (Janos Jurka), 22 *unten* (Gerald Cubitt), 56 *links* (Alain Compost), 60 (Rod Williams), 64 (Konrad Wothe), 102 (J. P. Zwaenepoel), 105 (Jorg & Petra Wegner), 107 (Gunter Ziesler), 108 *unten* (Luiz Claudio Marigo), 109 *oben* (Luiz Claudio Marigo), 117 *oben* (Trevor Barrett), 119 (Steven C. Kaufman), 123 *unten* (Ingo Arndt), 130 (Ingo Arndt), 145 *unten* (Rod Williams), 165 (Luiz Claudio Marigo), 185 *oben* (John Cancalosi) & 194 *rechts* (Rod Williams); **Frans de Waal** Seite 209 *beide*; **Robin Dunbar** Seite 149; **Michael & Patricia Fogden** Seite 20; **Werner Forman Archives** Seite 224 *unten*; **Fortean Picture Library** Seite 178 *oben* (Copyright 1968 Dahinden, photo Patterson/Gimlin) & *unten* (Tony Healy); **Nick Garbutt, Indri Images** Seite 59 *rechts*, 66 *oben*, 71, 78 *rechts*, 84 *links*, 85, 87, 88–89, 91 & 97; **Michael A. Huffman** Seite 205; **The Jane Goodall Institute, UK** Seite 199 *unten*; **S. & R. Greenhill** Seite 214 *links*; **Images Colour Library** Seite 10, 45 *unten* & 215 *links*; **Melanie Krebs** Seite 128 *beide*; **Linnean Society of London**, mit freundlicher Genehmigung, Seite 16 *links*; **Magnum** Seite 185 *unten* & 203 *oben* (beide Michael Nichols); **Florian Mollers** Seite 112 *unten rechts* & 129; **Natural History Museum, London** Seite 25 *beide*, 26, 30, 216 & 217 *rechts*; **Network** Seite 214 *rechts* (Oliver Martel/Rapho) & 222 (Ellerbrock/Bilderberg); **NHPA** Seite 14 *rechts* (Steve Robinson), 19 (Orion Press), 21 (Martin Harvey), 46 (Jany Sauvanet), 55 *links* (Peter Pickford), 77 (Martin Harvey), 79 (Martin Harvey), 92 (Martin Harvey), 94 (Martin Harvey), 101 (Ivan Polunin), 114 (James Carmichael Jr), 115 *rechts* (Christopher Ratier), 116 *rechts* (Nigel J. Dennis), 126 (Nigel J. Dennis), 132 (Stephan Dalton), 133 (Ian Green), 139 (Gerard Lacz), 142 (Daryl Balfour), 151 *unten* (E. A. Janes), 153 *unten* (Martin Harvey), 155 (Kevin Schafer), 162 (Kevin Schafer), 169 (John Shaw), 173 (Martin Harvey), 177 (Nigel J. Dennis), 179 *unten* (Martin Harvey), 182 *oben* (Martin Harvey), 188 *links* (Nigel J. Dennis) & 204 (Steve Robinson); **Oxford Scientific Films** Seite 14 *links* (David Curl), 22 *oben* (David Cayless), 29 (Alan Root/Survival Anglia), 35 (Stan Osolinski), 43 (Bob Campbell/Survival Anglia), 48 (David Curl), 52 (Michael Leach), 53 (Densey Clyne/Mantis Wildlife Films), 56 *rechts* (David Haring), 63 (Des & Jen Bartlett/Survival Anglia), 67 (Mark Pidgeon), 69 (David Curl), 75 (Mark Pidgeon), 76 *links* (David Haring), 78 *links* (David Haring), 86 (Doug Allan), 106 (Nick Gordon), 113 *oben* (Stan Osolinski), 115 *links* (John Chellman/Animals Animals), 116 *links* (Stan Osolinski), 117 *unten* (Konrad Wothe), 121 *oben* (Warwick Johnson), 122 (Michael Fodgen), 125 *oben* (Zig Leszcynski), 131 (Belinda Wright), 140 *oben* (Jan Teede/Survival Anglia), 150 (Mickey Gibson/Animals Animals), 152 *oben* (Mike Birkhead), 157 (Tom Ulrich), 164 (Edward Parker), 166 (Alan & Sandy Carey), 167 (Stephan Mills), 168 (Alan & Sandy Carey), 171 (Michael Dick/Animals Animals), 180 *rechts* (Edward Parker), 182 *unten* (Mike Birkhead), 188 *oben rechts* (Dieter & Mary Plage), 190 *links* (Konrad Wothe), 191 *oben* (Mike Birkhead), 194 *links* (Clive Bromhall), 208 (Clive Bromhall), 227 (Mike Hill), 228 (Daniel J. Cox) & 230 (Martyn Colbeck); **Photofusion** Seite 219 *rechts* (Clarissa Leahy); **Planet Earth Pictures** Seite 1 (Anup Shah), 13 (Elio Della Ferrera), 15 (K. Jayaram), 16–17 *links* (Julian Partridge), 18 (Ned Middleton), 28 (M. & C. Denis-Huot), 47 *oben* (k. & K. Ammann), 51 (Ken Lucas), 55 *rechts* (Rod Williams), 73 *unten* (Rod Williams), 80 (Peter Lilja), 81 *beide* (Nick Garbutt), 95 (Nick Garbutt), 100 (Rod Williams), 108 *oben* (Brian Kenney), 109 *unten links und rechts* (Claus Meyer), 111 (Jonathan Scott), 113 *unten* (K. & K. Ammann), 114 *rechts* (Anup Shah), 121 *unten* (Jonathan Scott), 141 *links* (Ken Lucas), *rechts* (M. & C. Denis-Huot), 151 *oben* (Michael McKinnon), 152 *unten* (John Downer), 153 *oben* (John Downer), 163 (Ken Lucas), 170 (Jonathan Scott), 172 (Brian Kenney), 183 (Anup Shah), 196 (Jonathan Scott), 215 *rechts* (Jonathan Scott), 219 *oben links* (B. & C. Alexander), *unten links* (Jonathan Scott), 226 (Robert Franz), 232 (Elio Della Ferrera), 235 (Anup Shah) & 236 (Peter Lilja); **Science Photo Library** Seite 32 (John Reader), 40 (Carolyn Iverson), 45 *oben* (CNES/1989 Distribution Spot Image), 181 (Jacques Langoux), 199 *oben* (D. Roberts), 211 (John Reader), 212 (Petit Format/Nestle), 213 (John Reader), 217 *links* (John Reader) & 220 *oben* (Simon Fraser), *unten* (P. Motta & T. Naguro); **Still Pictures** Seite 47 *unten* (Yves Lefevre), 83 (Roland Seitre), 137 *rechts* (Xavier Eichaker), 180 *links* (Mark Edwards), 190 *rechts* (Schafer & Hill) & 193 (Michael Gunther); **University of Louisiana** Seite 200 *oben* (Donna T. Biershwale/Institute of Cognitive Science); **Bernard Walton** Seite 9.

Die Abbildung auf Seite 207 *rechts* ist *The Mentality of Apes* von Wolfgang Köhler, 1925, entnommen.

Register

Die kursiven Seitenzahlen verweisen auf die Abbildungen.

Adapidae 26, 26, 28, 29, 37, 51
Adoleszenssterilität 139
Aegyptopithecus zeuxis 30
Affen 8, 13 f., 18, 19 f., 23, 27 ff., 30, 37, 39 f., 50 f., 54, 56 f., 56 f., 63, 72 ff., 74, 77 f., 82, 85, 87, 102–173
    Familienporträt 159
    Gemeinschaften 186
    Intelligenz 148–158
    Merkmale von 57
    Rangfolge 123 ff.
    Sozialleben 120 ff., 148, 214
Affenfleisch 11, 46 f., 47, 180
Afghanistan 168
Afrika 18, 26, 29 ff., 37, 42, 46, 54, 62, 64, 87, 100, 105, 110, 114, 116, 118, 125, 128, 152, 177, 180, 216, 218 ff., 227, 229
    Nordafrika 26
    Ostafrika 34, 43, 44, 58
    Westafrika 34, 47, 117, 177, 180, 190, 229
    Zentralafrika 177, 180, 204, 229
Ägypten, Wadi Fayum 27 ff., 32, 39
Alaska 218
Altweltaffen 29, 38 ff., 105, 110 ff., 122, 159, 182, 189
Amazonas 45, 109, 164
Amerika 9, 18, 26 ff., 39 f., 44, 46, 54, 107, 123, 132, 152, 160, 163, 178, 180, 218
    Mittelamerika 28 f., 39 f., 123
    Nordamerika 18, 30, 178
    Südamerika 9, 28 ff., 39 f., 44, 46, 107, 123, 132, 152, 160, 163, 180, 218
Antarktis 30 f.
Anubispaviane 28, 121, 125, 126, 127, 140, 141, 155, 170
Argentinien 31
Artendefinition 17
Arten-Lebensraum-Verhältnis 20
Anthropoiden 13, 27 ff., 30, 32, 37 ff., 135
Asien 19, 29, 34, 42, 46, 54, 62, 64, 105, 110, 114, 118, 152, 177 f., 216, 218, 220, 224
    Südostasien 14, 18, 37, 44, 56, 177
Äthiopien 34, 44, 116
Atlantischer Ozean 29
Australien 218, 220
Australopithecus 210 ff., 211, 213, 216 f.

Bambuslemuren 93
Bangladesh 177
Barbados 42
Bärenmakis 68, 93, 125
Bärenpaviane 116, 126, 141, 156 f., 170
Behavioristen 209
Berberaffen 18, 18, 118, 152

Bigfoot 178
Blaumaulmeerkatzen 114
Bolivien 45
Bonobos 179 f. 189 f., 196 f., 197, 200, 225, 230, 230
    Sozialleben 196 f.
    Verbreitung 230
Borneo 9, 19, 40, 56, 110, 177
Brasilien 31, 39, 45, 108, 128, 160
Braune Makis 68, 88, 93, 98, 98
    Verbreitung 98
Brazzameerkatzen 114, 114, 145
Brüllaffen 40, 108 ff., 108, 125, 135, 145, 159, 165, 165
    Arten 165
    Verbreitung 165
Buddhismus 46
Büschelöhrige Katzenmakis 90, 93
Buschfleischhandel 44, 47

Catarrhini 105
Celebeskoboldmakis 71
Cercopithecus 34, 114, 167
Ceylon-Hutaffen 118
Charles-Dominique, Pierre 55
Chile 31
China 26, 32, 110, 112, 168, 178, 216, 218
Chlorocebus (siehe Grüne Meerkatzen)
Coquerels Zwergmakis 93
Costa Rica 123
Crick, Francis 40
Cro-Magnons 218, 220

Darwin, Charles 17, 217
    Von der Entstehung der Arten 17, 217
De Walls, Frans 209
    Chimpanzee Politics 209
Diadem-Meerkatzen 114, 115, 135, 145, 167
Diademsifakas 78, 89
Diamond, Jared 40
Diana-Meerkatzen 113 f., 115, 122, 128 f. 128 f.
Dichromatismus 80, 98, 165
Dimorphismus 135
Dinosaurier 11 f., 25 ff., 25 f., 35, 44, 83, 184
Dionysopithecus 177
DNA 29, 34, 40, 40, 179, 198, 217, 220 f.
Drills 34, 44, 117
Dscheladas 14, 19 f., 34, 116, 117, 135, 137, 139 f., 140, 159, 171, 171
    Verbreitung 171
Duterreau, Benjamin 224

Echte Lemuren 38
Edwards Wieselmakis 95

Eiszeit 34, 114 f., 217
Elfenbeinküste 128, 190, 196, 205
Erdklima 216
Erdtemperatur 27
Europa 18 f., 26, 42, 114, 118, 178, 216 ff., 224
Evolution 8, 17, 40, 42, 51, 56, 85, 184, 212
    Evolutionstheorie 17

Fellpflege, soziale 131 ff., 214 f.
Fingertiere 38, 50, 82, 85, 85, 90, 93
Flughunde 15

Gabelstreifige Katzenmakis 61, 61, 87, 93
Galagos 23, 25 f., 37 f., 54 f., 58 f., 62, 63, 68, 70, 70, 73 f., 83, 93 f., 99, 99, 134
    Arten 99
    Gemeinschaften 58
    Sozialleben 58 ff.
    Verbreitung 99
Gebärdensprache 202
Gelbkopfbüschelaffen 160
Geoffroy Perückenaffen 160 f.
Gibbons 14 f., 28, 38, 40, 177 f., 182, 184, 184, 186, 189, 194 f., 194 f., 225 f. 226
    Arten 226
    Sozialleben 189
    Verbreitung 226
Gibraltar 18, 18, 118
Gigantopithecus 32, 177
Goldene Bambuslemuren 64; 97
Goldlanguren, indische 13
Goldmanteltamarine 161
Goldschwanzmeerkatzen 114
Goldstumpfnasen 112
Gombe-Nationalpark 130, 184 f., 193, 196, 185, 204
Goodall, Jane 130, 184 f., 185, 199
    Gombe-Studie 199
Gorillas 11, 13, 15, 32, 34, 40, 47, 82, 116, 176, 178 ff., 179, 182, 185, 188 f., 188, 191 f., 193, 225, 228 f., 228
    Arten 228
    Sozialleben 193–196
    Verbreitung 228
Große Katzenmakis 59, 93
Große Menschenaffen 39, 225
Große Wieselmakis 95
Grüne Meerkatzen 113, 115, 122, 123, 135, 143, 151, 155, 159, 167, 167
    Verbreitung 167
Grüne Stummelaffen 159
Gruppen, soziale 121 ff.
Guerezas (siehe Mantelaffen)
Guinea-Paviane 170
Gunung-Leuser-Nationalpark 179

Halbaffen 8, 13, 15, *18*, 25 f., 29, 37, *37*, 39, 48–101, 135, 144
    Familienporträt 93
    Fortpflanzung 74 ff.
    Merkmale von 57
    Sozialleben 58–61
Halbmakis 84, *84*, 90, 92 f., 97, *97*
    Verbreitung 97
Hanumanlanguren *103*, 110, 113, *113*, 130, 136, 137, 145, *145*, 159
Himalaya 178
Hinduismus 46
Hominide 40, 177, 211, 216
Homo erectus 216 f.
Homo sapiens 16, 217
Honduras 108
Hormone 130, 138, 144
    Geschlechtshormone 130, 138, 144
    Stresshormone 130
Husarenaffen 14, 113 ff., *114*, 159
Hutaffen 118, 124, *125*, *118*, 149

Indien 15, 26, 32, 42, 110, 118
    Nordindien 26
    Südindien 118
Indochina 15
Indonesien 15, 19, 179
Indris 38, 70, 73, 84, 90, 92 ff., *94*
    Verbreitung 94
Infantizid 81, 138, 165, 185, 194 f.
Islam 46

Jacobsonsches Organ 51
Japan 18 f., 34, 118, 122
Java 19, 40, 46, 110
Javaneraffen 42, 118, 131, 150, *150*

Kaiserschnurrbarttamarine 161
Kamerun 47
Kap Horn 31
Kappengibbons 225
Kapuzineraffen 38, 40, 108, 129, 131, 136, 153, 156, 157, 159, 162, *162*
    Arten 162
    Verbreitung 162
Karibik 31
kathemeral 85, 87, 98
Kattas 64, 65 ff., 69, 70, 71, 75, 78, *78*, 80 ff., 87, *87*, 93
Katzenmakis 23, 38, 54, 59, 84, 87, 90, 93
Kenia 28, 34, 100
Kielnagelgalagos 93
Klammeraffen 20, 40, 105, 108, 122, 134, 159, 166, *166*
    Arten 166
    Verbreitung 166
Klassifikation, zoologische 16 f.
Kleideraffe *141*, 159
Kleine Menschenaffen 40, 225
Kleinzahn-Wieselmakis 95
Klimawechsel 27

Koboldmakis 12, 29, 37 ff., 52 ff., 53, 56 f., *56 f.*, 71, 93
Köhler, Wolfgang 207
Kongo 180, 190, 228
Kontinentalplatte, afro-europäische 31
Kontinentalplatte, amerikanische 31
Krallenaffen 38 f., 159
Kronenmakis 78, 92
Krüger-Nationalpark 152
Kurznasen-Flughunde 15
Kurzschwanzaffen 38, 40

Langschwanz-Makaken 42
Languren 42, 110, 143
Leakey, Mary 210 f.
Lemuren 15, 26, 37 f., 42 f., 46, 49, 54, 72, 75 f., 78–93
    Gruppenleben 85 f.
    Lemurenvielfalt 84
Liberia 100
Linné, Carl von 16, *16*
    Linnésches System 16
Loris 37 f., 54 f., 58 ff., 62, 64, 74, 80, 83, 100
Löwenaffen 159
Lücke, fossile 27, 178
Lucy 213

Madagaskar 8, 14, 15, 19, 22, 37, *37*, 42, 46, 54, 59, 64, 72, 76, 78, 80, 82 ff., *83*, 87, 90, 92, 95 f., 98, 224
Madagaskar-Lemuren 85
Makaken 19, 32, 34, 42, 118, 122, 135, 153, 157, 159, 168
Malaysia 110, 153
Mandrills 13, 34, 35, 46, 117, 135, 159, 169, *169*
    Verbreitung 169
Mangaben 34, 42, 117, 136, 159
Mantelaffen 29, 43, 44, 110 ff., *111*, 161, 172, *172*
    Arten 172
    Verbreitung 172
Mantelpaviane 116, 137, 151, *151*
Marmosetten 105 f., *106*, 144, 159, 160, *160*, 194
    Verbreitung 160
Maronenlanguren 44
Martin's Halbpottos 93
Mauritius 42
Mausmakis 25, 54, 59, 60, 61, 64, 68, 83 f., 93, 96, *96*
    Arten 96
    Fortpflanzung 96
    Verbreitung 96
Meerkatzen 23, 32, 34, 42, 113 ff., 118, 135, 159
    Artenvielfalt 114
Megaladapis 26, 82
Mensch 8, 12, 14, 17, 18, 19 f., 32 ff., 40
    Ursprünge 221 f.
Menschenaffen 8 f., 13, 18, 27, 29, 30, 31 ff., 37 ff., 40, 42, 50 ff., 57, 63, 72 ff., 74, 77 ff., 82 f., 105, 149, 174–232
    Anatomie 182
    Bewusstsein 199
    Familienporträt 225 ff.
    Intelligenz 198–209
    Kommunikation 202 ff.

    Lebensweisen 187
    Merkmale von 57
    Selbstwahrnehmung 199 ff.
    Sozialleben 186–197
Mittlere Katzenmakis 59, *59*, 61, 93
Mohrenmakis 80, *80*
molekulare Uhr, die 40
Molekulargenetik 15, *15*
Mongozmakis 23, 84, 90
Mythologie, hinduistische 113

Nachtaffen 40, 108, 110, 112, 135, 144, 159, 173, *173*
    Verbreitung 173
Naturschutz 44 f.
Neandertaler 216 ff.
Nestbauer 193
Neuguinea 19, 223 f.
Neuweltaffen 38 f., 105 ff., 108 f., 110, 159
Nigeria 43, 180
Non-Behavioristen 209
Nosy Be-Wieselmakis 95
nuklearer Winter 24

Odzala-Nationalpark 193
Orang-Utans 9, 12, 32, 40, 41, 42, 46, *175*, 177 f., *179*, 182, *183*, 187, 188 ff., 190, 193, 216, 225, 227, *227*, 229
    Arten 227
    Sozialleben 196
    Verbreitung 227
Orinoko 109

Paarungsspiele 134 ff.
Pageh-Stumpfnasenaffen 159
Pakistan 168
Paviane 23, 28, 32, 34, 42, 46 f., 116 ff., *116 f.*, 122, 130, 132, 134, 136, 139, 140, 145, *141*, *142 f.*, 145, 149 ff., 153, 155, 157, *155*, *156*, 159, 169 f., *170*
    Verbreitung 170
    Pavianjagd 46
Peru 123, 128 f.
Pheromone 68
Philippinen-Koboldmakis 56
Philippinen 19, 56
Platyrrhini 105
Plesiadapidae 24 ff., *25 f.*, 29,
Plumploris 93, 101, *101*
    Arten 101
    Verbreitung 101
Pottos 37 f., 54 f., 58 ff., 62, 64, 73, 93, 100, *100*
    Verbreitung 100
Presbytis-Languren 159
Primaten
    Definition 12–24
    Einteilung 37–42
    Ernährung 20–24
    Ursprünge 24–35
Proconsul 30
Prosimii (siehe Halbaffen)
Puerto Rico 42

Rhesusaffen 42, 42, 118, 125, 133, 150 f., 168, 168
  Verbreitung 168
Riesengalagos 58, 93
Riesengleiter 13
Rotbauchtamarine 161
Rote Languren 145
Rote Stummelaffen 112, *112*, 125, 128, 128 f., 189
Rote Varis 81
Rotgesichtsmakaken 18 f., *19*, 118, *118 f.*, 125, 136, 137, 149, 150, 157, 158
Rothandtamarine 161
Rotschwanz-Meerkatzen 113, 122
Rotschwanz-Wieselmakis 95
Rotstirnmakis 76 f., *76 f.*
Ruanda 176, 228

Sahara 27, 212
Sakis 40, 108, *109*, 159
Sansibar 112
Satansaffen 159
Säugetiere 11 f., 14 f., 23, 25, *25*, 27, 29, 43, 72, 74 f., 80
  Säugetierordnungen 27
Savanne 33, 54, 99, 107, 113, 115 f., 229
Schimpansen 14, 17, 22 f., 23, 32, 40, 44, 108, 128, 156, 177 ff., *177*, 182, *182*, 184, 186 ff., *188 ff.*, 193, *193 f.*, 198, *199 f.*, 202, *202*, 204, 205 ff., *207*, 211, 215 f., 222, 225, 229, *229*
  Arten 229
  Bruderschaften 193
  Gemeinschaft 186 ff.
  Population 206
  Sozialleben 196
  Verbreitung 229
Schlankaffen 12, 20, 38, 42, 110, 112 f., 145, 173
Schlankloris 51, 52, 74, 93, 101
Schnurrbarttamarine 161
Schopfgibbons 225
Schopfmakaken 20
Schopfstummelaffen 128 f.
Schwarzpinselaffen 160
Schwarzrückentamarine 161
Schweifaffen 38, 40
Schweinsaffen 12
Senegalgalagos 55, 58, 93

Siamangs 225
Sifakas 14, 38, 48, 68, 70, 73, *73*, 78, *79*, 81, 84 f., *84*, 86, 87, 92 f., 93
Silberaffen 160, *160*
Sivapithesuc 178
Spanien 32
Spinnaffen 159
Sprachgruppen, menschliche 223
Springaffen 40, 108, 159, 163, *163*
  Arten 163
  Verbreitung 163
Springtamarine 159 f.
Stammbaum, menschlicher 177 ff., 211
Steppenpaviane 126, 151
Stummelaffen 14 f., 20, 23, 34, 38, 42, 107, 110, 113, 125, 128, 143, 172
Schwarz-Weiße Stummelaffen 159
Stumpfnasenaffen 110, 112, 159
Subsahara 34
Südpol 31
Sulawesi 56, 71
Sumatra 19, 40, 177
Sumatra-Koboldmakis 56
Sumpfspringaffen 163
Sundra-Koboldmakis 56
Sykes Meerkatzen 113
Symbolsprache 202
Systematik, biologische 16

Tagaktivität 104, 121
Tai-Nationalpark 190, 196, 205 f.
Tamarine 105 f., *144*, 159, 161, *161*, 194
  Arten 161
  Verbreitung 161
Tannin 33
Tansania 46, 112, 130, 184, 205, 211
Tapetum 52, 56, 107
Taxonome 16
Tempelaffen (siehe Hanumanlanguren)
Theropithecinen 116
Theropithecus brumti 34
Theropithecus oswaldi 34, *34*, 116
Totenkopfäffchen 123, 129, 132, 141, 159, 40, 108
Trachypithecus-Languren 159

Uakaris 109, *109*, 159, 164, *164*
  Arten 164
  Verbreitung 164
Uganda 29, 43, 115, 170, 180
Ungkas 225

Varis 81, 90, 93
Vervetmeerkatzen 21, 33, 42
Vietnam 110, 168

Watson, James 40
Weißbrauen Gibbons 225
Weißbüschelaffen 160
Weißfuß-Wieselmakis 37, 95
Weißhand-Gibbons 225
Weißkopfmakis 81, 88,
Weißohrseidenaffen 160
Weißschulterkapuziner 157
Weißschulterseidenaffen 160
Weißwangengibbons 225
Werkzeuge 204, 207
  Werkzeugmacher 216
Wieselmakis 38, 68, 84, 90, 93, 95, *95*
  Arten 95
  Verbreitung 95
  Population 95
  Verbreitung, 95
Wilson, John 31
Wollaffen 108, 159
Wollmakis 93

Yeti 178
Yucatan 24

Zwerggalagos 93
Zwergmausmakis 8, 15, 22, 82, 96
Zwergmeerkatzen 114, 159
Zwergplumploris 55, 101
Zwergschimpansen (siehe Bonobos)
Zwergseidenaffen 159 f.